U0610912

HONGKONG
BANK

香港商业银行
服务管理智慧

黄兰民 著

经济管理出版社
ECONOMY & MANAGEMENT PUBLISHING HOUSE

图书在版编目(CIP)数据

香港商业银行服务管理智慧/黄兰民著.—北京:经济管理出版社,2012.3

ISBN 978-7-5096-1774-8

Ⅰ.①香… Ⅱ.①黄… Ⅲ.①商业银行-商业服务-银行管理-研究-香港 Ⅳ.①F832.33

中国版本图书馆 CIP 数据核字(2012)第 012932 号

出版发行:**经济管理出版社**

北京市海淀区北蜂窝 8 号中雅大厦 11 层

电话:(010)51915602 邮编:100038

印刷:三河市海波印务有限公司 经销:新华书店

组稿编辑:陆雅丽 责任编辑:陆雅丽
技术编辑:黄 铄 责任校对:超 凡

720mm×1000mm/16 18.25 印张 311 千字
2012 年 3 月第 1 版 2012 年 3 月第 1 次印刷

定价:39.00 元

书号:ISBN 978-7-5096-1774-8

前 言

当你跨过罗湖桥，或当你在新闻媒体中看到东方明珠——香港的时候，矗立在街头巷尾的银行大厦多于米铺，一定给你留下一个商业社会高度发达的印象。如果你有兴趣，走进或随摄影机走进这个繁荣都市，进入在那里的银行，和风细雨、似清泉如流水般的服务扑面而来，带给你的是一种全新而又颇有商业味道的感觉。

服务行业在香港是最为兴旺、最有人气的行业，服务一词是大众使用最为频繁、最为广泛的词语，广大市民既是服务客体，又是服务主体。近乎每个从业人员都在努力地服务他人，而同时又接受他人热情的服务。但是，当把服务作为一个话题，作为本书的主题时，我们却感到十分为难。一些事，看似极其寻常，却至关重要，又最难于言表，服务正是如此。

就常规而言，首先必须给服务下一个定义，国外给服务这样的定义，服务的英文是 SERVICE：

S　smile 微笑

E　excellence in your work 精通本行工作

R　reaching out to every customer 接触每位客户

V　viewing every customer as special 视每位客户都重要

I　inviting your customer to return 欢迎每位客户再次光临

C　creating a warm atmosphere 营造一个温馨的环境

E　eye contact that shows care to customer 饱含深切关怀的目光

这恐怕是国外对服务的一种定义。那么我们究竟应怎样理解服务，服务的广度和深度究竟在哪里。坦率地说，笔者并不是理论家，也不是学者，不想让那些被引用过无数次的理论和拗口的学术解释再出现在本书当中，而只想通过列举下面几个实例，从不同的侧面说明服务在现今社会，特别是香港银行业中的含义。在一家银行，每位员工都佩戴着一个胸牌，上面有员工的姓名和工号，还有一句员工的承诺："您可以问我任何问题，我的回答都是 YES。"在一家银行的柜台上，挂着一个意见簿，不同于一般意见簿的是，封面上写着：请留下您宝贵的意见和您的生日日期，我们将在您生日时送给您一份惊喜，以表我们的谢忱。在一家银行的计划书上，仓储、运输、旅游、购物、房地产、娱乐行业都将成为或已经成为该银行服务涉足的领域。当你走进一家香港银行，无论是办业务还是随便看看，总是有员工主动上前询问。无论何时何地，总是有银行员工在为你开门，按电梯，给予你发自内心的笑容和问候。即便你对银行可能很陌生，但你绝没有进入一个陌生地的感觉。这就是服务。以上一个简单的胸牌，一本寻常的意见簿，一份平常的计划书和其他一些再平常不过的事例，无不体现了服务所蕴藏的深刻含义，将服务者的责任和追求鲜活地展示在公众面前。

本书作者黄兰民先生，曾任职于香港商业银行多年，多年来潜心研究香港银行管理，并致力于在内地推广香港银行的管理经验，在多家大学和银行讲授香港银行管理的感受和心得。本书中，他将对香港银行服务的亲身体验和见闻付诸笔端，字里行间中流露出对香港银行服务的感叹和对内地银行优良服务的企盼。书中提到的香港银行并非是一家香港商业银行，是众多商业银行的代表。书中列举了大量生动的案例，寓事理于实例之中，使读者绝无嚼蜡之感。相信本书会将一幅有创意、充满了智慧和哲理、并受世人瞩目和赞誉的香港商业银行服务的"百景图"生动地展现在读者面前。本书不但对于从事金融工作的同业，特别是对金融界各级管理人员了解香港商业银行的服务管理精要大有裨益，而且对于一切有兴趣了解香港社会经营管理的读者，以及从事服务行业的经营管理者也颇有参考价值。这是一本国内并不多见的以个人亲身体验结合深入理论研究香港银行业服务管理的专著，也是为数不多在内地出版的关于香港银行所见所闻的笔录，书中许多管理概念和做法都值得我们参考或借鉴。

目　录

1　让服务文化牵引 ………………………………………… 1

銀行服务的特征 ……………………………………………… 1

定位——银行服务发展的最高阶段 ……………………… 2

服务——商业银行的唯一产品 …………………………… 3

客户——员工的衣食父母 ………………………………… 3

有偿服务——无须感谢 …………………………………… 7

关注——在意每一位客户的感受 ………………………… 7

尊重——客户的地位至高无上 …………………………… 8

自信——每位员工都代表银行 …………………………… 9

情感——让客户感到欠银行的 …………………………… 10

文化——营造一种服务高尚的氛围 ……………………… 10

2　让服务要诀导航 ………………………………………… 11

热情——使客户感到春天般的温暖 ……………………… 11

协作——为客户提供系统化的服务 ……………………… 13

礼貌——让客户享受至尊至善的礼遇 …………………… 15

负责——为客户提供负责到底的服务 …………………… 15

快捷——为客户提供高效便捷的服务 …………………… 16

准确——为客户提供恰当到位的服务 …………………… 19

3　让服务体系完善 ………………………………………… 21

服务体系——完善的系统管理 …………………………… 21

优质服务的基本设计——对外服务和对内支援 ………… 25

鲜明个性化的香港银行服务——差异化 ………………… 27

呼叫中心的随叫随到服务——便利快捷 ………………… 29

识别系统的规范与统一——品牌 ………………………… 36

4 让服务形象光亮 ································· 50

完美的整体服务形象——内在和外在的统一体 ····· 50

银行形象——赢得公众的至要 ··············· 51

员工形象——银行的第一"门面" ··············· 52

5 让服务信息畅通 ································· 57

客户信息——一切以客户为导向 ··············· 57

同业信息——算算对方手中的牌 ··············· 58

商业情报——竞争中的耳和目 ··············· 59

6 让服务环境优雅 ································· 61

装饰——让银行美起来 ·················· 61

环境——给客户尽可能多的方便 ··············· 62

核心——专业化的环境管理省心省力 ··········· 63

7 让服务窗口明亮 ································· 64

大堂服务——让每位进入银行的客户留下 ········· 64

柜台服务——让每位客户满意 ··············· 66

电子机具服务——24小时风雨无阻 ············· 66

客户账户管理 ·························· 67

8 让服务产品完整 ································· 70

业务品种的特点——根据客户需求出发 ·········· 70

业务品种的种类——在金融领域内施展手脚 ······· 75

9 让服务特色突出 ································· 104

职业化服务——训练有素、规范化 ············· 104

交付服务——无形与有形服务组合的系统 ········· 105

个性化服务——度身定做、量体裁衣 ············ 107

电子化服务——超越时空、个性化 ············· 108

10 让服务培训主导 ································ 112

培训的地位——领导重视、行员积极 ············ 112

　　培训的内容——源于实践、更新知识 ·········· 113

　　培训的形式——分级培训、注重实效 ·········· 115

11　让服务宣传有效 ························· 117

　　注重宣传公关——与媒体积极互动 ·········· 118

　　注重宣传内容——看准对象、打动人心 ········ 118

　　注重宣传效果——精心策划、从长计议 ········ 119

　　注重宣传形式——灵活多样、遍地开花 ········ 119

12　让营销服务实用 ························· 125

　　核心——扩大和巩固客户群 ················· 126

　　着力点——营销服务要选准 ················· 128

　　营销服务手段——推陈出新 ················· 128

　　营销研究——为营销银行产品打造坚实基础 ···· 150

13　让服务创新精彩 ························· 152

　　服务创新的目标——吸引市场以外的客户 ······ 153

　　网上银行——服务创新的一次革命 ·········· 153

14　让服务支援系统信赖 ····················· 155

　　电讯管理——安全、准确、快速 ·············· 156

　　餐厅管理——卫生、方便、自负盈亏 ·········· 156

　　行产管理——明白、价廉、物美 ·············· 156

　　文件管理——集中、严密、高效 ·············· 157

　　交通工具管理——职业、守规、公私分明 ······ 157

15　让客户投诉机制灵活 ····················· 159

　　客户投诉——诊断银行服务的透视镜 ·········· 159

　　投诉者——银行依赖的朋友 ················· 160

　　服务重点——不满意的客户身上 ············· 162

　　对外服务——银行业务也有售后服务 ·········· 164

　　对内服务——在内部管理上也实行投诉制 ······ 164

　　价值——优质服务也是金钱 ················· 165

遗憾——银行在劣质服务上的盲点 …………………… 166

标准——银行眼中的优质服务 ……………………… 166

简单——平息客户对服务抱怨的技巧 …………………… 167

欢迎——重视开发投诉资源 ……………………… 168

16 让服务人员管理超越 …………………………… 169

服务人员的选择与培养——不拘一格 ……………… 169

服务人员的组织——紧密一体 ……………………… 173

服务领导人员——管理讲究全面 ……………………… 176

服务人员的管理——强调团队 ……………………… 178

服务人员的督导——着重日常 ……………………… 187

17 让服务制度管理智慧 …………………………… 190

制度治行——香港银行管理的精髓 ………………… 190

岗位责任制——管人的尺度和标准 ………………… 192

服务纪律——严格分明的员工奖罚尺度 …………… 193

服务廉洁制度——以法律为支撑的管理屏障 ………… 195

18 让服务激励机制发力 …………………………… 198

效果——实行有效的服务考核 ……………………… 198

激励——实行有效的服务奖励 ……………………… 201

利益——实行有效的利益驱动 ……………………… 201

处罚——实行有效的服务惩罚 ……………………… 203

19 让服务时间管理控制 …………………………… 204

人员——有效使用人力资源 ………………………… 205

效率——有效利用工作时间 ………………………… 205

成功的关键——树立时间观念 ……………………… 205

管理——合理使用支行经理的时间 ………………… 206

20 让服务效率管理制胜 …………………………… 207

今日事今日毕——银行对每个员工的基本要求 ……… 207

快人一拍——银行加快管理节奏的标准 …………… 208

实用高效——银行效率管理中的原则 ················ 208
敢于向传统挑战——银行向全体管理人员提出的要求 ······· 208
同舟共济——减少部门之间摩擦、提高整体效率 ·········· 209
有所侧重——在提高效率中事半功倍 ··············· 209

21 让服务质量管理为核心 ···················· 210
服务质量管理的实施——从七个阶段做起 ············ 211
服务品质管理的成效——影响银行的各个方面 ········· 212

22 让效益管理丰收 ······················· 213
主业务——增加贷款的收益 ·················· 213
精打细算——增加非优惠业务收益 ··············· 214
效果——增加利润的使用效益 ················· 214
推动——发挥利润指标的作用 ················· 215

23 让服务成本管理结果 ···················· 216
标准——服务预算的制定 ··················· 216
措施——服务成本控制 ···················· 218
有效途径——降低服务成本的有效途径 ············ 222

24 让服务操作管理系统化 ·················· 224
组织严密——井然有序 ···················· 224
职责分明——层次清晰 ···················· 225
操作细致——一丝不苟 ···················· 225

25 让服务网点管理专业 ···················· 228
中心化管理——网点的核心 ·················· 229
专业管理——网点的中轴 ··················· 232
人事专业管理——网点的一体化 ··············· 232
重点管理——网点的"弹钢琴" ················ 233
吉利——建网点也要看风水 ·················· 234
照顾——新网点不寻常的待遇 ················ 234
集中——支行的总务集成 ··················· 235

鞭策——支行等级管理 ··· 235

领导——支行班子合理配置 ··· 235

负面影响——抵消银行机构撤销后的影响 ··················· 236

统一——支行管理也有规定动作 ································· 236

26　让服务安全管理放心 ··· 237

危机管理——风险测算和应急方案 ····························· 237

专业管理——内控机制和专业部门"双控制" ··············· 238

制度建设——管理制度覆盖安全的方方面面 ················ 240

附录1　境外银行特种银行服务 ···································· 245

附录2　服务标准 ··· 267

1 让服务文化牵引

服务文化是客户选择银行的真正原因，它有助于客户确定服务的价值、服务文化的核心是服务理念。

香港银行服务的内核是三环服务理论。

在香港，有三大银行，一家是外资银行——汇丰银行，一家是华资银行——恒生银行，一家是中资银行——中国银行，这三家银行服务各有特色。汇丰银行管理经验丰富，他们以管理好去赢得客户，管理是他们的优势。恒生银行服务态度好，他们曾经多年荣获亚洲服务最好的银行的美誉，他们以服务态度取胜，态度是他们手上的名牌。中国银行有庞大的机构网点在内地，他们以服务内容广受到客户的信任，内容是他们的"撒手铜"。管理、态度和内容就形成了服务的三环理论，这三环理论将银行的服务定位很形象地展示出来。从内到外，从内容到形式，很好地将服务的含义和内容诠释出来，成为银行在服务中的中心工作。

银行服务的特征

无形性　与有形的实体商品相比，银行提供的是一系列的金融或理财服务，其组成服务的元素甚至最终的服务结果几乎都是无形的，客户不能像对待有形商品那样，凭手感触摸、视觉检验或味觉品尝来鉴别该服务的质量，只能凭感觉来评定，因此很难客观地对其评价。

生产和消费的不可分性　银行的服务提供与顾客的服务消费是同时进行的，银行职工的言谈、举止、服务态度和办事效率均成为客户判断银行服务质量的依据；此外，客户一旦达到银行营业场所，银行需要快速对客户的需求作出响应，不存在准备的过程。这对于银行员工的素质及服务系统的反应性和灵活性提出了更高要求。

品质差异性　相对于有形产品的生产，服务很难做到有统一的标准，不同的员工，甚至同一员工在不同时刻提供的服务水平也难以一致；不同的客户，由于其对服务过程的理解和配合也不一样，对最终服务结果的认可程度也存在差异。如何确保一致的服务质量，对银行提出了挑战。

易逝性　银行提供的服务不能存储、转售或退回。若无足够的客户，银行的服务资源就会闲置；若某一时间段内客户太多，银行又往往因为服务能力有限导致客户的长时间排队等候，甚至客户离开，就无法找回。银行服务能力是一种易逝的而不够储藏在仓库里以待未来消费的商品，丢失了客户就如同一架有空座位的飞机永远失去了携带额外乘客而获得收益的机会。

定位——银行服务发展的最高阶段

　　香港商业银行对服务的认识也是有一个过程的。在过去与市场脱节的银行家眼中，银行的服务是市民必需的，银行的市场是无须开拓的。当客户需要贷款时，银行经理犹如法官一样，高高在上对客户"审讯"；当客户要求存款时，银行职员又似乎抓住客户有求于银行的心理，俨然以"官商"自居，好不威风。然而，市场的竞争使这些银行家猛醒，使他们认识到服务对于银行是何等重要。但是如何做好服务呢？银行家们起初肤浅地认为服务就是微笑、讨客户的欢心、营造友善气氛即是服务的宗旨。但市场是无情的，随着其他竞争对手的争相仿效，微笑所得到的优势渐渐被抵消。此后，银行家们又认为必须进行服务创新，但服务创新所带来的效益是短暂的，服务创新也是有限的。他们又认为要加强服务硬件投入，由此带来了巨额的支出和花费，而服务软件的滞后仍无法使他们的服务在竞争中占据优势。经过多年的努力和尝试，借鉴同业先进的经验，他们终于认识到必须给本行的服务找到它在市场中的位置，即给银行服务定位至关重要，使银行在服务市场分布、客户分布和目标客户上与竞争对手区别开来，让客户产生偏爱。在服务上，对不同的客户采取不同的策略：①对于最有价值的客户，比如 VIP 客户（业务量或利润贡献所占最多的前百分之一的客户）采用屈从策略。银行可以通过了解甚至是预测他们的需求，满足他们的需求，培养他们的兴趣，赢得他们的信任，努力与他们建立一种稳定的信任关系。银行的产品和服务体系应当向这些客户倾斜，尽可能的取悦他们，锁定他们，赢得他们的忠诚，因为这样才能获得稳定而高额的利润。②对于主要客户（除去 VIP 客户，业务量或利润贡献所占最多的前百分之五的客户）采用关怀策略。银行应当跟踪调查这类客户的需求，随时与他们保持联系，在银行的产品和服务中要反映出这类客户的需求，以赢得他们的满意，并进一步强化与他们的关系，获取他们的忠诚。③对于普通客户（除去 VIP 客户和主要客户，业务量或利润贡献所占最多的前百分之二十的客户）采用适应型策略。银行不需要为这类客户的特殊要求而兴师动众，只需要使自身的产品适应他们的需要，能够引起其兴趣即可。④对于小客户（扣除上述三类客户之后的百分之八十的客户）采用冷漠策略。这些客户为银行带来的赢利不多，甚至使银行亏本，银行应采用冷漠策略，并努力将这些客户挤压到成本更低或占用资源更少的营销渠道、营销产品和服务中去。

服务——商业银行的唯一产品

两家银行在市场中竞争、较量，从表面上看，是比较哪家银行人多势众，哪家银行资金雄厚，而实际上是比较谁提供的服务更好，谁能拥有优质的客户。虽然银行不能控制市场的占有率、市场利率变化和广告花费成本及其他竞争因素，但银行能够把握住服务客户的每一个环节，能够从头到尾决定服务的水准。因此，就此意义而言，服务是商业银行的唯一产品，银行同业竞争实际上就是服务竞争。

客户——员工的衣食父母

香港银行的管理者认为，银行服务管理的重点并非教育员工何时该笑，何时该说"您好"，更不是教育员工不同客户吵架，说上几句文明用语；而是培养员工具有发自内心的服务精神。管理者一再告诉员工：客户是员工的衣食父母。员工的薪酬来自于客户，银行的所得来自于客户。是客户给予了员工生存的条件，没有客户的供养，员工不可能住在"摩天大楼"之中，不可能穿上漂亮的行服。如果一个客户在银行存款1万元，假如银行不计银行准备金及其他有关费用，而且存贷利差为2厘的话，则银行一年可收入200元，银行的发展就是这样来自于为客户的服务，而并非来自于国家的拨款或股东的投资。可以想象，当员工父母来到银行时，员工的服务一定是一流的，而当员工真正把所有客户都当做衣食父母时，银行便用不着教员工应如何服务，用不着教员工文明用语，服务成为员工的自觉行动。员工体现的是发自内心的服务精神和对服务工作的投入感。员工的服务态度、方式、语言和举止就多了几分亲情，多了几分主动，员工会尽一切努力让客户——员工的衣食父母在银行度过愉快的每一刻。

问卷上的第一个问题

在招聘员工的问卷上的第一个问题是，员工的工资是谁给的？虽然是个简单的问题，但它具有重要的意义。员工的一切都是客户给的。树立这样的理念，是要明白客户是员工的衣食父母，是为了让员工在为客户服务中，牢固树立客户为先的思想，将为客户服务当做自己工作的出发点和归宿。理念决定行为，当有好的理念支持，员工的行为就成为自发，行为就会养成良好的习惯，银行的服务就会成为员工风格，因此，一个简单的问题，关系到银行的服务水准，关系到银行的管理。

做出表率的董事长

一家支行开业，董事长亲临开业仪式，并亲自开出第一笔存折，董事长身体力行，热情为客户服务，将为客户的服务体现在一举一动之中，临走时，特意询问外面下雨是否给客户备用雨伞，对客户提供金融服务的细节关怀。细节里面有黄金，注重细节服务，向客户提供细节关怀，将比竞争对手赢得他们不可能赢得或忽视了的利润。这种带动，对全行都是一个有力的推动。如有一位客人进门，大堂经理立即注意到他的到来，热情地招呼他。落座后，他自我介绍是位美籍华人，他想了解当地银行的运作，大堂经理热情地针对客人的询问，给予回答，他注意到客人对今后业务的语言困难有所疑惑，他立即向客户提出银行可以提供各种语言服务的保证，使这位客人后来成为银行一个很重要的客户。

从市民的三个朋友做起——高品质的服务　在繁华的大街上，很
远都能看到银行的一句广告词：智者之选，尊贵体会。意指银行的服务给市民
带来的感受，由于银行的服务好，如果市民选中该行，那是一个明智的选择；
如果市民来到银行，那就是尊贵体会。但是，服务不是自夸的，每年社会都会
评选最佳服务银行，这是银行获取的最高荣誉。在商业社会，有一个被公众接
受的道理是：一个人要有三个朋友：医生、律师、银行家，因为他们在社会上
对市民的日常生活产生很重要的作用。商业银行因此就在服务上做文章，他们
争取成为市民的朋友，他们定服务标准——高品位的服务。

服务是爱　当员工对客户服务时，要充满对他人的爱，对他人爱多些，服
务的效果就会好些。爱就是理解客户，帮助客户，以客户之心，为客户服务。
一位客户来银行办业务时晕倒了，员工将她送到医院，并为她办理一切住院手
续，这个客户是银行的一个普通客户，但银行只想如何为客户献出一份爱。这
件事感动了她的一位亲戚，立即到银行存了一笔钱。因此，银行总是教育他的
员工，不要过于功利，应尽可能地为客户服务，让客户满意，这样不但会赢得
客户的赞扬，而且还会得到意想不到的回报。

发自内心的服务精神　香港商业银行的管理者认为，如果服务精神只是
在口头上，他们的行动一定是表面的。管理者教育员工，当员工从内心中体会
到服务，对待客户的感情就会发自内心。柜员张小姐在给客户送业务单的时
候，发现客户病了，立即将客户送到医院，并办好所有的手续，客户非常感
动，专程到银行致谢，张小姐回答说："如果我的亲人病了，我也会这样做。"
将客户当亲人，就是发自内心的服务精神。

自信是服务的基础　服务是无形的，服务是由许多有形的行动表现的。
但服务的最高境界还是感觉，正像人们所说的，麦当劳吃的是文化，可口可乐
喝的是感觉，开车是潇洒，打领带是风度。客户来银行所需要的是享受所提供
的服务，这个感觉贯穿于服务的全过程。一个客户走进银行，在上电梯时，问
一位员工："你们银行在世界的排名是多少？"员工爽朗地回答："三百多位。"
一种信心，一种自豪感染了客户，给客户一个很好的感觉。当员工对自己的银
行感到自豪、感到骄傲时，这家银行的服务一定很好。

学会转换角色 在银行的服务培训中，教员讲了这样一个例子：有一位艺术家去理发，他和理发师聊起天来，他问理发师工作怎样，理发师回答说："我们不能和你们相比，你们是艺术家，我们是剃头的。"这位艺术家说："不是这样的，我们都一样，现在我坐着，你站着，晚上我请你听戏，那时，你坐着，我站着，我们都是服务员。"银行要求员工有角色转换和思想转换的服务理念，一个演员不论他演技多好，如不进入角色，也不可能成功。银行员工就是服务员，不论他（她）在家中或下班后是何种身份，必须在工作中转换角色，做好服务，才能做好银行工作。

服务要忍辱负重 有一位银行的业务员到客户那里去催款，客户不但不还款，还对他进行呵斥和辱骂，甚至将他的公文包从楼上扔了下去。他跑下楼，捡回公文包，又笑眯眯地跑了上来，客户就问他，你图个啥，为什么为银行这样工作？他回答说："我们是银行的服务员，就是为客户服务，客户是我们的衣食父母，我们对你们的举动不能有怨气，只要我能完成工作任务，这一切都值得。"银行通过这类突出的员工服务实例，给全体员工树立了好的榜样，对员工的教育，就是贯穿于平凡的工作中。

服务要有毅力 个人业务是银行业务的重点业务，个人拖欠贷款使银行非常头疼，为了收回贷款，一位信贷员每天晚上在客户的门口坐等，这位客户每天回来得很晚，但银行的员工每天等候。这位客户问这位员工为何要这样？员工回答说，他在学习客户是怎样无数次拒绝的，学习他的持之以恒的精神，客户哭笑不得地说："我一定想办法马上还款，你明天不要来了，好吗？"这位员工不答应，他说如果客户一天不还款，他就坚持来，这位客户只好立即还上了贷款。在银行业务中锲而不舍，每位银行员工都知道，服务就是比毅力、比耐心，只要银行长此以往，什么样的客户都会被争取过来。

要服务也要利润 银行要对存款5000美元以下的客户收费6美元，引致一些中小客户的不满，但银行对此振振有词。据统计，有1/3的客户吃掉了我们银行盈利的一半，麦肯锡有个调查，大约有4％的储蓄户约120万人占有50％的储蓄额，16％的中型客户占有48％的储蓄额，另有2％的储蓄额被80％的储户占有。作为商业银行只能锁定目标客户，不可能面面俱到，与其广种薄收，不如精耕细作。要以不同的服务组合满足不同的服务，切实考虑投入与产出。银行有四本账，一本总账、一本部门账（考核部门的办公费、人均费和用房费）、一本产品账（考核产品的人工费和盈亏平衡点）、一本客户账（由账户经理专门核算一个账户的收益情况）。

有偿服务——无须感谢

香港银行向员工灌输这样的理念：我们给予客户服务，他们无须感谢我们；相反，我们应该感谢他们给予我们服务的机会。因为，所有员工都认识到，他们提供的服务是有偿服务，而非无偿服务。银行员工通过服务收到效益，员工因服务而得到报酬。当一个客户来到银行，得到银行员工热情服务的同时，他已经为此支付了费用，银行"不提供免费的午餐"。当客户为服务支付费用时，客户有理由、有权利要求银行提供相应价值的服务。银行员工也必须尽其所能，让客户感到银行服务物有所值。这才是商业银行的真正服务。

关注——在意每一位客户的感受

银行在意每一位客户。这说起来简单，做起来难，要让客户感受到更难。当一个普通客户多次来银行办理业务后，银行的员工开始注意他，并且暗自记下他的姓名和职务。当他再一次进入银行时，他惊奇地发现，很多员工见到他时，都能叫上他的姓名和职务，使他有一种"受宠若惊"之感，他感到自己被银行重视，由此，他认定这就是他所寻求的银行。不论客户是什么身份，只要他走入银行，就会有许多银行职员向他打招呼；假如当他走到利率牌前注视利率的变化时，大堂经理很快就会走到他的面前，向他介绍最新利率走势，并适时向他推荐业务或回答他所提出的问题；当他在银行里左顾右盼时，银行警卫又会走向他，询问有何事他可以帮助；当他走向柜台时，柜员会微笑地用手招呼他，因为一线员工必须做到在看到客户的第一眼就向他打招呼；当客户在打扰银行员工很多时间后未办理任何业务离去时，员工又会向他热情告别并真心地向他表示感谢，因为员工有信心认为他终有一天会成为银行的客户，银行知道员工的行动已给他留下良好的印象，他或许会向亲人和朋友介绍这家银行，或许下一次会带给这家银行一笔大业务。因此，银行教育员工切记：千万不能随意应付任何一位客户。

尊重——客户的地位至高无上

　　银行以客户为中心就是处处想客户所想，急客户所急，要让客户在银行少动手、少动口、少走路。银行要从每一个客户、每一笔业务做起，尽可能不给客户增添任何麻烦，因为每位员工都明白，银行应该首先方便客户，其次才是方便银行自己。在银行，员工努力将一切服务工作独立做好，而不应去靠客户帮忙，即使万不得已，员工也会一再向客户表示感谢。就连银行部门的办公楼层分配也以服务客户的需要而定，两个相关的业务部门总是在一层楼上，以免客户楼上楼下地跑动。银行经理坐在开放式的办公室里，随时注意柜台服务的状况和来往客户，如果一位老客户来到银行，经理会出来和老客户打招呼，寒暄两句，以经理的身份带领员工为客户服务，实施现场管理。在银行员工眼中，客户来到银行就要尽可能少让客户麻烦，仿佛一切事情都应由银行员工办妥，在银行经常见到的一种情景是客户坐在椅子上等候，员工为客户忙前忙后，这一切都做得那么自然，很难见到客户被员工指使来指使去，因为客户在银行是享受银行提供的服务。有一位大堂经理因为经常指使客户，而被客户授予一个绰号"呵客经理"（广东话谐音：吓唬客户的经理）。

　　每日，所有一线员工都会提前至少 15 分钟上班，离开始营业时间还有 10 分钟时，所有员工已着好服装，做好一切准备，等待开门。"没有理由让客户等待"，所有员工都这样认为。在银行，见不到员工在处理内部事务而把客户冷落在一边，也不会有员工慢声慢气地在打电话而不顾客户在等候，更不会有银行营业厅还不到停止营业时间就已关门。几乎每日营业结束时间到了，仍有客户在等候服务，员工一定会让最后一个客户满意地离去。在营业大厅里，员工不会以貌取人，真正做到童叟无欺，男女平等（虽然对未成年人办理业务慎之又慎，因为他们不负法律责任）。当一位衣衫不整的男子来到银行，他所享受的服务同那些俊男靓女所享受的服务是一样的，一个普通建筑工人所享受的服务同那些公司老板在营业大厅所享受的服务也是绝无二致。银行在营业厅播放音乐并非为了给员工消遣，而是为了取悦客户。银行增加电话线路也并非为了方便员工，而是为了方便客户。银行以客户为中心的观念还表现在机构建制上。银行根据市场需要将其部门分为客户服务部门和客户支援部门，以体现客户在银行的重要位置。客户服务部门为一线部门，如营业部门和业务拓展部门，客户支援部门为二线部门，包括财务行政部门和管理部门。

　　对客户的礼貌来自于对服务的认真。一次，行长途经银行营业大厅，看见一位柜员未顾及客户的等候，在同其他员工谈论内部业务问题，行长走上前去，一面示意柜员立即为这位客户服务，一面对这位客户说："对不起，让您久等了。我是行长，请对我行工作多多赐教。"行长的认真和礼貌态度使这位客户深受感动。服务管理的焦点之一是让员工明白自己的首要目标，如柜员的首要目标是为客户服务，而并非处理内部文件；外勤人员的主要目标是与客户接触，而并非与内部部门人员谈话。在清楚工作目标之后，员工便会负责地并集中精力去工作。

自信——每位员工都代表银行

　　在银行服务中，"我代表银行"成为全体员工的共识。为了银行的声誉，员工在与客户交往中不准说的话不说，不准做的事不做，不准许诺的事不许诺。在客户的眼中，银行是社会上有卓越声誉的企业，银行员工是大企业的职员。因此，每位银行职员都从银行的声誉出发，从走进银行的第一天起，把自己看成银行的一分子，不管员工以前的教育背景如何，都会把自己看做是白领阶层的一员，同银行荣辱与共。银行在服务管理中，观念教育始终放在首位，银行通过鼓励先进，鞭策后进，让员工树立"我代表银行"的责任感，营造一种良好的服务氛围。如果一家银行想给客户留下美好的印象，每个员工、每个服务细节都必须做好，每个员工都要说话有条有理，举止彬彬有礼。这必须经过全员培训，改掉一些员工的不良习惯，使大嗓门的人说话轻了，性情急躁的人开始温顺了，办事马虎的人开始细心了。在香港银行，见不到员工大声在说话或谈笑，有的银行营业大厅几百人在工作，只听到工作机器的操作声，没有喧哗，因为银行要给客户一个无噪声的环境。员工在接听电话时有许多共性，除了礼貌用语相似之外，语气也那么相似——温文尔雅。银行的职业改变了人，使员工坐有坐相，站有站相，一家大银行的员工，在公务活动中，时刻注意维护银行的企业形象，银行高层人员外出总是车接车送；即使普通员工外出，也被要求住四星级酒店；外勤人员西装革履，手提银行配备的公文箱，气度不凡地与客户寒暄交往。当装扮清秀、长相靓丽、焕发青春气息的女外勤人员走向客户时，他们给客户留下了良好的服务印象。客户从银行服务人员的知识、气质和态度中感受到了满足。因此，不少银行的员工成为企业老板争夺的"人才"，因为银行员工的素质征服了客户，征服了社会。

情感——让客户感到欠银行的

　　银行员工以自己的服务努力换取客户的承认。员工要经常上门服务，可能一次未办妥，还要第二次、第三次上门，员工毫无怨言，甚至愿意去第五次、第六次。即便未能争取到客户，但他们并不认为这是无效劳动，员工每一次工作都是在为成功吸引客户积聚条件。在同业竞争日益激烈的今天，银行服务需要这种精神和毅力。当客户感觉到银行为邀请他来银行做业务，员工付出很多代价时，如牺牲员工休息时间，为拜访客户而遇到大雨生病，等等，客户就会被真正感动。正是这种"苦肉计"，使客户于心不忍，使客户体会到银行的诚意。

文化——营造一种服务高尚的氛围

　　银行在努力营造一种服务高尚的氛围，让每位员工都知道什么样的服务行为是受人尊敬的，什么样的服务行为是受人唾弃的。银行不可能用为客户服务的时间让员工去学文件，上班时间也不允许开员工大会、听报告（员工会议都是在下班后召开）。银行在努力通过理念的熏陶让员工知道为什么要为客户服务，怎样的服务会有利于员工，怎样的服务会损害员工的利益，让员工清楚界定客户服务的优劣标准是什么，影响客户服务表现的关键因素是什么，客户所期待获得的服务又是什么。香港的每家银行都具有本行特色的服务口号。香港一家服务声誉最好的银行，每日清晨对外营业前，全体员工例行收听董事长的服务训话录音，然后全体员工大声背诵服务口号，看似像学生一般，然而它确实鼓舞士气，发挥了很好的作用。各银行专门印制了《营业员服务手册》，上面印有服务理念、服务规范和服务要点，意在培养一种价值观。

2 让服务要诀导航

香港银行的服务中贯穿着"十二字要诀",即"热情、协作、礼貌、负责、快捷、准确"。一位客户准备来银行结清他的一个账户,路上遇到了大雨,当他满身湿淋淋地跑进银行,正想掏出纸巾来擦拭雨水时,迎面走来一位身着银行制服的小姐。她面带微笑,手里托着一块洁白的小方毛巾。客户不禁发愣,是给我的?这位小姐微笑地开口道:"先生,擦擦吧,下这么大的雨,您还来光顾我们银行,多谢了,需办什么业务?我可以帮忙吗?"这位客户一时语塞,说他来结清账户,真说不出口;说来银行躲雨,又不是那么回事。他只好边道谢边说:"啊,来存款。"说着,他拿出了 5000 元钱。银行的服务感动了客户,从结清账户到存款的过程生动地说明了服务管理的效用,时时刻刻体现出"十二字要诀"。

热情——使客户感到春天般的温暖

先哲柏拉图曾经说过,人的行为就好比一辆有两匹马拉着的车,一匹马代表理智,另一匹就是情感。香港银行早在 20 世纪 80 年代末就发现,不近人情的服务,银行一定会付出更大的代价。不讲人情的员工一定代表着不讲人情的银行,银行没有人情,何谈人与人之间的服务。

员工必须热爱客户,客户才会热爱银行。员工必须对客户有发自内心的热情,客户才会将业务交给银行。银行最忌员工服务时皮笑肉不笑,说话时语气冷淡,答问时敷衍了事。将客户交来的文件随意丢置,一面工作一面和其他员工谈话或打电话等情况，都是要绝对避免的。

银行在"热情"的具体要求上，有"三到"：①眼到。员工在工作中，不能埋头于工作，而应时刻注意客户的需求，先外后内，是银行提倡的原则。服务要一视同仁，切勿厚此薄彼，应按先后次序提供服务，对大户可请到大户室或会客室去，以免引起其他客户不满。②口到。员工要主动礼貌地向客户提问。对客户应避免直呼全名，特别是某些客户的姓名读音有谐音时，应予小心。因为谐音有时会让人误解，引起旁人哄笑。对客户称"老"也需因人而异，特别是一般对女士不宜称"老"。对于专业人员应称"某某博士""某某医生"，这样更能博得客户好感。对商场得意的商人，不妨说几句恭维的话，也能赢得客户，当客户在银行支票上签字走样时，员工礼貌地请客户再在反面签一次名，而不会说："你签的名不像。"让客户难为情。当客户提交的身份证难以准确表明客户身份时，他们不会说："这是你的身份证吗？"让客户不悦，而是通过其他方式证实客户的身份，将热情化为理解和真诚。在与客户交谈中，还有"五忌"：一忌谈话过长，引起其他客户不满。二忌轻佻浮躁，应注意分寸，保持庄重。不可谈论他人是非，或谈论带有粗俗和低级趣味成分的话题。三忌泄露客户的账户情况和资金情况，遇客户账户资金不足或存取大额资金，为客户的安全和面子着想，不宜大声叫喊。四忌泄露银行的内部处理和审批程序，给银行工作带来不便。如告诉客户这项业务由某某经理批准，在客户致电那位经理时，经理难免窘于应答。五忌背后议论客户，当一位客户离开后，一位员工向另一位员工诉说客户的不是或相互谈论客户的着装、长相等，会给其他客户留下不好的印象。③服务到。不少员工为了让客户按时吃饭，自己顾不上吃饭抓紧处理业务；为了让客户不淋雨，把雨伞借给客户，自己淋雨；为了不影响客户的时间，自己不休息，下班后登门为客户服务。然而一时的热情并不难，难就难在持久上。一位在银行主持服务工作的高层管理人员这样说："当员工不高兴或碰到心烦事时能否对客户始终如一，热情和气；当遇上脾气大或不讲道理的客户时，员工是否可稳住情绪，笑脸相对，以实际行动感化客户，是检验我们服务水平的重要标志。"一位银行的员工正为一位老太太服务，这位文质彬彬的员工除了跟老太太交流业务上的事宜之外，在打印存款单的时候用老朋友的语气问老太太："这几个星期你没出来散散心？"老太太回答："没有，我怎么都忘记不了他，40年了，我们经历了太多了，每晚睡觉之前我眼前都是他的身影。"原来老太太的老伴刚刚去世。员工说："不过也许他在天堂比在人间更加幸福。你应该为他高兴才是。"这句委婉的宽慰话让老太太的脸上露出了一丝笑容。老太太离开后，我的朋友问这位银行员工："你和这些客户都是那么熟的吗?""那倒不一定,但是我们都能叫出大部分客户的名字。"客人的心之外,大多数银行营业厅内不仅设有客户休闲区,还配有小糖果等东西,社区内的人可以在营业厅里轻松聊天,认识更多的朋友。结果这种温情手段成功让客户突破了对"银行"的认知,这些小银行对于他们来说不仅仅是存款、贷款理财的地方,更进一步成为了他们生活的一部分,真正的性价比公式是:(使用价值+情感关怀价值)/价值。

协作——为客户提供系统化的服务

银行是链条式的服务行业,链条上的每一环节既是中间产品,又是最终产品。银行内部的协作必须一环扣一环,才能使整个运作流畅。每个环节的功能都完善了,才能取得综合效益。银行服务必须发展网络,才能实现服务的价值,网络化程度越高,服务的功能就越强。商业银行通过分支机构网络和联行及代理行网络,形成当地的链条和国外的链条,形成当地成网、国外成链的局面。网络化的关键是要协作。有代理行的协作,联行的协作,还有银行内部的协作。诚然,银行在服务中也会出现一些"灰色地带",这就是各个部门职责交接处或不太容易划分职责的部位,处理的办法唯有协作。银行的办公室专门研究处理协作中的难题,并制定和修改协作方面的有关制度,按系列化的要求设计流水线式的服务。银行对其系列化的服务标准是,流水线式的服务必须十分畅通,保证全行的系统服务。协作仅靠一两个部门是不够的,要靠全行员工的努力。有了协作精神,内部单位支援一线单位,全行为一线单位排忧解难,总务部办公用品定期送上,会计部将一些不需要一线做的工作转至内部单位处理,等等,使一线有更多人力来做好服务。银行的服务又是有秩序的,要求员工首先干好自己的工作,而不是任意协作。员工的服务任务是由管理人员指派的,而不是随意的。为减少服务人员、加强协作,银行组织服务支援组,有一部分人员在各网点穿梭,以保证有足够的服务人员,减少不必要的后备人员。中午,许多客户利用午餐时间来银行办理个人银行业务,而在这个时间,也正是员工的午餐时间。于是,银行为避免客户排长队等候的现象发生,每日中午都加开柜台窗口,其他部门的员工给予协作。

在服务方面,银行为了防止员工互相推诿,教育员工在服务上尽可能不说"不"字,当客户需要帮助时,在一般情况下,都要想方设法为客户排忧解难,而不能一推了事。本人办理不了的找上级,为解决客户的难题,可以一直请示到行长办公室或行长本人。员工接到电话，遇到任何问题，要尽可能不让客户找第二个人或部门解决，如果接电话的员工本人解决不了，员工会找主管或联系有关部门给予答复，宁愿银行员工多打几个电话，也不让客户打第二个电话，银行回答客户时绝不推三阻四、相互扯皮，或者敷衍了事、耽误客户。

后勤工作的主管部门总务部所推崇的服务精神是："站在被服务对象的立场上，做好协作。"本着这种精神，总务部各级管理人员经常深入第一线，体验生活，自我感觉后勤工作的分量，聆听各单位员工的要求，发现问题，将心比心，使服务工作锦上添花。被服务单位没有想到的，他们先想到了。例如，被服务单位只要求增加一处盆景，他们不但做了，而且还做了精美的造型，增加了装饰品，使人们对总务部褒奖有加。

上述协作的一个层面是银行内部的协作，而协作的另一个层面则是与代理行之间的协作。

香港一位资深的老银行家一日谈起协作时，不无感慨地说："一家银行在对外经营中有两个最重要的服务和协作对象，一是客户，一是代理行，这两个服务和协作对象是银行赖以生存的基石。"其中代理行关系是指两家银行互换密押文件，签订互相代理业务协议，进行业务往来的关系，这个关系维系着银行之间的协作和支持，而这种协作和支持对于银行来说是必不可少的。通过日常与代理行人员的信函往来，代理行各部和各地区重要的代理行保持着密切的关系。他们互通信息，互相支持，相互寄送本行的重要资料，如季报、年度报告等，并且在有机会时，相互走访。行长室成员在出访时，会有选择地走访一些代理行，寻求进一步合作的机会。

银行在代理行往来管理上要求各部门积极进取，积极与代理行商讨互相可提供的业务优惠条件，如开立同业账户的优惠，包括减少开户铺底资金、增加透支额度等。他们积极开辟新的业务合作领域，如要求代理行给予一些业务回扣，当他们委办一些业务给代理行时，代理行将业务收入的一定百分比作为回佣付给他们，或为他们提供培训便利等。除此之外，他们还积极借助代理行关系在押汇业务、资金拆借、海峡两岸业务、银行贷款、存款证的转让及其他一些业务上争取支持和协助，代理行成为他们业务中的重要合作伙伴。

代理行之间存在激烈的竞争，他们在争效率、争服务、争人才，但代理行之间也有协作。在香港的代理行都参加银行公会，银行公会为他们提供了协作的机会。为避免不正当竞争，银行公会定期公布利率标准和费率标准；还经常向其会员征求对金融竞争等重大问题的看法和意见，在同业之间协调监督票据交换所等银行操作事项。对违反有关规定而遭客户投诉的会员银行进行处罚。

代理行之间的联系和协作很多时候是由银行公会、华商银行联合会、外资银行家俱乐部等银行团体提供的。定期聚餐、业务研讨会、业务培训、金融图书馆、联谊活动等使代理行的员工们走到了一起，使代理行之间的关系更加密切。

礼貌——让客户享受至尊至善的礼遇

对客户的礼貌来自于对服务的认真。礼貌常常体现在语言上，员工对客户的说话方式、态度反映了员工的礼貌修养。语言是门艺术，当一个客户在银行要停止营业时仍坐在营业大厅椅子上休息，他们不会用不礼貌的语言驱赶客户，而是会走上前去对他说："先生，您要办理的业务都办完了吗？您对我们的服务满意吗？谢谢您的光临。真对不起，我们要停止营业了，欢迎您以后再来。"

银行还努力营造一种有人情味的服务氛围，营业大厅的员工坐在高脚椅上，不但使员工有舒适的工作环境，而且好似对客户在站立服务。营业大厅总是充满着家庭的温馨，因为银行认为"友好、温暖、礼貌"是客户最看重的。每年新春开市的第一天，银行总是第一个到大客户公司拜年。在银行，员工被反复告诫要多用礼貌用语，客户在为银行做任何事时都会受到银行员工的感谢，当请客户出示身份证时，员工会说"谢谢"；当请客户收好身份证时，员工又会说"谢谢"，谢谢之声不绝于耳。只要是银行的对外营业服务时间，客户都会受到同样的服务。

负责——为客户提供负责到底的服务

银行的服务已不再局限于微笑，而要负责地向客户提供优质服务。曾经有一位客户来到银行办理业务，由于他对金融运作不甚了解，在处理其账户资金安排上顾此失彼，银行的大堂主任热情地站在客户的立场上向他提出建议，受到了客户的赞扬。在我们向这位大堂主任询问起此事时，他回答说："我们不应仅考虑银行的利益，还应对客户负责，这样才能赢得客户。"

有时客户由于对金融专业的陌生，会向员工提出许多咨询，而员工在营业时间里往往非常忙碌，从内心来讲不愿花许多时间解答此类问题；但是，客户在银行工作中居于首位，从行长到普通员工都必须认真、负责地回答客户的提问。许多员工在工作时间为客户忙碌，只有下班客户离去后才能静下心来处理内部事务。

服务负责的重点之一是让员工明白自己的首要目标。如柜员的首要目标是为客户服务负责，而非处理内部文件；外勤人员的主要目标是与客户接触，为银行的营销负责，而非与内部工作人员谈话。在清楚工作目标之后，员工便会负责地集中精力去做自己的本职工作。

服务负责是对银行内部各部门的基本要求。为员工负责，就要为员工着想。办公室在全行管理中起着重要作用，一是为行长室服务；二是为全行各单位服务。在服务管理上，办公室对行长室的服务总是立于主动，多思多想，早安排，设身处地为行长室考虑问题。在行长室成员没有考虑到时，办公室先考虑到了；在老总还未交办之前，办公室已经做妥了。当老总要参加一个会议时，办公室预先将议程、文件、各项必备品全部准备妥当，老总拿起公文包就走，公文包里应有尽有。当银行老总出外活动时，突然天下起雨来，办公室早有准备，给老总和客人雨伞一撑，避免了尴尬的场面。当行长室成员参加一个大型活动时，办公室人员及早出来安排车辆，活动一散，车辆拥挤，但行长室成员的车辆早已备好，即上即走。平日工作时，办公室按照行长室成员的各自习惯，将一切琐碎杂务包下来，将一切准备妥当，当行长室成员到外地公干时，接待、迎送、旅店、会见人员及时间、车、船、机票、相应的礼仪等全部在离行之前由办公室准备完毕……细致认真地服务使行长室摆脱干扰，集中精力做好管理。办公室对各单位负责的服务则立足于协调。在日常工作中，办公室负责向各单位解释银行的方针、策略，协调各单位的工作，承担银行管理"灰色地带"的清理工作。更重要的是，对各单位在管理中遇到的困难予以协助解决。办公室建立了一套有效的意见反馈回应系统，当有单位提出投诉或有困难时，办公室将意见或困难反映给专业部门或行长室处理，并且在两周内将回应结果反馈给申诉单位，由此，理顺了管理，解决了矛盾。"有困难找办公室"，是办公室向各单位做出的服务承诺。办公室不厌其烦地为各单位想办法解决困难，以其在银行中特有的权力和地位协助各单位的工作，绝不把困难向外推。

快捷——为客户提供高效便捷的服务

服务是科技的竞争，业务手段的现代化为快捷方便的服务系统创造了先决条件。客户在得到银行服务时，关心的是银行各种有形和无形的服务交付系统，自助银行、24 小时使用的柜员机、电话银行、全球性的资金调拨网络、客户的电脑管理系统、个人理财服务等的广泛使用受到了广大客户的欢迎，使银行的服务达到了高效的水准。

让客户足不出户便可享受银行服务的便利，电话银行即是一例，它可以让客户在家中就能办理账户内转账、查询银行账户金额、办理外汇买卖、办理定期存款、信用卡转账以及查询等业务。香港的银行特别重视对客户的电话服务。据统计，银行每月接到数万个这类电话。然而，有相当多的客户由于不同员工不同水准，电话设施的不完善没有得到满意的答复。银行通过加强管理、更新设施、强化电话服务来寻求一个新的服务模式。银行配有先进的电话系统，银行为提高工作效率，每个单位都配备装有电脑的传真机，银行电话功能齐备，电脑控制，使业务联系和内部管理便利高效。电话功能包括自动录音、自动拨号、自动转机。当客户打电话给银行时，在铃响三声之内，就会有员工接听，即使员工临时离位，其他员工仍可以自动将电话接听过去，并要主动询问是否可以留下口信，以便回复，尽可能给予帮助。当一部电话占线时，电话会自动跳线，别的员工会帮助接听，使客户不会总是听到令人心烦的忙音。银行为新业务设计了电脑自动查询系统，统一安排部门和人员回答客户查询，加强对电话接线员的培训，以确保能够准确地用英文、国语和粤语回答客户的提问和转接电话。一个优秀的员工可以利用电话把握各种机会推广各种银行服务。

提高服务效率是银行服务竞争的关键，首先，银行的管理体制要求每个管理人员在接受一项工作任务时，不能以任何借口和理由不承担任务。各级主管都有这样的观念，作为下属，不是讨论上级提出的目标能否实现，而是思考如何实现。其次，实用高效是银行效率管理中的一项原则。文件必须实用，印发必须高效，"时过三日废纸一张"，银行的各级管理人员都明白这个道理。各部门将服务运作制成运行图，认真研究有无拖慢效率或重复劳动的环节，在银行内部能用电话通知就不用文字，能用电话通知就不需开会。凡无必要发文的一律使用电话或口头传达，能手写就不用打字（但出行文件全部打印，包括信封）使银行减少了文件和会议，改善了对客户的服务，加快了业务运作和管理，在社会和公众面前展现了一家现代化高效银行的风采。

研究服务管理的专家认为，客户服务中最重要的就是排队等候接受服务。美国波士顿一位研究等候心理咨询的顾问大卫·梅思特（David Maister）说无论是亲自排队，还是等候接通电话等候行为对于客户来说"都有着与事实不相称的高度影响——'等候能够破坏一次实际上十分完美的服务过程'"。一位在排队中等候的客户随时都会成为失去的客户。

因此他们用以下的方法改进排队服务：

让等候变得活泼有趣

客户在等待的时候有所消遣，就会免于烦躁客户，因此更能忍受较长时间的等待。银行的一位高级管理人员证实：即使在非常拥挤的时间里客户向银行提出抱怨的情况也很少。

区别对待

对有预约的客户或大客户，银行都会提供优先服务而且这种服务正日益普遍。大卫·梅思特指出：这一领域需要极大的创造性以免触怒那些没有被特别优待的客户。那些希望向优先客户提供更快服务的银行最好不要当着一般客户的面这样做。

自动化在美国自动存取款机、电子银行的应用十分普及

许多客户在 ATM 机和家庭电脑上实现自助服务而减少去银行的次数。

模糊化

大卫·梅思特先生认为，被感知的等待通常比实际的等待更重要。他指出一些银行故意告诉客户需要更长的等候时间这样当实际的等候时间比被告知的时间更短时，客户就会很高兴。如花旗银行对月均存款不超过 5000 美元客户收取 6 美元服务费，以限制普通客户进入。

在银行，要使客户需求均匀是非常困难的，甚至有些时候根本没有什么办法改变客户的需求模式。因此只能通过调节服务供给，使其与需求相匹配。在西方商业银行常用的几种调节供给能力的策略是：①弹性工作时间计划。以核心工作时间为中心设计弹性工作时间。②提高客户参与程度。把客户作为银行服务的人力提供者。③通过有效使用空闲时间来扩大高峰期的服务能力。在空闲时间做服务需求时的准备工作创造可调整的服务供给能力。④共享能力。在服务设备和设施的闲置时间找到它的其他用途。⑤交叉培训员工。培训员工从事几种作业能够创造出灵活的供给能力来满足业务高峰需求。⑥雇用临时工。又如社区银行快捷便利的服务。社区银行以零售业务为主，他们的贷款利息相对而言是比较高的，但客户们为什么要放弃在利息较低的花旗、汇丰等跨国银行取得贷款，而要选择这些贷款利息较高的小社区银行呢？答案是快捷便利的贷款服务。对于目标服务社区的这些银行而言，他们的主要客户是中低端客

户，也就是说客户的贷款金额不高，大多数是汽车贷款、日常的消费贷款。如果客户要到大型银行取得同样贷款的话，由于贷款额度低，也就是利润有限，再加上大型银行对于这些客户的资信情况不熟悉，通常办理的速度会比社区银行慢上两三倍甚至更多。这时候社区银行的优势就体现了。

准确——为客户提供恰当到位的服务

准确不仅体现在业务经营上，还体现在服务管理上。准确的服务就是服务到位，服务到位来自于严格的服务管理，服务管理是一项系统工程，不是仅仅靠抓微笑就可以做好的，服务管理涉及银行管理的各个方面。

第一，银行从给客户到银行的第一良好感觉开始设计服务体系。客户停车的方便是银行需要解决的第一个重要问题；徒步客户遇雨时雨具的摆放是客户进银行后另一个要关心的事情；老年客户进营业大厅所关心的楼梯设置，解决办法是在楼梯加上扶手；银行营业区地板容易湿滑，除了摆放告示之外，还铺放地毯，以保证客户的安全；在客户出入的地方，银行设有许多由玻璃钢制成的指示牌和服务标牌，以方便客户。

第二，银行根据客户的喜爱和心理设计服务体系。在银行看来，对客户服务心理的把握是成功的关键。在香港商业银行大门外，摆放着本行的利率广告牌，银行将过去写得密密麻麻的利率牌改为只显示最高利率的活动宣传牌，吸引了不少客户驻足观看。尽管利率竞争无太大余地，银行还是常在宣传广告上打出"高二厘"、"高三厘"的具有诱惑力的广告，银行这样做并非突破监管当局的限制，而是通过减少收费及其他支出使客户获得类似高利息的收益，引致许多客户上门或打电话询问。在银行大厅里，大堂主任认真注意客户的反应，当看到有的客户脸上出现不耐烦的表情时，他就会走上前去向客户解释。当一个客户急匆匆走进银行又匆匆离去，因为他看见有十几个客户的长龙，银行的大堂主任又会立即迎上去，询问他是否有急事，并问他能够等候多长时间，客户回答最多 10 分钟，大堂主任笑笑说："不用 10 分钟您就可以办妥。因为我们现在开有 6 个窗口，每位客户一般只需 2～3 分钟。"这位客户半信半疑地站在队中等候，不出七八分钟，他已办完业务，并感激地向大堂主任告别。因为他的判断是以其经历和与同业的对比为根据的，这是一家高效率的银行。

第三，银行提供服务体系要求名副其实，银行在开办一项新业务时，总是煞费苦心地为业务起名。如"松柏存款",即为老年人提供的存款,起初让客户不知所云,打电话一询问才知名起得好,而且存款的品种也好。银行推出"理想存款",即零存整取存款,其广告词是"实现梦想",让许多有梦想的客户跃跃欲试。客户为了争取更大利益,总是在寻找合适的银行和合适的产品品种,银行还大力宣传大额优惠存款,使客户积攒资金来到银行。银行还编印了各种详细的办理程序简章,提供全方位业务信息。

第四,银行调动全部资源来完善服务体系。便利、整洁的营业环境、周到的服务、良好的营销、优质的服务产品及高效的服务管理都是从员工的桌面做起,银行不但给员工的办公桌都制作了遮挡板,而且要求员工的桌面摆放合规,显示出银行管理有方。"摆设吸引人"是商界的常识,银行在营业大厅布置上往往别出心裁,各有风格,吸引客户,如一个大型花圃造型、喷泉造型或其他人工造型。此外,在商业社会里,许多客户是股民,银行在营业大厅外显眼之处摆放股票动态显示机,以方便客户随时掌握股市行情。丰富的业务品种、便捷的服务、现代化的管理手段是香港银行的服务特色,而这一切都来自于它完整的服务体系。

3 让服务体系完善

服务体系——完善的系统管理

营运策略的制定——牢记信息、研究、关系、服务四要素 营运策略包括营运方向的设计，目标的设定，发展的计划，整合的规划。了解客户，加强客户资料的收集，银行希望能够对客户有更深一层的认识，编写"了解顾客100题"。

客户研究部根据收到的客户资料，按等级划分，进行市场区隔和细分。制定"客户资料研究作业办法与分级作业流程"。

一位在商界成功的人士说，如果你持之以恒地做你自己在行的生意，不为他人的成功所打动，来回变动自己的行业，你就一定能够成功。银行也同理，银行只要关注于某个细分市场，心无旁骛，一定能够在那里把市场做成功。细观一下香港的银行，有的将精力放在股票代理业务上；有的放在黄金业务上；有的放在外汇兑换业务上；有的放在国际结算业务上；有的放在房地产业务上；等等。他们数十年如一日，聚集了一批银行专家，也吸引了一批专业客户和中介机构，这样的银行尽管规模不大，但它的生命力旺盛。有家银行就是做华侨汇兑业务的，该银行的汇兑服务非常专业，尽管它的业务操作时间和其他银行相差无几，但它的历史和专业使一批客户成为它忠实的客户。

精心打造的客户系统

打开银行的客户系统，每个客户的情况一目了然，银行经理对每一客户记录详细的个人资料，包括家庭状况、工作及业务范围、每次接触详情、下次约会及所需跟踪事项等，定期（约两周）整理，通过对发展新业务、各种业务开拓情况等的考核，给予本行人员评分。这些资料对掌握客户经济能力很有帮助，同时，对资历浅或新晋升员工的职能素质（尤其是在发展寻访客户的工作方面）也有推动作用，银行经理更可发现市场及客户而调整支行的销售策略。

跟踪客户的预警系统

银行还特别警惕一些公司客户的流失，因为争取一家新公司客户需要有大量支出，公司客户给银行带来的收益较多。银行对公司、社团客户设立"预先警报追踪系统"，以降低客户流失率。一般的公司客户都不会贸然结清账户与支行终止所有关系，它必定要在其他机构开户并进行约三个月到半年的试验及评估，而一家公司在决定离去后，银行便再难补救。故此，银行利用计算机对每个公司、社团客户的每周借贷交投量做出记录及比较，每周资料与近期一段期间内的每周平均值做比较，季度性或年度性地做平均值比较，遇有偏离预定数值者，计算机追踪系统做出警报或提示，由支行经理与一批工作人员组成专责小组进行检讨及研究补救办法，或提高服务水平，或加强营销能力，或降低、豁免某种收费，等等。

客户销售系统

银行采用了全新理念的"客户销售系统"。当有客户来到银行大厅时，大堂经理会立即迎上前去，热心为客户解答各种问题和咨询，并仔细观察和揣摩客户的喜好和投资心理。而对确有意向的客户，大堂经理会即刻了解潜在客户的各种信息，例如其职业、住址、工作场所，等等，然后输入系统。这项"客户销售系统"，本着"让客户真正信任"为基础，以"打动客户，请允许我为您提供满意的服务"为主线，使银行员工时刻心系顾客："有客户，才有银行；有客户，也才有我的生存和银行发展。"随后银行对这类客户进行跟踪，及时将银行的宣传材料送去，并经常征求意见，邀请他们参加银行的一些讲座和活动，银行采取这套营销策略后，初次光临的客户中有很多人，对银行服务感到满意和值得信赖，从而成为忠实的客户。

打破传统的营销圈

在传统零售理论中，几乎都依据距离把营销圈定义为一个个同心圆，包括核心营销圈、二级营销圈、三级营销圈，并且简单地以距离和人口来计算银行对客户的吸引力。而如今，随着交通和电信的改善，对客户的吸引力已经改变了，了解客户成为吸引客户的前提。对客户的研究表明，"一揽子"交易，方便快捷优惠是大多数客户所需要的。为了有效地满足这种需要，银行确定了很有特色的品种组合。为满足客户的要求，有关品种经过银行算账，进行组合，手续简单方便，客户又可获得优惠，而且随着业务量的增加，又要照顾到需求量不大但总有人需要的连带品种。因为没有连带品种就会影响到客户对银行的印象，影响到银行的营销。

制定"客户关系费用使用办法"

服务计划根据需要，制定客户服务守则，根据"守则"，制定"联系客户电话信函使用办法"。对客户抱怨开通合理的申诉处理渠道，并且回报客户作业的流程。

客户分析——开发客户的基础

为了了解客户的满意度如何，制定"客户满意度调查办法"。

竞争分析剖析竞争对手，了解他们有些什么服务客户的措施，是我们所没有的。编写"竞争对手分析表"。

新客户开发如何去进行，其他新兴市场的研究与开发。制定"市场开发作业办法"。

共存计划如何拟定能够让服务的供应者与接受者共存共荣的计划，是顾客、员工、公司三者三赢的做法。制定"和谐关系方案"。

例行的营销会议

王经理于下班后召开例行性营销会议，与市场人员一起为增加支行销售机会做每一步骤、环节的探讨。银行将最初接触目标客户与最终成为客户之间所做出的一连串寻访客户行为程序分为数个小环节（如选客户、初步接触、游说、跟踪、成交及介绍银行的其他业务），对每个环节定出最低的指标。这里只着重与客户接触的量而非最后的成交结果。会议中检查对客户寻访量，以对市场人员产生压力使其竭力增加寻访量（培养主动性），并研究解决难题（如流程中的"瓶颈"、环节间交接的障碍）。这种会议是银行抓市场的重要措施，银行认为，要做好每项工作，必须策划，必须分工，必须检查，在营销工作中，更必须抓实抓紧，通过这种会议，掌握员工的工作情况，以便实施科学的员工考核。

用 FABE 法营销

在营销中，要发扬专业精神，学会使用 FABE 法，F 指特征（feature），A 是利益（advantage），B 是客户的利益（benefit），E 是保证的证据（evidence）。当客户经理向客户推销信用卡时，他们首先向客户介绍本行信用卡的特点，主要是卡的优势和其他卡的异同。然后告诉客户，使用本行的信用卡有什么好处，能够给客户带来什么利益。员工要通过将更好的产品性能，方便的操作，与其他同类产品的比较，让客户接受银行的产品。如果根据还不足，他一定会打开他随身带的文件夹，用媒体和专业机构权威报告，甚至客户评价来证实他说的准确性和真实性，如果他在这四项程序中进行得非常顺利的话，客户往往容易被他所打动。

用 SWOT 分析

在银行英语中，有许多英语缩写，但 SWOT 是比较重要、而且是常用的缩写，意指优点、缺点、机会和威胁。在分析时，搞清这四个要素，就能在分析客户时，抓住重点，任何一个客户都有其优缺点，有银行加入的机会，有银行可能遇到的威胁。许多客户经理在看客户时，容易偏颇，容易一边倒，就是因为他们没有很好地分析客户，掌握客户的 SWOT。一个信贷员说，当认真地分析客户的 SWOT 以后，就能比较客观地掌握客户的资信。

服务素质报告

银行的服务小组经过大量的客户调查，提出了客户是如何衡量银行服务素质的报告，报告认为，第一，客户关注的是交给银行业务的可靠性，即业务的安全性。第二，关注业务的肯定性，这需要员工有较高的专业水平和银行体系的协作性，保证业务的准确。第三，关注业务的实质性，即有形性，银行的操作有制度，收费合理，完成时间可以理解。第四，关注员工的关怀，香港银行提出"要向关怀你的老祖母一样关怀客户"。第五，关注效率和响应，对客户的反应是迅速的，效率是高的。报告引起银行的高度重视，并切实提出措施，以保证服务的高水平。

服务流程管理

服务的关键是流程，香港银行把流程管理作为管理员工服务的源头，他们将服务过程中，可能发生的问题，都用流程规定下来，让员工有章可循。

流程的执行者是员工，员工利益所系是流程是否能够有效的关键。香港银行第一进行员工意见调查，了解员工的满意程度。制定"员工意见调查办法及作业流程"。

品质计划拟定服务品质管理的办法。制定"服务品质管理方案"。

绩效管理将服务绩效与管理绩效综合评量。制定"服务及管理绩效评估作业办法"。

发展计划如何进行员工教育培训，让员工熟知工作上所需的一切内容。制定"员工教育训练办法"。

改善管理——为客户提供更好的产品

改善计划设计客户回馈，与员工建议的渠道，并且制定"员工建议改善办法"。

产品计划讨论什么产品会畅销，根据客户的喜好，进行服务产品的开发计划。制定"新产品开发办法"。

优质服务的基本设计——对外服务和对内支援

香港商业银行服务体系的建立取决于良好的服务设计，而服务设计又建立在客户和员工双受益的基础之上，因为服务的给予和对象来自于客户和员工。服务设计从这个角度来说包括以下两方面，即对外服务设计和对内服务支援。

对外服务设计——为客户有备而去

对外服务设计，包括以下七项：

如何与客户洽谈；

如何访问客户；

如何与客户成交；

如何与客户联络感情；

如何处理客户抱怨；

如何了解客户需要；

如何将客户满意度数量化，并反映在政策上。

对内服务支援——客户服务的后盾
对内服务支援，则包括以下八项：

如何相互协作；

如何激励员工；

如何考核员工；

如何奖惩员工；

如何了解员工对银行服务政策的看法；

如何了解员工对于银行的看法；

如何将员工绩效数量化，并反映在制度上；

如何追求管理合理化。

服务体系的设立——复杂而又必须完整
香港是个极其务实的经济社会。在实际运作中，香港的银行服务体系主要强调以下两点：

● 产品繁多的金融超市

千方百计适应市场和客户的需求，不断增加新的业务品种和信用工具，这是香港银行生存的基础。一踏进营业大厅，摆放在醒目位置上各式各样的业务品种宣传册就会跃入你的眼帘，如存款、贷款、汇款、保险、理财、信用卡、证券、基金以及专为客户度身设计的投资计划和理财业务服务等；许多业务品种不断推出，随着客户的需求变化以及市场的发展而持续创新，加之得到专业人士的精心操作，使香港银行能够在激烈竞争形势下创造生存和发展的空间。

● 单一"接柜"待客模式转变为全方位营销服务

随着服务竞争的激烈发展，香港银行已将传统所谓"几尺柜台"的营业服务扩展到大堂服务和电子设备服务，将单一的"接柜"待客模式变为以营销为重要内容的营业活动。

设在营业大厅中的大堂经理，是香港银行宣传自己、推销产品的首要阵地，他们是由经过慎重挑选、具有较强业务素质和较高推销意识的人员组成的，他们佩戴工作证章，以便客户特别是"回头客"识别，在营业前准备好一切应用物品和材料，大堂服务台上除了工作需要的物品和设备外，总是保持得非常干净，并且台面上配有客户服务主任或服务人员的名章。在营业中柜员们坚守岗位、坐姿端正、微笑和蔼；暂时离开岗位时，会将"请候片刻"的字牌摆在台上，以免客户不知所措。大堂经理随时留意前来银行的客人，主动接近、主动招呼，特别是对那些第一次到银行来或对银行的宣传品和银行的新业务感兴趣的客人，大堂经理会主动走上前，主动介绍、耐心讲解，了解客人的需求，如果你需要办理业务时，大堂经理指引到办理柜台；当客人对所介绍的业务不感兴趣时，他们会立即转向其他业务的介绍，一旦时机成熟，主动协助客户办理有关业务。大堂经理是业务熟练的员工，他们熟悉本行业务，因此推销这些业务非常成功。

鲜明个性化的香港银行服务——差异化

虽然有"银行多过米铺"之喻的香港银行众多，业务品种极其丰富，但创造和形成属于自己的特色，建立差异性营销策略，是香港银行得以生存和发展的重要条件。在打造特色上，无论员工的服装、银行大楼的装修、营业厅的装饰以及为客户度身设计的业务产品，均着意构筑与众不同之处。在业务品种上，如打破时间、空间限制的电视理财，让客户体验坐在家中理财；借鉴保险公司的创意开设的"目标存款"，积小钱办大事，一个人的目标如升学、结婚、旅游、缴付税款、置业安居等可通过这种存款计划达到愿望；汇丰银行首创的"居者有其屋"置业贷款还款计划组合，贷款总额高达楼价的105%。在形成自我业务特色的同时，在营业厅的装饰上也创建特色。在色彩上体现鲜明、庄重、气派、幽雅，尽量突出自己的特点，即使一个小小的标识牌、宣传架做得都非常精巧，给人以耳目一新的感觉，增加了对客户的吸引力。

以香港各家"电话银行"服务为例，便可见香港各家银行在创建自身服务体系特色方面所做出的努力之一斑。

服务中的 MOT 服务接触（Moments Of Truth），服务接触体现的是服务组织、员工和客户三者之间的关系。具体表现为：客户主动参与服务生产过程，每个关键时刻都涉及客户和服务提供者之间的相互作用，双方在服务组织所设计的环境中扮演不同角色。在客户接触的关键时刻中，他们了解了银行，对银行的服务有了自己的感觉。

银行接触中的两个限制，一个限制是银行常常利用规定或程序限制员工的自主权和判断，从而限制了为客户提供的服务员工；另一个限制是员工希望通过控制客户的行为，使其工作易于管理和轻松自如，而作为客户希望通过控制

服务接触过程来获得更多的利益。

与客户直接接触的员工应该具备灵活性，对客户言辞含糊的宽容以及根据情景监督并改变行为的能力，还应具备设身处地为客户着想等个人品质。这种品质特别是后者对员工而言比年龄、教育、知识培训和才智更重要。在银行中大约有75％的沟通困难是由非技术服务失灵引起的。是由于银行服务系统不能满足客户期待。银行服务传递系统的失败，增加了员工与客户的沟通负担，但也给员工提供了一个展现服务补救创新和灵活性的机会。同时，客户不合理期望和意料之外的失败也是银行要重视的重要原因。员工与客户交往困难可以划分为两类：不合理的客户期望和意料之外的服务失败。

不合理的客户期望包括：

不合理的要求；

违反政策的要求；

员工不能接受的对待；

醉酒；

违反社会规范；

客户特殊需要。

意料之外的服务包括：

不可获得服务；

行动迟缓；

不可接受的服务。

接触过程中的每一个细节，都会成为客户感知服务质量的依据。对客户来讲，每次接触都很重要，但同样的服务，对员工则是例行公事。

由于客户往往根据服务过程中的每个细节来讲价服务质量，因此要特别关注过程管理，彻底改变以"产品和银行为中心"的传统业务流程模式，坚持"以客户为中心"的经营理念，把服务系统中与客户接触的每一个关键点识别出来，对过程进行优化，把与客户可能发生的服务失误和遗漏通过流程控制起来，这才是真正的银行优质服务。

在对客户的研究中发现，客户的服务感知与服务预期间存在差异，致使左右客户购买态度的是客户的服务预期，为此，他提出了著名的客户划分理论，把寻求银行服务的客户划分为四类：①经济型客户；②道德型客户；③个性化客户；④方便性客户。通过分类，对不同的客户用不同的方式进行服务。

服务接触上较好的银行是：①热情的服务；②重视员工执行他们的角色；③努力保住所有客户，而不只是 VIP 客户；④具有充足的训练有素的柜员；

⑤设备维护良好供应充足。

香港电话银行

香港银行服务名称广告词：中银集团电话银行服务以手代足；万国宝通一按通/万户通"一按通"，服务尽在指掌间；恒生电话理财快，化静为动，灵活变通；渣打渣打 888 直线银行时刻随身。

呼叫中心的随叫随到服务——便利快捷

香港银行出售的是服务，服务质量——客户的满意度决定银行的收益，良好的服务是香港银行最鲜明的特点和个性。为此，要求各级管理人员将"热情、协作、礼貌、负责、快捷、准确"作为服务管理的要素，将为客户提供满意的服务作为银行的宗旨，将服务第一作为生存和发展的基础。走进香港银行，面对银行职员亲切的笑脸、温馨的话语、快捷的效率，让客户享受到上帝般的待遇和时时处处为客户着想的服务宗旨。

香港银行还推出一种定向营销的手段——呼叫中心（Call Center），又称客户服务中心（Customer Care Center）。顾客是银行的"上帝"，先和"上帝"建立联系，在任何时候都将收效显著。因此，综合利用现在的电信网络基础和计算机网络基础，结合电话、传真、电子邮件、网络等多种方式，率先发展以客户为中心的智能信息沟通资源融合的呼叫中心系统，成为现代银行竞争的利器。呼叫中心不是计算机、电话机、录音设备的简单堆砌，而应是能够帮助客户随时随地采用任何通信手段，都能和银行进行信息交流的系统。与传统的电话银行不同，呼叫中心的服务是双向、互动的，客户不仅能进行简单的业务咨询和查询，还能够进行诸如转账、挂失、外汇买卖等实质性的银行业务。客户只要拨通了呼叫中心的电话或进入呼叫中心的 Web，银行呼叫中心工作人员面前的屏幕上立即出现该客户的所有信息资料，并根据客户提出的问题，进行有针对性的专业回答。在香港，诸多银行均采用了"呼叫中心"这一客户服务系统，是银行在加强服务上推出的专职服务的机构，它不仅对银行的客户具有强大的服务功能，而且也为银行内部的管理、服务、调度和增值起到非常重要的协调作用。客户服务中心进行全天候的服务，打破了银行的有限有人服务；它的实现形成银行新的利润中心。客户服务中心将服务集中化和专业化，使服务按照服务的规律进行专业化的运作。

香港银行的客户服务中心过去是一个不起眼的部门，也受不到重视，如今，随着香港银行的变革管理，客户服务中心的地位大大提升，因为他们是与客户接触最密切的部门，也正在成为一个新的销售渠道。现在香港银行将市场和服务部门进行整合，当银行开发一项新业务时，从以前积累的客户入手，成功的可能性就高了许多。过去，市场人员不重视听取客户的需求，这也是客户最不满意的环节，并且将这几个部门的业绩和客户的满意度结合起来。客户中心很好地将银行的客户做一个细分，了解每个产品的客户接受程度，每个阶段客户群是多少，哪些是竞争客户，哪些是潜在客户，哪些永远不可能是客户。如一些客户存款仅有几万元，香港银行永远不会将他们作为基金的主要客户。客户中心提出银行产品的主打，了解客户的真正需要，满足客户的期望值，不同的客户不同对待。

传统意义上的客户服务中心仅仅是一个"成本中心"，即银行仅将此用于客户投诉、信息调查等方面，带来的利益也是间接的。目前，是否成为"利润中心"已经成为实现真正意义上客户服务中心的必备要素，即客户服务中心必须通过实际的运营，为银行带来直接的经济效益。面对诸如哪些服务最受欢迎、原因是什么、目前有多少回头客、都是哪些类型的客户、客户最关心什么、售后服务有哪些问题、广告播出后的反响如何等问题，客户服务中心可以通过确切的资料来证实，这就使银行的市场营销活动有了针对性和准确性，客户中心还通过银行的产品宣传，对不同客户群的产品推销和咨询，增加了本中心的客户群，进而产生实际的利润。

操作也是艺术

香港银行大厅十分安静，清雅的音乐一直在轻轻回响，在员工的办公室有音响开关，以免影响员工的工作，但在有客户出入的地方，音乐在滋润着每个客户。在员工的形象上，香港银行对那些面对客户的员工有基本的仪表要求，必须画淡妆，必须注意发型，不能戴耳环，不能穿金戴银，除此之外，还要求员工在处理业务时，手法纯熟，让客户赏心悦目。处理准确，从无拖延，他们的点钞必须快、准、美，必须让客户跷起大拇指称赞。一位客户在办完业务后，还不肯离去，问他还有什么事吗？他的回答让员工激动：他想再看看员工点钱和按计算器。在香港银行的业务技术比赛中，动作美观当然会给参赛者加分。

体验银行服务

自从有了体验经济这个名词，香港银行也在关注客户的心理满足，为客户提供难以忘怀的服务体验，香港银行的服务多种多样，但让客户到银行的体验是在银行的开放日进行的，让客户在银行的柜台坐坐，照上一张相片，让客户亲手做一张信用卡，留作永久的纪念，让客户使用银行的计算机，在员工的指导下，做做网上银行服务，让客户根据银行提供的虚拟资本市场，进行股票交易，等等。银行高档、独特和个性化的体验服务给客户带来了喜悦，带来了知识、带来了对银行服务文化的认同。

为什么仍是良好服务

当香港银行谈到服务时，都是说要做好良好服务。在银行管理的目标中有一个目标：要将良好服务向优质服务转变——服务总是在与时俱进，原来推行所谓良好服务的标准，现在已成了司空见惯的寻常小事——如站立服务、微笑服务等。香港银行的服务要向五星级宾馆和航空公司学习。如空中小姐的服装、发型、说话、口音、姿态，甚至操作的手势都是一个样的；银行的服务要追赶航空服务并非一朝一夕的事情，因为服务成本和服务的环境都使得银行服务任重道远。为此，银行服务绝不能认为已经差不多了，还必须继续努力。

服务管理的三阶段

香港银行的服务管理经历了三个阶段：第一阶段，教育员工要做好服务，要求员工自律。但是虽然这样做，可以得到员工的配合，但是没有制度约束。第二阶段，成立专门的服务组织，制定各种制度和进行各种检查，但是服务工作并被没有占有其应有的地位。第三阶段，各级主管都成为服务主管，服务工作成为全行的中心工作。服务的新理念：关心帮助他人＋盈利成为员工的自觉行动，科学地顾及成本和利润，注意服务过程，注重服务设计是这一阶段服务的中心任务。

无限服务

在21世纪，香港银行发展的主要方向，已从有限服务发展为无限服务。什么叫有限服务？什么叫无限服务？譬如说我们的银行卡，通常只要办一个就可以用很久，这是有限消费；但用卡消费却是无限消费，需要一直和银行打交道，我们现在向一个客户提供存款服务和贷款服务，也是有限服务，但其他的附带产品是无限服务，如果我们可以向这个客户介绍他所喜欢的产品，使他成为我们的忠实客户，就必须给予他无限服务。大部分我们需要的东西，在20世纪都已被做出来了，尤其在东亚金融风暴后，整个世界出现供过于求的现象，任何产品、任何服务皆供过于求。在一个硬件供过于求的世界里，不应该再拼命去从事有限服务，像现在一些银行已经与以前不一样了，可以向它定制产品，慢慢从有限的服务转型成无限的服务，要设法建立客户服务的平台，如建立银企网络等，要想方设法留住客户，为客户提供"一揽子"服务，这样银行才能永久成长。

无形服务

服务是无形的，客户最看中的不是在银行能得到什么，而是一种感觉，一种享受，一种文化，甚至是一种潇洒和一种风度，为了享受银行所给予客户的一种尊贵。一位客户来到银行，从他进门开始，看到的，感触到的是一种温情，一种似家的感觉，一种处处事事对客户的周密照顾，客户是员工的老板，他的心灵中就会产生一种对银行优质服务的认同。为了给客户这种感受，香港银行强调要站在客户角度上，想象如何能有这种感受，他们总结出，只要心里首先想到客户，将客户看做是银行员工的衣食父母，当所有员工不但在理念上，而且在行动上，把客户放在心上，客户所要的无形服务感受一定就会得到。

附加服务是差异的关键

香港银行的服务大体可以分为两种，一是核心服务，一是附加服务。核心服务是银行的基本服务，如存、贷和结算等，这样的服务必须按照行业规律办事，不能任意改动或革新。附加服务是银行在核心服务上附加的服务，附加服务是各家银行竞争的焦点，如何给予客户更合适的附加服务，如何让客户感到银行的关心，是附加服务的考虑点。香港银行推出信用卡，又推出一系列附加服务，如全球24小时急救和补发卡，全球性保险等，信用卡的核心服务与其他银行没有什么不同，但附加服务大不相同，是差异的关键。

全方位的服务

香港银行的服务讲求任何时间、任何地点和任何渠道的服务，只要是银行可以做的，银行都努力去实践。香港银行已经开办的业务包括旅游、运输、仓库、保险，甚至家居，遗嘱办理等，为客户服务提供银行所能，特别是中间代理业务可以为银行找到客源。当金融集团成立后，银行投资的各种公司就开张了，配合银行的业务发展，提供全面的服务，为客户方便，也为银行方便，不受地域、空间和方式的限制，香港银行在服务上走在了服务行业的前列。

香港银行的支付系统

香港银行的服务标准一直将其与五星级酒店相比，而不是三星二星，香港银行有很好的支付系统，有很好的设备和硬件，但这还不够，还必须有很好的支付服务体系。服务专家说：你是否敢把一支0.7美元的口红卖到7美元，关键是要让客户有高档享受。一位客户来到银行存款，由于金额太少，银行需要向他收费，他不理解，员工向他解释，先不论营业大厅的豪华装修和良好的环境，银行需要为客户的小额存款支付费用。如今，客户在乎高品位、高效率，一种心理的满足。银行能将它的支付系统很好地运用，就必须做好服务，有了好的支付系统，银行的利润才能滚滚而来。

服务是一个持续关心的过程

一位新客户经理做完一笔大的业务后，就以为万事大吉了，收拾起案卷，又在设法找新的客户，这时，经理对他说，对客户的服务没有终点，要持续不断地给客户提供优质服务，并建立和谐和长久的客户关系，经常寻找客户的商机。有一个统计，60%的新客户来自于老客户的推荐。因此，要学习做客户的金融顾问，要学习和客户长久交往。如今的服务不是单笔交易，而是关系营销，是持续的服务。

服务重在设计

服务重设计。原来香港银行对服务的评估是根据价格，后来是质量，现在是设计。服务是无形的，如何把无形的服务变为有形，变得生动，从而让客户感知和感动。银行认为15年前讲究服务价格，10年前讲究服务质量，现在讲究服务设计。通过外观设计、包装设计、内容设计将服务档次提高。

打掉传统柜台

在如今的银行里，没有玻璃，没有高高的柜台是不可想象的，但是一家香港银行的总行就做到了这一点,他们将总行营业部的玻璃全部打掉,将柜台降低到和客户可以轻松交谈的高度,他们并非没有安全意识,因为在这里,没有人敢打劫,内部的保安实施严密,员工有近百人,还有许多电子装备,再大胆的劫匪,也不敢来送死。香港银行处处为客户着想,想为他们提供一个舒适的环境,但如何在保证安全的前提下消除这些隔阂,香港银行可谓煞费苦心,除了他们对保安严密的地方网开一面外,他们将那些不在柜面经手现钞的部门搬了出来,与客户面对面地交谈;他们设立一些大户室,以为客户提供更人性化的服务。

非常服务

在现今竞争激烈的社会中各行各业为求永续生存,莫不着力在竞争力的提升,其中一项就是服务品质不停地改善,然而"满意的客户"并不具有实际价值,只是基本的生存条件,唯有"忠诚的客户"才是公司的真正资产,而这首要条件就是给客户"非常服务"。而服务无其他秘诀,就是设身处地为他着想,满足他的需求,再加上自己的创意与关心,这便是非常服务。度身定做便能为客户进行特殊的非常服务。一位客户要求银行在融资的过程中,注意为客户避税,银行专门请对税法有很深了解的专家一起,对贷款金额和时间以及方式进行研究,并切实提出融资方案,得到客户的赞扬,并由此发展成银行的一项新业务品种,成为客户避税性融资,吸引了一批客户。

服务也在比流动性

服务是管理,服务是有效地使用人流、物流和资金流,服务就是在比这"三流"的管理水平,服务也可以说是在建立这"三流"的顺畅通道。如果不顺畅,就会引起"塞车",就是浪费。人尽其才,物尽其用,资金要产生最大的利润。过去,产品有库存一说,如今许多现代企业在实行零库存,零件来了立即上线,产品出来,立即出厂。在银行也一样,工序经过改造,流水线的操作也在银行运用,加快效率,提高各种操作流动的速度是如今服务竞争的焦点,因此,不要留有死角,不要浪费资源,提高业务速度是银行服务管理工作的重心。香港银行专门设立了业务操作程序研究和改进的专门机构,就是为了负担此重任。

防止服务危机发生

银行同其他行业一样，危机管理是非常重要的，多米诺骨牌效应一直在提醒管理者，不要轻视小的"导火索"。现在的信息时代，信息是一秒万里，危机的扩大也是"十倍音速"，一件不在意的事件可能引发很大的动乱，一家香港银行将客户存在保管箱内的东西按照无用箱给毁掉了，客户马上对于这家银行管理的不信任度暴涨，如果银行不及时妥当地处理，就可能导致这家银行的倒闭，服务一样会无小事，看到危机的苗头，从基本的管理抓起，才能防微杜渐，这家银行从客户的利益出发，站在同理心的角度上，为客户提供了让客户满意的赔偿。

防止服务过剩

一位客户经理在短短的时间里，营销费用很高，尽管许多费用是个人支出，但他的主管经理还是一再提醒他，不要服务过剩，对客户的服务要把握火候，香港银行的服务是有限度的，不是不计成本的。在银行可以承受的范围内，在银行对每个客户的成本和产品的成本有合理的计算的前提下，香港银行的服务会讲求人力、物力和财力合理化，恰到好处的服务是客户欢迎的，也是银行可以接受的。过剩的服务反而会让客户感到不舒服、不愉快，同时，也给银行的成本管理增加负担，不利于有效地为客户服务。

想在被服务单位的前面

一家香港银行的后勤人员有60多人，负责全行上千人的后勤保障。后勤工作的宗旨是为全行服务，为业务第一线服务。无论是维修、办公用品购买、文件传递，还是汽车管理、电讯管理，他们都是随叫随到，保质保量。后勤工作的主管部门总务部所推崇的服务精神是"站在被服务对象的立场上，向服务要质量"。本着这种精神，总务部各级管理人员经常深入第一线，体验生活，自我感觉后勤工作的分量，聆听各单位员工的要求，发现问题，将心比心，使服务工作锦上添花。被服务单位没有想到的，他们先想到了，被服务单位只要增加一处盆景，他们不但做了，而且还做了精美的造型，增加了装饰品，让人们对总务部褒奖有加。后勤工作千丝万缕，总务部抓住重点，管好电讯，管好餐厅，管好行产，管好文件以及管好汽车，使这个难当的"管家"工作做得十分出色。

识别系统的规范与统一——品牌

香港各家银行根据自身特点，在外部形象和网点设置上，由总行统一进行规范，做到上下协调一致。一是名称及标牌的一致规范；二是装修色调以及材质的一致规范；三是营业厅结构和设置的一致规范；四是营业厅配套设施的一致规范。总行充分发挥管理职能，统一对拟成立网点进行设计、设置和管理，统一使用宣传费用，统一购买办公设备和电子设备，统一管理房产等。

在具体运作中，香港的银行需从多个不同的方面着手，力求为客户提供完美的服务。

● 一切以客户为中心

"要想称霸市场，首先要让客户的心跟着你走，然后让客户的腰包跟着你走。"

——联邦快递的创始者弗莱德·史密斯

著名人本主义心理学家罗杰斯在一次咨询中遇到了这样一件事。有一位母亲倾诉生活中的烦恼，倾诉对婚姻的绝望，倾诉与丈夫的纠葛，倾诉她惆怅和失败的感觉。在她倾诉的过程中，罗杰斯没有做任何指导，只是倾听。一个星期后，这位母亲再次前来咨询，仍然是倾诉，而罗杰斯仍是倾听。几个星期后，她告诉罗杰斯，她现在的感觉好多了，与丈夫的关系也改善了，孩子也听话多了，一切都好起来了。通过这件事以及一些类似的事情，罗杰斯认识到只有当事人才能了解什么是关键性的问题，并且认为如果能用理解和倾听的态度去对待他人，那就能了解他人的内心世界。

罗杰斯的思想也体现在客户营销等领域，具体体现就是考虑客户的需求，提供人性化的服务、以客户满意度为衡量标准等，其关键就是"以客户为中心"。

银行的核心理念是什么？是追求利润的最大化吗？回答是否定的，花旗银行的核心理念是提升客户的价值，他们在银行决策的时候，一定要问这个东西有用吗？能赚钱吗？这个东西符合银行的核心理念吗，即能为客户增加价值吗？一切为客户着想，是他们的旗帜。在这个旗帜下，他们成长为金融界公认的楷模。沃尔玛是世界上最好的商店，他们的核心理念不是给自己赚最多的钱，而是为客户节约每一元钱，当他们处处想到为客户降低成本的时候，光顾他们商店的客户全球一周就达到5000万人。迪斯尼是世界上最好的公园，他们的核心理念不是给自己挣最多的钱，而是让每一个来的游客都感到愉快，他们会充分尊重每个客户的习惯和爱好，让每一个人都愉快，成为他们成功的注释。先进企业的经验告诉我们：要让我们的客户成为优秀的公司，要让优秀的公司成为我们的客户。这种逻辑关系绝对不能颠倒。

● 考虑客户的需求

什么是市场，客户的需求就是市场。香港银行对于了解客户的需求十分重视，他们将宣传费用的 1/3 用在了了解客户需求上，过去银行就像食堂，客户来了，就这些菜，要吃就吃，不吃也没有办法，现在，让银行成为饭店，客户点菜，银行按照客户的要求提供，满足客户的需求，是银行服务客户的中心。

香港银行在推出新业务品种时，一定会征求各种客户的意见，从而有几种业务方案供客户选择，选择的机会多，争取客户的可能就多。让客户做主，是当今金融界不可颠覆的真理。过去银行是不管客户的需求推出自己的产品，如今，无论是存款，还是贷款，都考虑到各种客户群的需要，给客户多几种选择，让客户做银行产品的主人，让客户决定银行的业务取向，让客户决定银行的发展目标。让客户选择，让客户满意，应该这样诠释银行的服务。

● 不对客户说"不"

在服务方面，香港银行为了防止员工互相推诿，教育员工在服务上尽可能不说"不"字，当客户需要帮助时，在一般情况下，都要想方设法为客户排忧解难，而不能一推了事。本人办理不了的找上级，为解决客户的难题，可以一直请示到行长办公室或行长本人。因为客户来到银行或打电话询问，是对银行的认同，员工必须对客户的到来给予热情的接待；在真不知道时，员工也有责任介绍到能够解答的员工那里，让客户感到银行的热情和真诚。

● 人性化的服务

人性化表现了香港银行处处想客户所想，急客户所急，广义地说，要让客户少花钱，少费时间和精力；狭义地说，要让客户在银行少动手、少动口、少走路、少操心。香港商业银行部门的办公楼层分配都是以服务客户的需要而定，两个相关的业务部门总是在一层楼上，以免客户楼上楼下地跑动。在香港银行员工眼中，客户来到银行就要尽可能少让客户麻烦，仿佛一切事情都应由银行员工办妥。香港银行经常见到的一种情景是客户坐在椅子上等候，员工为客户忙前忙后，这一切都做得那么自然，很难见到客户被员工指使来、指使去。

● "客户高兴度"衡量法

以客户为中心还体现在用客户的满意度作为银行服务的评价标准。

香港银行对待客户是否能像五星级酒店对待客人一样，主要在于客户的感觉。于是，香港银行每个季度都要调查一定数量的客户，询问他们的满意度如何，这被称为"客户高兴度"衡量法。客户的满意度是需要衡量的，员工服务的提高必须以客户的满意度提高作为契机，当有关部门将客户的调查印发各个网点和部门时，管理人员会认真研究，从中找出各自的差距。他们一直在考虑如何提高客户的满意度，他们逐渐明白了必须了解客户的需求，知道客户在想什么，客户需要银行提供什么样的服务，这样银行提高客户的满意度就会有了目标。

● 发自内心的尊重

"你希望别人怎样对待自己，你就应该怎样对待别人。"

——马克思

著名人本主义心理学家马斯洛的需要层次理论认为，尊重是人类较高层次的需要，是最接近自我实现的需要层次。当尊重的需要得到满足以后，人们就会产生自信的体验和成功的愉悦，进而认识自己的价值存在。

美国成人教育家戴尔·卡耐基著名的"感动人的三个原则"中，满足他人的"重要感"是其中原则之一。在卡耐基看来，"人类的性情中最强烈的是渴望受人认同的情绪"，"这是震撼人心、燃烧人心的炽热情绪。能够适当地满足他人的此种渴望是非常难的，但是一旦做到，便能立刻虏获人心"。

通常情况下，喜欢我们的人，我们也会去喜欢他；拒绝我们的人，我们也会去拒绝他，这就是人际交往的相互性原则。社会心理学家阿诺森和林德1965年做了一个实验。实验员假装成被试者，他与真被试者在实验中相互交往，真被试者会听到这位假被试者与实验负责人谈到他对被试者的印象。第一种控制情况是：实验员一开始就用相当奉承的语气说真被试者如何如何好，他如何如何喜欢他，每一次表述他对真被试者的看法，他都做肯定的评价。第二种控制情况是：实验员则自始至终对真被试者做否定的评价。最后询问真被试者，哪位假被试者对他具有吸引力。正如所预见到的那样，真被试者对假被试者的评价是对等的。当实验员喜欢他时，他也喜欢实验员，否则反之。实验表明，人们有一种心理倾向：喜欢那些喜欢自己的人。

将这种相互性原则运用到银行服务中，则会发现，员工在尊重客户的同时，也会获得客户的尊重。尊重客户传达了香港银行的平等理念和友好氛围，可以有效地形成客户对银行的价值认同，并最终形成稳固的情感联结。

● 尊重每一个客户

香港银行非常重视客户来源，据统计，银行的60%以上客户来自于客户介绍客户，香港银行深知，世界上所有人之间最多相隔六个人，如果银行员工愿意结交朋友，愿意认识更多的人，银行的客户就会无穷。因此，对待任何一个来到银行的客人的态度就决定了银行的客源。一项调查表明，一个满意的客户会引发八笔潜在的生意，其中至少有一笔成交；一个不满意的客户会影响25个人的购买意向；而获得一个新客户的成本将是维持一个老客户成本的5～10倍。据哈佛商业报道统计：再次光临的客户可带来25％～85％的利润，而吸引老客户的首要原因是服务质量，其次是产品，最后才是价格。因此，香港银行将营销重点放在了获利丰厚的老客户群上。

● 用"好印象"赢得客户的"心"

"当人们开始关注你的时候，你永远也没有第二次机会改变第一印象。"

——美国时代周刊创始人亨利·琼恩

注重首因效应。两个素不相识的人，第一次见面时彼此留下的印象，叫"首因效应"，亦称"第一印象"。首因效应是双方往后交往的依据。正性的、良好的印象，希望继续交往，增进关系；负性的、不好的印象，则拒绝继续交往，使关系了结。你若问他为什么？当事人似乎很难说得清，只是笼统地感到"喜欢"或"不喜欢"。

● 给客户"家"的感觉

服务是一种体验，是客户对银行的体验。服务是无形的，客户看中的不仅仅是在银行能得到什么，他还需要一种感觉，一种享受。一位客户来到银行，从他进门开始，整个大厅的环境就要给客户家的感觉：舒适、温馨。因为从人的心理适应性来讲，在一个熟悉、优雅的环境中，人们会感受到舒适和轻松，心情也会更加愉快。这种环境为香港银行赢得的效益是不可估量的。无论背景音乐、办公设备的统一、"地面有水，小心摔倒"的警示牌，等等，都在不经意间留下香港银行"读心"的标记。

● 音乐的作用

香港银行大厅十分安静，清雅的音乐一直在轻轻回响，在员工的办公室有音响开关，以免影响员工的工作，但在有客户出入的地方，音乐在滋润着每个客户的心灵。当客户在营业时间走入这家银行，温情而又悦耳的乐曲从遍布全行的小麦克风中传来，只见不少客户一边欣赏着音乐，一边愉快地办理着业务，银行职员个个精力集中，热情地为客户服务。整家银行紧张之中透出一种优雅和高贵，繁忙之中露出一种悠闲和清静，这就是音乐的作用。

● 环境的美化

香港某银行的环境美化是以酒店式和花园式相结合为基调，一面是酒店式木制和大理石装修，灯光协调，亮而不露，格调高雅，华丽高贵；另一面是鲜花和绿色盆景遍及客户所到之处，尤其在节日期间，让人们置身于绿叶和红花之间。

香港银行都十分重视节日的环境美化。圣诞节到了，圣诞树、圣诞花点缀着银行的各个部门，节日的气氛十分浓厚。春节到了，漫步在披上节日盛装的银行大厦，赤橙黄绿青蓝紫，色彩缤纷的贺年花卉，菊花艳水仙香，吸引了众多客户，纷纷在花前拍照留念。

● 对 VIP 客户也进行分类

香港银行认为，如果没有区分，就难以对应该给予优待的客户以良好的环境。因此他们对 VIP 客户也进行分类，按照 200 万存款、50 万存款和 10 万存款给予不同的待遇，顶级的客户，得到银行所能提供的一切便利，包括宽敞的业务室、专门的现金室、舒适的休息室（包括按摩椅等高档设施），这些客户为银行提供了优厚的利润，香港银行也尽力回馈客户，并非所有的客户都是香港银行的服务重点，香港银行在服务中有所侧重，可以为客户提供更好的服务。

● 客户服务中心方便客户

客户服务中心下大力解决用户的使用效率，如何让客户少点等待，如何让客户迅速准确地得到有关信息，如何让客户服务中心受到客户的喜爱，等等。如一个客户询问一个支行的地址，当接线员口头告诉他以后不久，他的手机也收到了详细地址，以方便客户记录。一个客户在查询时，遇到客户服务中心的席位占线，但银行自动留言告诉客户，银行将在五分钟之内回复他的电话，他不必等候，这样的客服中心，为客户着想。一个客户需要投诉，客户服务中心告知他，将有管理人员在两天之内上门向他解释，银行的高效率给客户留下了很好的印象。

● 重视银行的另一种环境

美丽的相貌和优雅的风度是一封长效的推荐信。

——伊莎贝拉

心理学家戴恩 1972 年曾做过这样一个实验：让一些女大学生分别看容貌美丑不同的两个 7 岁女孩的照片。照片下面的说明文字完全相同，都说照片中的女孩曾有某些过失行为，要求大学生们评价这两个女孩平常的行为是否经常越轨。结果发现：对容貌美的女孩的评语偏向于有礼貌，肯合作，行为纵有过失，也是偶然的，可以原谅的；而对容貌丑的女孩的评语，多认为她会是一个相当严重的"问题儿童"。

我们知道，爱美是人的一种天性，人类就是在不断地追求美、探索美、创造美的过程中发展起来的。从心理学的角度看，外貌能产生晕轮效应，特别是对不熟悉的人，这种效应容易使人产生以点带面，以偏概全的不正确认知。

人是如此，一家银行更是这样。不但要靠衣装，还要靠精神，所谓"远看服装近看人"，员工的精神和行为是形象的第一效应。与客户打交道是员工的家常便饭，每日员工要接很多客户电话，拖慢了员工的工作效率。如何解决这个问题，银行设立了客户服务中心。此外，还在每个部门的咨询电话上设立了自动语音回复装置，但这还不够，许多时候，员工还是要面对客户，接听客户的电话。管理人员注意到，有些员工欠缺与客户交流的技巧，谈话很长，不得要领，浪费时间，还有损银行的形象。为此，与客户交流的标准脚本应运而生。他们将客户可能询问的问题，以及如何让客户接受银行的营销写出来，给员工参考，员工再也不用为将一件业务说明白而伤脑筋，他们参照标准，很好地与客户交流。

服务的语言非常重要，遣词造句很有讲究，举出银行的两种不同态度的语言，可以看出不同的沟通效果：

● **不提倡的说法**

哎呀，不幸，我没办法

那不是我的错

等一等，我正在忙呢

冷静点，别激动

很抱歉，你找给你办的人吧

这件事很难办

唉，这个上次我已说过了

这个我不知道，你自己去问吧

这是制度规定

● **提倡的说法**

我想想办法，看能不能帮帮你

我们一起看看错在哪里

请稍候，您先看一下产品介绍

我能理解，真抱歉，给您添麻烦了

看看我能有什么可以帮到您的

对不起，您看这样……如何

我应该讲得更详细一些好

我可以帮您咨询一下，过两天告诉您

我给您解释一下……（不谈规定，以免客户反感）

或规定是这样，但我们会将您的意见向上级反映

● 情感是最好的纽带

"感情投资是在所有投资中，花费最少，回报率最高的投资。"

——日本麦当劳董事长藤田田

当员工对客户服务时，要充满对他人的爱，对别人爱多些，服务的效果就会好些。爱就是理解客户，帮助客户，以客户之心，为客户服务。一位客户来银行办业务时，晕倒了，员工将她送到医院，并为她办理一切住院手续，并随后多次探望、照顾。这个客户是银行的一个普通客户，但银行只想如何为客户献出一份爱。这件事感动了她的一位亲戚，立即到银行存了一笔钱。因此，银行总是教育他的员工，不要过于功利，应尽可能地为客户服务，让客户满意，这样不但会赢得客户的赞扬，而且还会得到意想不到的回报。

● 客户的事胜过员工的事

银行每日要接待许多客户，特别是经理班上班下大部分时间都用在和客户的交往上，一日，一位经理正在和客户商讨一笔业务，有位员工敲门进来，通知说银行的行长请这位经理去一下，客户要立即告辞，被这位经理阻止住，并道，在全行员工中树立以客户为中心的思想，行长也是为客户服务，客户是真正的老板，是最珍贵的财富。每位员工都要认识到我们的微小疏忽可能给客户带来很大的麻烦，我们的微小失误可能给客户带来巨大的损失。

● 态度必须专注

在给予客户服务中，员工的态度必须专注，要眼睛看住你的客户，想到你的客户需要什么，在与一个客户谈话时，员工认真地聆听客户的需求，绝不东张西望，给客户一个漫不经心的感觉。当一个客户来到一个员工身边时，这位员工再忙，也要先和这位客户打个招呼，并请他稍微等候。当一个员工在接电话时，有位客户走到他的身边，他一定会让电话的另一方稍等，他会问有什么事他可以帮忙，永远让客户感受自己受到重视，好似客户就是行长，员工丝毫不敢怠慢。如果对客人提出的问题不清楚，他们不会含糊应付，会婉转地请其他员工协助解答。员工对客人提出的问题，不论是简单的问题，还是容易引起争论的问题，都会专注地回答，以免伤了客人的自尊心。

● 注重老客户

大堂经理的一个主要任务是留住进来的每个客户，当一位先生走进银行，大堂经理立即走上前去，向他宣传银行的业务，并递上名片和宣传单，当一位老客户走进时，大堂经理立即叫出这位客户的称谓，并和客户亲切地交谈，并适时地推销银行的基金业务。吸引老客户的主要原因是服务质量，其次是产品，最后才是价格。因此，香港银行将营销重点放在了获利丰厚的老客户群上，并力图通过优质的服务维系有价值的客户群，所以留住老客户比开发新客户更为经济有效。

● 让客户先走

将客户放在首位，必须从点滴做起，必须从全行做起，每位员工在银行内部见到客户，都要主动向客户打招呼，在和客户同走时，要让客户先走，因为客户是银行请来的客人，员工是主人；在银行内部的电梯里，如果员工见到有陌生人，一定要主动询问，并代客户按电梯楼层，进出电梯一定要请客户先走。让客户先走不仅仅是一个举止，还反映了银行一个重要的理念，员工是有教养的，客户在银行是第一位的。

● 注意每个进入大厅的人

一位主管银行柜台服务的副总走在大厅，他向上扬扬手，示意有事需要帮助，但没有人立即响应，为此，他要求营业厅的管理人员加强管理，注意每个进入银行的人，让所有人都有宾至如归之感。一位客人不受到重视，可能对整个银行的影响不大，但是可能失去本可带给银行获取业务的机会，抓住每个机会，让每个进入银行的人感到他们真正受到尊敬，这样，这家银行就会得到所有进入视线里的客户或潜在客户的欢迎，并得到他们所给予的业务。

● 瞬间拉近距离的方法

"一个人的名字对他来说，是任何语言中最甜蜜、最重要的声音。"

——戴尔·卡耐基

人们对陌生人有天生的怀疑，客户经理最重要的是获取客户的信任，信任才能是客户与银行交往的基石。如果银行的员工得不到客户的信任，员工所做的一切都可能没有根基，客户最愿意和他最信任的员工打交道，客户经理本身就是产品，如何让客户相信这个产品，银行从最基本的方面着手，一是要求为客户着想，争取双赢，不要总想着银行的利益，而且要想着客户的利益。二是做任何事，都要言必行，行必果，要准时参加客户的约会，不要随意对客户许诺。三是要给予客户一定的业务权利，如根据标准，给予客户的优惠等。

● 记住客户的特点和爱好

每位客户都有自己的习惯，香港银行员工就会尽可能满足他，如银行有位客户，是位有名的电影明星，她每次来银行办理业务都是坐在贵宾室里等候办理，银行员工特意为她购买专业杂志，让她能感到银行工作的细致。一位客户有血压高的疾病，员工只要看到有关这方面的信息，就替他收集。有位客户有集邮的爱好，员工总是送给他一些有关集邮方面的书籍，使他深受感动。为了将客户的爱好记住，他们将客户的爱好存入计算机中，以保证任何员工在处理该名客户业务时都能注意到，给客户留下很好的印象。

● **小心称呼客户的姓名**

礼貌常常体现在语言上，员工对客户的说话方式、态度反映了员工的礼貌修养。语言是门艺术，一位客户叫李乌龟，他到银行办理业务，当时还时兴叫客户的名字，银行工作人员大声呼喊他的名字，当李乌龟被叫了几声后，这位客户才响应，但整个银行大厅响了一片笑声，客户非常不高兴，他埋怨员工不该这样直呼他的名字，员工反驳道，这不能怪银行员工，应该赖他的父母给他起了这样一个让人笑话的名字。银行拿这个例子教育员工。

一位大陆银行界的同仁早听说香港的银行服务好，在公务出差期间，他特别利用一个休息时间来到一家银行，走进营业大厅，他所看到的是员工着装整齐、面带微笑、轻声细语、态度热情。他每碰到的员工都在向他微笑和点头，很多员工在向他问候早上好，当他走到利率牌前，一位大堂经理立即走到他的身边，向他讲解利率的发展趋势以及银行在外汇业务上的产品，并首先递上名片，谈论中他向这位第一次来到银行的客人询问有何业务打算，当得知客人只是参观一下时，他非常热情，主动向客人介绍银行的情况，并希望今后能在国际结算上与大陆银行合作，这位大陆银行的员工边走边看、边了解，走过的任何地方总有人上前询问，即使是保安员都向他介绍如何使用那些各种各样的传票，他所感受到的是尊敬、热情和周到。

● **从尊老做起**

外面天气很热，一位老人总是坐在大厅乘凉，他们非但不说不好听的话，还给老人送上一杯杯的茶水，使老人很受感动，最后他的儿子、孙子都成了银行的客户。

● **不同的谢谢**

无人能从争辩中赢得客户。香港银行在良好服务教育中告诫它的员工，当你对客户说第一声"谢谢"时，对客户来说是第一次听到你说，当你在一天中说第 50 次、100 次、200 次"谢谢"时，对客户仍是第一次听到你说，因为我们要接待无数的客户，我们发出的第一声"谢谢"和第 200 声"谢谢"要同样发自内心，才能服务好每位客户。我们给予客户服务，他们无须感谢我们，实际上我们应感谢他们给予我们服务的机会，我们只有依赖客户才能生存。

● 细节决定成败

"我特别重视细节的重要性。如果你希望把生意做好，就必须把生意的每一个基本方面都做得完美无缺才行。"

——麦当劳公司的创始人雷·克罗克

● 服务中的手势

规范化管理有利于把管理工作具体化，有利于管理考核标准规范化，有利于有效地提高管理水平。规范化管理是银行外部形象和内部管理的重要内容。员工在日常工作中要经常使用手势，这时的手势已经不是简单的礼仪，而是一种准确的服务，手如何出，如何收回，都必须给进入银行的客人以准确的指示，因此，必须规范化。从柜台一线开始，香港银行对员工的仪表、姿态、手势、语言以及办公用品的摆放等都做出规范要求。银行高层认为，规范化是升华企业理念，创造出具体、生动的企业形象的关键。

● 五点忠诚度改善计划

香港银行特别重视对客户服务理论的研究，他们不但对模式进行研究，而且对服务的整合，即维系客户的忠诚度进行研究。经研究，客户到银行办理业务的时间，加上乘车时间、等候时间和服务时间，平均为 40 分钟，如何改善服务，减少服务时间，一是提出服务标准，使服务水平不会因为员工的不同而不同，如每位支行管理人员接触客户的时间不能少于 15%；二是大力发展网络银行，这是成本最低的服务方式；三是发展提高卓越的电话银行服务品质，因为很多客户还不方便或不习惯上网；四是成功挽留客户的比率，包括减少处理客户投诉的失败比率；五是重视客户忠诚度的调查，委托中介机构进行。

● 客户满意度的"三性"

对银行的服务是否满意是吸引客户的重要因素，香港银行经常做市场调查，在给予客户的问卷中，最后一个问题，也是最重要的问题，就是对银行服务是否满意，如果不满意，请说明原因或者举例。根据香港银行的研究，客户是否满意取决于银行服务的可靠性，包括效率和质量，对客户的关怀性，包括服务的效率和响应客户的需求效率以及服务可变性，包括满足客户的需求等。客户不喜欢银行僵硬而不近人情，不喜欢银行对客户需求无动于衷，不喜欢银行说话不算话，不喜欢管理不善的银行。因此，要赢得客户满意度，银行必须做好这几个方面工作。

● 客户是最终的评判者

每年对一些部门的考核，香港银行都会分为两类：一类是反映内部绩效指标；另一类是反映客户满意度的外部指标，其所占的比重也很大，香港银行推出一个广告，银行就会向客户了解对广告的反应，这个反应是衡量这个广告效用的重要指标。银行的客户服务中心在银行推出一个产品后，都会对这个产品进行跟踪，一是了解客户遇到的问题，二是调查客户的满意度，寻找内部改进的办法。客户的满意和接受程度是最重要的。

● 满意度是客户的首选

客户只光顾受他重视的银行，因为他将自己的血汗钱放在那里。要成为客户的银行，你必须是客户心目中的最佳选择。客户通常在选择银行时考虑的是地点，因为方便是客户的首选。随着银行业间的竞争日趋激烈，客户感到选择银行的条件就是利益和服务，一位客户最终选定一家银行的依据是满意度。针对客户的选择，银行在地点、利益、服务和满意度上做文章，以保证客户这个银行的最大资产能够不断增加，银行的发展才能有最大的保障。

● 怎样把牛牵进牛棚

有一家银行开办了个租赁公司，租赁公司将几部汽车租用给几个司机，但半年后，这几个司机拒交服务费，他们认为服务费不合理，员工认为，公司没有错，而且每月都有司机的签字认可。公司总经理不这样看，他专程向司机当面解释，一是公司并非没有错；二是司机是汽车的权威，让他们评估服务费；三是向其解释公司收费标准。公司的举动使客户很受感动，他们不但交了服务费，而且还主动介绍客户给公司。抓住关键，客户就会跟你走，就好像让牛进牛棚，必须牵着牛鼻子一样。

● 大堂主任的"主动出击"

在营业中，香港银行经常考虑的是如何将更多的客户吸引进银行里来。银行将很多营业大厅的外立面做成橱窗式，将银行的宣传广告放在橱窗中，或摆放在门口吸引市民，有时还有员工在门口发送宣传单，这和外面银行广告的目的一样，就是吸引市民的眼球，让过路人打电话来银行或亲临银行。当有人走进银行，大堂经理立即会走上前去，了解他们的需求，并会将银行的业务按照来客的要求给予介绍，使他们成为银行的客户，大堂经理会主动递送名片，同时也希望能得到客人的名片，或得到客人的联系方式，以便在营业后主动回访或在节假日时向客人问候，如果认为这个客人有业务发展的潜力，大堂经理会将有关信息传送给负责市场的客户经理。在银行大厅工作的柜员都会利用一切机会，认识客户，当客户常来时，他们一定能叫出客户的姓名，并看准机会，将一些业务宣传单送给客户，以开展岗位营销和业务交叉营销。银行对大堂经理和柜员的一个考核标准是他们能够交识多少客户，并营销业务，主动出击，是营业部门的主要工作。

● 内部的承诺制

香港银行所属的各单位都制定了服务承诺，二线单位向一线单位承诺，全行向客户承诺。服务承诺是以银行的信誉做保证，涉及服务的方方面面，从标准的开户时间到标准的接听电话时间（电话铃响三声肯定有人接听），大大小小的承诺数百项，极大地提高了银行的工作效率。承诺还抓住了客户对时间重视的心理，将服务时间告诉客户，得到了客户的理解和支持，巩固和扩大了客户群。银行为了稳定员工队伍，消除员工——服务承诺的主体对承诺压力的抵触情绪，将服务承诺交给员工认真研究讨论，引发员工的自觉性，达成银行和员工的共识。各单位的服务管理没有停留在简单的服务承诺上，而是狠抓服务落实、服务管理、服务培训，通过服务带动效益提高。

● 花大价钱了解客户的需求

客户工作的基础是多听客户的意见和需求，任何决策的成功取决于客户的需求，了解客户要像了解家人一样。银行为追随客户的需求，那些给银行提供需求的客户对银行的价值不亚于给银行业务的客户。在新业务开办时一定要先了解客户的需求，估算客户接受该项业务的量和程度。在开办新支行时，也要去社区听取客户的需求，以便采取适当的业务策略。在广告宣传上，香港银行不会只做广告，而是拿出 30％的宣传资金用于了解客户的需求。银行定期组织活动，收集客户的意见和需求，并且给予提供有价值意见的客户以物质鼓励，他们知道只要按照客户的需求去做，银行才可能立于不败之地。

● 多给客户一些选择

香港银行在推出新业务品种时，一定会征求各种客户的意见，从而有几种业务方案供客户选择，选择的机会多，争取的客户就可能多。过去银行是不管客户的需求，推出自己的产品，如今，无论是存款，还是贷款，都考虑到各种客户群的需要，给客户多几种选择，让客户做银行产品的主人，让客户决定银行的业务取向。银行的存折过去是一种模式，现在有多种颜色和样式，可以供客户选择，为客户服务，让客户满意。

● 让客户理解承诺

客户对银行的效率看得很重，香港银行员工为了保证高效率需要付出很多的努力，一位信贷员告诉客户某项业务在一周内办妥，他的内心总是七上八下的，他没有把握，他不知道有关部门能否在一周内完成，而客户则认为，只要银行能在应允的时间内完成，就是高效率，如果不能按时完成，就是管理不好，也就是低效率。因此，他定期向客户反映事情的进展情况，得到了客户很好的配合。

● 面对"较真"的客户

一位客户非常认真，她对银行的一个计算问题产生了疑问，支行的员工向她解释，她不同意，又向总行询问，同样她仍不满意，最后，银行的员工带她找到集团的专家，她才满意地接受了银行的答复。这件不大的事，花去银行员工很多时间，但银行员工没有丝毫怨言，客户花钱来银行享受服务，他有权力搞明白，银行对让客户明明白白在银行享受服务非常重视，每项业务的开办都会印发《向客户宣传和解释要点》，每项收费都有费用表，都将费用表贴在银行显眼处，或在开户时作为重要的文件送给客户，决不能让客户产生半点被欺骗的感觉。

● 有商有量是重要规则

办银行如同比赛，也要有规则，有商有量就是重要的规则。如果客户提出银行员工为难的问题怎么办？如贷款不符合程序规定，那也没有关系，信贷人员可以提出需要提供或补充哪些资料，如抵押资料，等等，如果客户拿不出来，球就踢到客户那里去了，在应对的语言上，银行要求员工在要说"我不知道"时，要说"让我想想看"；当要说"不"时，要说"我能做到的是"；当要说"那个不是我的工作"时，要说"这件事情由……来帮助你"；在沟通中，银行是用情绪与语言传达尊重、谦逊、礼貌、帮助的热情和积极的态度的。

● 不对客户说不知道

客户来到银行或打电话询问，是对银行的认同，员工必须对客户的到来给予热情的接待，不论是高级管理人员，还是一般员工，对客户的询问都应尽量满足，不能说"我不知道"。有一次，一位客户在电梯间向总经理询问，总经理就直接将客户带到业务部门。员工以为这位客户是总经理的客人，后来才得知客户根本就不认识总经理，客户是银行的客人，人生地不熟，员工有义务帮助他们，而不能事不关己，敷衍了事。在真不知道时，他有责任介绍到能够解答的员工那里，让客户感到银行的热情和真诚。

● 失误后的补偿

一次，一个客户来银行办业务，向一位女员工询问，不巧，她正在向另一客户解答，她就请客户先坐在休息椅上，等她解答完那位客户立即就解答这位客户。谁知她一忙就忘了，直到这位客户很不高兴地再来找她，她才记起，这位员工知道自己出了错，她为了补救，陪同这位客户办理完所有业务，并且再三表示道歉，那位客户整个过程没有一点笑容，在客户临走时，客户向这位女员工索要意见簿，令人没有想到的是，他写道："这是我见到的最好的银行服务。"为什么一个员工的失误能赢得客户的赞扬，因为在客户心中，在他的期待之中，就是优质服务；超过他的期待，就是理想的服务，是卓越的服务。因此，银行管理层总是鼓励员工超越客户的期待，哪怕超越一点，但给银行赢得的是无限的声誉。要做到这一点，就必须首先设想客户的需求，然后努力去超越它，千万不要低于客户的期待。

● 多走一步

在业务服务管理工作中，每位员工都在想方设法多走一步，以使银行的管理更加完善。当有客户投诉时，行长总是亲自打电话道歉，让客户意想不到。当客户来到银行，客户对银行工作提出意见和建议，银行请他留下生日，在生日当天，银行向他送去生日的祝福。当客户来银行办理业务时，银行送给他过年的年画。当客户来银行做业务时，银行让客户拿一牌号，坐在那里等候，而不需排队。当不同业务的客户来银行时，银行将客户按办理的时间不同进行分类，以节省客户的时间。当客户来银行办理业务，系统发生了问题时，银行答应请他留下有关资料，将会把他的回单送到他的家中，省去客户再次来银行的麻烦。

4 让服务形象光亮

银行导入服务形象管理不仅仅停留在视觉上，给银行穿上一件漂亮的衣服，而是致力于弘扬银行的服务宗旨、创业精神、价值观念和文化道德。因为现代银行的服务竞争已突破过去单一的价格竞争、资金竞争及人力竞争，而进入到整体全方位要素及功能的竞争，即整体银行形象的竞争。

在香港各家银行多过米铺的环境下，银行的竞争十分激烈，优胜劣汰、适者生存的自然法则在给每一家银行带来机遇的同时，也给每一家银行带来了业务发展迟缓、效益不明显的潜在风险。在这种情况下，如果在公众中不能树立商业银行优秀、鲜明的企业形象，是注定不能适应时代要求的，其最终结果是被淘汰出局。所谓商业银行的形象是指，引人注意的外貌与内涵，是客户和大众对银行的整体评价。外貌指的是外在表层形象，如每家银行高大的建筑物、鲜明的标志（行标）、美好典雅的大堂环境。内涵既包括深层的内在形象，如银行职员的精神面貌、业务素质，也包括综合实力形象，如先进的技术装备及经营管理水平等。

完美的整体服务形象——内在和外在的统一体

概括起来，完美的银行整体形象主要由如下几个方面组成：香港银行的营业厅全部是开放办公的模式，为的是与客户拉近距离，便于交流，同时更重要的是让客户在办理业务过程中可以清楚地看到银行的服务水准和服务质量；他们采取的是单人柜员制，当营业前台一没有客户，就会有柜员举手向客户示意来此办理业务，减少客户的等候时间。营业柜台的设计上，充分利用营业厅的面积和形状，同时便于客户填写单据。

银行形象——赢得公众的至要

香港的银行在社会公众面前努力表现出本行开放、稳健、进取、服务社会的整体形象，进而增加银行的无形资产。在与同业竞争中，银行不为眼前小利所动，牺牲银行在社会中执法、守法的良好形象。一些企业要求银行相助，并以经济报酬为诱饵，希望共同从事一些非法活动，银行人员则毫不动心，他们认为做业务、搞经营应该堂堂正正，对存户负责，对银行负责。银行的服务形象必须同其社会价值趋同，它的企业理念必须是服务大众、造福社会，良好的服务形象和企业理念有助于银行建立稳固的社会基础。银行积极参与社会活动，以声势浩大的规模在社会上造成影响，几百人、上千人的银行队伍打着标语横幅，穿着统一的服装参与各种社会活动，如慈善步行、联欢活动、社区活动，给市民一个关心公益、关心社会的银行形象；跳出纯商业思维定式，致力于公益化经营，在为公益服务中求得新生机。银行还抓准社会活动的时机，宣传银行业务，提高社会地位，而且处处以大银行的姿态出现在社会公众面前，绝不会随随便便参与社团活动，以示银行为金融企业，非政治团体，防止给银行带上政治色彩。

银行形象——以真情铸就 一线服务的优劣、各环节的紧密协作、高质量和高效率的工作在公众眼中是银行服务高水准的体现。员工对客户的服务必须认真，因为它关系到银行的市场形象。有一位员工在工作中发泄个人私愤，刁难客户而被银行开除；有位副经理在处理员工和客户业务矛盾时，未做过细工作以平息客户不满情绪，放任客户向上一级投诉，受到处分；一位客户滥用新闻媒介对银行服务差错夸大事实，有意诽谤，产生了不良影响，银行动用律师和本行专业人员为维护本行服务形象而战，终于在公众面前澄清事实，以正视听。

香港的银行经常举行服务活动。在组织工作中，他们都是精心策划、精心操作。香港银行的服务之所以能够得到客户的认同，正是因为他们在与客户的交往中极其认真和细致。为一次会谈，会前有准备，列出会谈要点，整理会议材料，绝不无的放矢，会后有纪要。为一次营销活动，从物资到人员，安排得十分周密，而且有详细的活动计划，对细节考虑得非常周全，具体工作落实到人，具体事情定出具体时间，一些大型活动竟是以分钟来策划的，尤其是在协作上不允许出差错。活动中要对一些不可预见的突发事件做出安排，如万一下雨、有人捣乱或参加人少，等等，多出几套应急方案，以免手足无措。在活动的总结中，逐项小结，因此，每项活动都能做得有条不紊，显示银行良好的管理素质。

随着计算机的广泛使用，保证电脑设备的完好和高效是银行维护其形象的重要方面。一旦有故障发生，电脑故障排除小组几分钟后即可到达，并且由各网点制定了电脑出故障的应急方案，加强危机管理。

银行形象——体现在细微之中

银行的面子是靠一点一滴去争取，靠规范化经营去维护的。银行文件规范，不允许有涂改不工整现象。银行的大事、小事都有人过问。一家支行的霓虹灯坏了，恰巧行长乘车途经，第二天这家支行的主管受到批评。按照银行的管理规范，支行主管在早晨上班时要检查行内、行外设施是否一切完好，晚上下班时，也要检查一切是否妥当，稍有不慎，就会给公众留下管理不严的印象。

员工形象——银行的第一"门面"

当您走进一间香港的银行时，西装革履、举止庄重的男员工迎面走来，欢迎您的光临，身着套裙、漂亮大方的女员工热情为您提供银行服务，这时一定给您留下一个良好的第一印象。当您所见到的员工都给您留下良好印象时，这便形成了员工的整体形象，从许多"服务点"形成了"服务面"。员工形象是银行形象的一个重要组成部分，是银行的第一"门面"，是反映银行管理水平的重要标准。

员工形象分员工仪表和员工礼仪，二者构成了员工形象的总体。

员工仪表——"远看服装近看人"

服装文化是银行企业文化的一部分，讲究穿着已不是为了虚荣，而成为金融圈里的职业习惯。重视员工衣着至少有两方面的原因：一是与银行家所追求的保守、稳健的职业风格更为相符；二是表现出银行界人士的高收入和高生活质量。银行十分重视员工的穿着，使员工把穿着正规、讲究看成是职业教养的一部分。服装，在银行管理中扮演着十分重要的角色，所谓"远看服装近看人"，服装是员工形象的第一效应。银行员工服装的进步伴随着香港银行的整体发展，员工着装从旗袍到西服的演变过程本身就是银行走向现代化的一个很好的印证。

制服既然有一种团体效应，在设计制服时就不能只从局部考虑，而更重要的是和企业形象的整体设计相互映衬。香港银行为了每年给员工提供精美的服装，特意聘请了高级职业装设计师和剪裁师，为员工精心设计、量体裁衣。银行专门聘请世界一流的服装设计师，聘请一流的模特，举办服装演示会，这种演示会成为银行一项重要的社会性活动，员工和客户观看模特表演，银行也在宣传自己的文化，通过评比，银行选定自己员工的服装，以挑选具有时代感、职业感和本行特点的、最受员工欢迎的服装。服装式样已成为银行的招聘广告，高雅精美的服装吸引了俊男靓女，也吸引了高素质的人才，因为它从一个侧面反映了银行的风貌。当银行职员身着设计独特的制服走在大街上时，他们在与同业进行无声的竞争，比质量、比花色、比款式，更重要的是比穿着它的人的精神面貌。

银行每年花费在员工服装上的费用高达百万元之巨，而且随着物价水平的不断上涨，高档制服和银行服装如今已成为不可分割的两个概念，制服的费用已成为银行开支中必不可少的一部分。服装样式渐渐形成定式：男员工是西服，颜色以深为主，身着白衬衣，佩戴有暗花的领带，皮鞋为深色，冬天着开襟毛衣和毛背心，夏天着白色短袖；女员工常年是西装套裙，一色裙，淡雅素花的西装上衣，身着花边、花领的衬衣，冬天配有开襟毛衣和毛背心，夏天配有小马夹。服装季节性非常鲜明，冬有冬装、夏有夏服，不同色调、不同花色。由于银行内四季如春，常年恒温，西装可以常年不离身。管理人员的制服与督导层和经办层人员不同，式样由己，银行每年向管理人员发放服装费，他们在格调统一的前提下自购服装，使得管理人员服装式样五花八门，但男必须着西装，女必须着西装套裙的定式不能变。他们的服装都是庄重大方，男西装、衬衣和领带通常是两纯色一花色，女套裙一般只限一种花色图案，连皮鞋和手袋在内一般也不超过三种颜色。员工服装管理是员工管理的一项重要内容。员工必须着装整齐干净，银行对员工服装的保管、洁净程度、换季时间、孕妇服装等都有详细的规定。行长室以下员工都必须佩戴员工名牌，服装上除了员工名牌之外，不允许有任何个人服装饰物，给人留下很强的职业感。

银行为了使服装统一，对员工头饰、袜子颜色、皮鞋式样都作出具体规定，各级主管加以监督检查。人事部定期对全行的着装进行讲评，银行采取各种措施保证银行在服装上的投资能收到应有的回报。人靠衣装，也靠修饰，适度的打扮能使员工个个精神抖擞，仪表不凡。银行规定男员工不许蓄长发、蓄胡子，而且服装包括衬衣要洗烫服帖，头发梳理整齐。整洁的外表既有利于银行，也有利于自己。一位外勤人员，不注意个人的外表，牙齿由于抽烟过多而变得发黄。他本人认为这无伤大雅，而他的主管认为，这将使他的个人表现大打折扣，必须改观，因为外勤人员的仪表是十分重要的。当这位外勤人员洗牙后再次出现在主管的面前时，主管微笑地拍拍他的肩膀，将一项重要的外勤任务交给了他。

女员工是银行员工的主体，更是银行"门面"的重要组成部分，人们都不否认，女员工的漂亮可为银行带来效益，姣好的外形能为银行带来客户。银行常用长相漂亮的女员工担任大堂主任或客户公关工作，收到很好的客户效应。银行要求女员工平时施以淡妆，给客户以清秀的感觉和印象，同时对那些违背银行服装规定的女员工给予教育，限期纠正。

员工礼仪——"处世如做人"
一位资深的银行家如是说："经营银行跟处世做人一样，既讲究外观，又讲究内涵，银行不能徒有美好的外观，还要注重员工的举止礼仪，纵然小处，也不可随便。"香港的银行在员工礼仪上做到管理与培养相结合。在礼仪管理上，它们首先注重制度建设，员工手册对员工应有的礼仪有详细的规定，在员工举止、行为的规范中将礼仪作为一项不可缺少的内容。其次是注重培训，每个员工都要经过多方面的礼仪培训。为使员工有教养、有礼貌，人事部常年组织一些培训课程，如电话礼仪、柜台礼仪课程，直接提高了银行的服务水平。一些高级礼仪专家被请到银行讲化妆、讲服装、讲个人修养，银行对于礼仪的重视很好地带动了员工礼仪素质的提高。最后是加强对礼仪的检查，特别是对外勤人员和管理人员的礼仪检查，没有教养的行为直接影响到员工的服务水平，影响到他们的晋级和提升。良好服务检查将礼仪作为一项考核内容，待客语言、举止、个人介绍等都有具体的礼仪规范和检查标准。

银行教育员工：一是要有标准化的待客礼仪。例如，与客户交谈，目光一定要注视客户，耐心地听完客户的陈述。当男员工在坐下时，一般要解开西装的纽扣，正规场合，站起时，应系上纽扣，以表示对客人的尊重。员工在坐下时，一定要坐姿适当，给人以庄重之感。要有礼貌地称呼客户，在与客人交谈之前，主动介绍自己，主任以上职级员工要双手主动递送名片，在接受客人名片时应双手去接，并礼貌过目，适当称呼。在向客户介绍业务、指示地点等时，要适当配合手势，表示一种亲切感。二是有标准化的礼仪程序。当银行邀请客户吃饭时，银行的礼仪安排有一套标准的程序，要发邀请函，安排座次，并在当日早晨再次提醒客人，主人需提前十分钟到场等候。当银行员工应邀赴宴时，要准时到会，要注意礼仪，参加活动后，要以书面或电话再次表示谢意。

从柜台一线开始，香港银行对员工办公用品的摆放等也都作出规范要求。许多员工要改掉原先的不良习惯或习惯动作，有的员工习惯坐着摇腿，有的员工在接客户名片时习惯单手接并把客户的名片顺手就放进屁股后的口袋，有的员工习惯在与客户交谈时玩弄客户的名片，有的员工不懂中西餐礼仪，有的员工走起路来摇摇晃晃或双手插兜，这些不良习惯或动作都必须改掉。每位员工都要学习如何接待客户，从正视客户的眼睛到握手的神情，从员工的礼貌用语到与客户正式交谈的开场白都是必修课。当客户来到银行，看见一个员工如此，不以为然，而当他们发现一个、二个、三个甚至所有员工的服务动作都那么正规、那么贴切、那么一致时，他们就会深信不疑，认为这真是一支训练有素的员工队伍，是一间管理严谨、服务有方的银行，是一间可信任的银行。恰如一支战斗力很强的军队，一个人的标准动作并不那么显眼，而一队人、几百人步调一致时，才真的令人叹服。

● 微笑的银行文化

在银行的培训教材中，有这样一段描写微笑，微笑就是阳光，中国的微笑词语有近百个，只有微笑这个词最受人赏识，达·芬奇的名画《蒙娜丽莎》从任何角度看都在向你微笑，被人们称为永恒的微笑。如果将冷笑为 0 摄氏度，笑死人为 50 摄氏度，微笑就是 18 摄氏度，最适合人的温度。为了培养发自内心的微笑，为了使员工的微笑更自然，下班后，所有员工排成队，在行长的带领下，练习微笑。根据香港银行教程，微笑的要领人人必须掌握，露出 8 个牙齿，但也必须因人而异，年纪大了，牙齿不好看，这时，就让他不必露出 8 个牙齿。当每个员工的笑容都那么自然、那么有感染力时，给客户的感染力就非常之大。人因愉快才微笑，为了让员工发自内心地微笑，管理人员会教育员工热爱本职工作，他们会给员工画出一幅美好的图景，让员工为将来而努力，他们会将工作的气氛调整到最佳，让人感到舒畅，微笑的文化使所有柜员都面带发自内心的微笑。

● 礼貌冲击波

礼貌用语伴随着整个业务，如"请出示您的身份证，谢谢"，"请收好您的身份证，谢谢"，等等，当遇到客户的身份证的照片和客户的相貌有较大差异

时，他们不会让客户难为情，通过一些问题，确定客户的身份证，如果还有疑问，员工会通过警察系统进行查询；如果客户的签字走样，或银行员工怀疑客户做了手脚时，他们会不介意请客户再签一次，以做进一步证实。在客户办理业务时，柜员尽可能使用称谓，如"先生"、"小姐"等。当接待客户时，柜员均按要求抬手示意，若客户已到柜台前，他们会以手势表示请客户将钱、证等放入柜台的小槽中。他们决不会扔下客户去接听电话或处理内部事务。当听到客户的交易要求或见到客户的书面业务指示后，员工会小声重复交易内容，如金额过大，他们会注意为客户保密，请客户进接待室或用特殊方式办理。

● **电话中的微笑**

在接听客人电话时要用礼貌用语，当来电寻找的员工不在位时，其他员工要主动接听，并要主动询问是否可以留下口讯，以便回复，并尽可能给予帮助。香港银行为了培养员工接听电话的良好习惯，专门录制了不同员工接听电话的种种情形的教学片，寓教于其中。每位员工经过对比明白什么是对的，什么是不对的。仅接电话，不回应或不为解决客户需要解决的问题，是不及格，接到电话，让客户留言，并请员工回电，是及格，如果可以让客户感到员工的微笑，则是优等。因此，每位员工都将电话的接听作为基本的服务技能来掌握。

5　让服务信息畅通

当今的社会是信息社会。在同业竞争日益激烈的今日，谁能及时掌握信息，谁就能在市场竞争中赢得主动。"知己知彼，百战不殆。"摸清对手的情况，了解对手如何开拓是香港银行收集情报信息的重点。有句行话说得好，营销的核心是机会，机会来自于信息。

客户信息——一切以客户为导向

银行业正处在一个以客户为导向的金融时代，注意收集客户信息并进行充分的挖掘、调整和创新服务项目，设计出高附加值、个人特色强的金融产品是银行经营的核心所在。现在越来越多的客户强烈地希望得到"随时随地的服务"。了解客户的信息越多，银行就越能更好地预测一些潜在的业务，并通过交叉推销来提供更多的服务。银行业间的竞争说到底就是争夺客户。谁掌握了客户的信息就意味着控制了客户的关系。银行的经营优劣已不再是简单地体现在"微笑服务"上，而是侧重于银行服务的便利、高效、准确及如何应用先进的计算机网络技术跟踪、预测银行客户的发展动向，最大限度地挖掘客户信息的潜在价值，并利用这些信息来改进银行服务，提高竞争能力。香港的银行注重与客户的深度关系，最大限度地开发每个客户个体的价值，获取深度效益。

毫无疑问，对金融机构服务业来说，客户是最重要的，好的客户能为金融机构带来可观的利润，而不良的客户则可能使金融机构蒙受损失。香港银行把零散的、无序的、历史的、当前的各种数据集中起来建立数据库，从所建立的数据库中挖掘出为银行创造利润的部分客户，从复杂的客户信息中建立模型，对客户记录信息进行动态跟踪和监测，计算客户价值，锁定特定客户群，分析潜在客户群，制定不同市场需求、不同客户群的市场战略，根据客户的价值选定服务产品配置，从而与创造利润的客户建立长期的关系。

银行的这种有效服务信息管理体系对银行的管理决策发挥着重要的作用。银行必须知道客户为什么到本银行来，他们的习惯及其对银行的看法。每个外勤人员对每次出勤都要写出报告，反映客户的状况，银行研究人员也经常约见客户，征求客户意见。银行服务管理小组用电话经常了解客户对银行服务的评价。派出小组对同业服务状况进行现场调查，如派出人员去同业网点做存款业务、咨询业务，研究其新的服务方式。在银行大厅或街边，银行常常边发小礼品边做客户问卷调查。银行还组织客户活动，如旅游、聚餐及银企同乐日等，征求客户对银行的意见。香港银行还会利用专业调查公司进行必要的业务服务调查，同时密切注意新闻媒体的评价。每日研究部门都会将各报刊所刊登的客户投诉、服务动态及有关信息剪辑，进行研究和借鉴。当客户对银行提出业务需求时，银行会认真地研究，认真地回复，并尽可能设计出满足客户需求的服务方案。当银行研究新业务时，服务中可能出现的困难和风险以及服务的有关信息是必需的研究课题，反映了银行服务是银行管理中的永恒主题以及银行服务信息所受到的重视程度。

同业信息——算算对方手中的牌

香港的银行每日都在注意收集市场服务信息，收集同业存放款利率、收费标准、优惠条件等信息。每周初都通过资金市场的信息系统，对一周资金市场的走势变化作出预测，每段时期都要派出观摩小组了解同业信息，明察暗访，掌握同业服务动态；平日，业务发展部和工作研究部在工作中通过公开和内部信息渠道了解同业和市场状况。外勤人员在参加各种社会活动和营销过程中，定期和不定期向银行书面反映客户和行业市场的信息。外出参加会议和活动的人员在返行后填写"外出活动情况报告表"，汇报活动信息。出差人员回行后立即提交出差报告，简报业务开展情况、公关和出差效果、同业、客户、市场信息等。参加行外重要培训的人员以讲座或书面的形式向行长室汇报受训内容及培训信息。办公室每日将"每日文摘"（当日报刊登载的有关银行、经济的信息）、各种中英文信息材料，经过筛选送行长或行长室参阅。行长室每日所传阅的文件中约有一半以上是信息资料和文件，行长室办公会议有 1/3 的议题是信息通报。信息成为决策不可缺少的依据，信息在香港银行的服务管理中得到广泛的利用。

中国有句古语，所谓"知己知彼，百战不殆"。香港的各家银行通过对同业信息的掌握、分析，不断丰富自身的服务项目，提高自身的服务品质，形成一种良性的竞争局面，进而带动整个香港金融业不断向前发展。

商业情报——竞争中的耳和目

商业情报对一个银行能否长久立足于竞争激烈的市场中起着重要作用。银行市场部是收集和管理商业情报的部门，所以，我们有时把市场部比作银行的情报部门。市场部首先要确定、搜集调查目标，主要针对以下两方面开展调查：一是客户的情报。首先要掌握现有客户的基本情况，包括客户性别、家庭状况、信仰、国籍、阶层、所处地理位置以及对本行产品的看法和要求，等等。这些信息有助于以后制定新的市场发展规划。其次是潜在的客户，即今后有可能成为本行的客户群体。市场部可以根据各种分类方法对目标市场进行细致分类，调查这一区域的消费能力、需求状况、客户心理等，判断是否存在隐性客户人群或潜在市场。二是同业情报。同业情报是指有关同业或同类金融产品的调查情报。这是取得竞争优势的重要情报。市场部要调查同业的七种情况：

第一，调查同业的档案，了解其基本情况；

第二，列出所有与同业产品相同或相近的产品清单；

第三，对上述产品按档次、级别进行分类；

第四，在同档产品里，划分出市场占有率高于本行的产品（这部分是研究的重点对象），对市场占有率较低的产品，分析其是处于发展阶段还是萎缩阶段；

第五，调查同业新产品的改造、应用情况，了解新产品的类型、品种等；

第六，同业发展状况；

第七，同业经营状况。

在同业情况的调查活动中，一些有关同业财务、技术改造战略规划等较保密的情报，是很难进行汇总、整理，形成有用的情报。公共传媒提供的信息资

料，往往是最有利用价值的。

　　市场部的情报收集工作，是为银行整体战略目标服务的。市场部是银行的眼睛和耳朵，能否将有效信息反馈给银行决策机构，决定着银行决策是否能够有的放矢，百战不殆。

6 让服务环境优雅

在营业时间里，温情而又悦耳的乐曲从遍布银行的小麦克风中传来，不少客户一边欣赏着音乐、一边愉快地办理着业务，银行职员个个精力集中，热情地为客户服务。整家银行一改过去传统式的经营方式，以现代化的管理赢得了客户的青睐。紧张之中透出优雅和高贵，繁忙之中露出悠闲和清静，这就是银行在现代化管理中实施的环境管理。环境涉及银行的门面和外观，关系银行的美化和方便，优美的环境不仅有利于树立银行形象，而且满足了员工对环境的基本需要。银行的环境管理在专业公司的辅助下发挥着效用。

装饰——让银行美起来

香港银行的环境美化通常是以酒店式和花园式相结合为基调的。一方面是酒店式木制和大理石装修，灯光协调，亮而不露，格调高雅，华丽高贵；另一方面则是鲜花和绿色盆景遍及全行，客户所到之处皆点缀着鲜花和绿树。尤其在节日期间，让人们置身于绿叶和红花之间。行内办公用具和设备颜色鲜明，样式统一，同办公室内的装修浑然一体。为了保持办公桌的整齐，办公桌的摆放经过建筑公司的精密测算设计，从美观、实用、方便的角度固定，而不能随意搬动。桌与桌之间通常有木板相隔，既美观又有利于工作，远远望去，办公桌多而不乱，整齐划一。整个办公区地面往往由青灰色地毯覆盖，地面清洁得一尘不染，人踏上去舒适而无声，给繁忙的银行增添几分宁静。办公室有吸音和隔音功能，宁静之中伴随着轻轻的机器声。即使有高嗓门的人走入银行也会被这种气氛所感染，低声细语地"委屈"一阵。有喷涂的墙面上干净而无杂物，偶尔可见一些有艺术价值的国画悬挂其上。

香港银行十分重视节日的环境美化。圣诞节到了，圣诞树、圣诞花点缀着银行的各个部门，节日的气氛十分浓厚。春节到了，漫步在披着节日盛装的银行大厦，色彩缤纷的贺年花卉百花齐放，菊花艳水仙香。一家银行专请的水仙大师，以巧夺天工的技艺把一朵朵水仙花雕刻成"二龙戏珠"、"骏马奔腾"的造型，吸引了众多客户，纷纷在花前拍照留念。

银行对办公室的整体要求是光线充足、色调一致和明亮整洁。香港银行每一个月都要对各营业网点进行突击式抽查，看行名、行徽、灯箱是否明亮，利率牌是否清洁，各种为客户提供的机器是否完好，是否有灰尘，室内空调是否适当，空气是否流通，三防（防火、防灾害、防破坏）设施是否齐备……一句话，检查银行是否美观整洁、符合标准。

环境——给客户尽可能多的方便

香港银行各处设有许多由玻璃钢制成的指示牌和服务标牌，引导客户。在柜台上，设有漂亮的、装有宣传单和传票的小盒，设计精巧，吸引不少客户驻足观赏。此外，为客户准备的办公用品齐全，张贴的宣传画装入玻璃架，统一而美观。为方便客户排队，用不锈钢小立柱连接着红色的绳带，标志着排队区域。每个柜台都装有红色小灯，提示站在一米线外的客户可以到柜台办理业务。在营业大厅内，客户与柜员之间有防弹玻璃相隔离，中间专门安装了麦克风，方便交谈。柜员坐在高脚椅上，仿佛站立一般。凡有客户需要等待的地方，都备有休息用的座椅或沙发，备有客户专用电话，供客户浏览的书刊（这些都是宣传银行业务的专刊），有的地方还备有蒸馏水供客户饮用。除了营业大厅，只要是有客户的地方，都设有柜台，方便操作，方便管理。同时，银行还在营业大厅为客户设了自动打簿机、自动柜员机、股票报价机、路透信息终端机、电视机等，使客户自助业务逐步成为可能。

为避免客户在银行内受伤，有关部门在一些容易伤人之处设有明显标牌，如下雨或刚用水擦过地面后，在打滑之处都立有"地面有水，小心摔倒"的警告牌，否则，客户摔倒，银行在法律上要负担责任。为方便客户，在下雨后，银行出入口处专设放雨伞处及发放装雨伞的塑料袋，避免雨水搞湿地面，影响环境卫生。银行内部工作位置的安排是以级别为基准的，员工座位由低级向高级排列，最后的一排往往是经理级的座位，以方便管理。不同管理级别有不同档次的桌椅，只有副总以上才有专用房间。工作环境的布置以方便员工为基础。各部门配有业务库房和杂物库房，有水房和挂衣间，使得办公室内无杂物，整齐划一。

办公用具的使用以节俭为原则，从行长到普通员工，办公用具都从实用出发，能省则省，求简单舍豪华，给外界一个勤俭办行的好印象。一家银行行长的沙发用了十多年，翻修一下接着再用，这对于一个有数百亿存款的银行来说，实在难能可贵。

核心——专业化的环境管理省心省力

在香港，银行通常将整座大厦的管理交与专业房产管理公司负责。从银行大厦的清洁、保安、维修到节日的环境布置，都由管理公司负责，双方签订合同，列明权利、责任和义务。大厦的保安人员 24 小时守卫大厦，清洁人员每日将整座大厦打扫得整洁明亮。管理公司有严格的管理制度，专业化的管理使银行省却了许多管理费用负担，无形之中给银行带来了效益。

7 让服务窗口明亮

人们通常把营业厅服务作为银行服务的窗口，将从事营业服务的人员作为银行营业的代表。随着服务竞争的激烈，银行已将传统的所谓"一尺柜台"的营业服务扩展到大堂服务、柜台服务和电子机具服务，将单一"接柜"变为以营销为重要内容的营业活动。当人们走进银行的营业厅，仔细看看营业厅工作人员的营业服务时，就会注意到他们营业服务管理的特点。

大堂服务——让每位进入银行的客户留下

在大堂服务中，香港的银行大多从以下几个方面着手：

第一，服务纪律。每位营业厅人员都佩戴工作证或襟章，襟章上印有"客户服务主任"之类字样，以便客户识别。大堂的事务员和警卫人员制服与其他员工有显著区别，以免客户混淆。营业前，员工准备好一切应用物品和材料，切忌在客人到来后匆匆收拾、东翻西找、慢条斯理、更衣洗杯、怠慢客人。营业时间坚守岗位，坐姿端正。

第二，员工态度。银行的大堂工作人员随时留意前来银行的客人，主动接近，主动招呼，尤其是对那些对银行的宣传品和银行的业务感兴趣的客人，主动介绍，耐心讲解，了解其需求。员工在向客户介绍业务或解答问题时，都是先做自我介绍，让客户知道员工的身份，员工往往主动递上名片，以方便客户在需要时，随时联络。大堂工作人员总是抓住时机与客人建立联系，了解客人的电话和通讯地址，以便进一步联系。当客户无意留下电话和地址时，员工会向客户表示欢迎再来，并可随时来电联系，给客户留下了良好的印象。

第三，当员工为一位客户提供服务时，如有其他客人走近，他会先与这位接近的客人示意招呼，请其稍候，必要时会有其他员工协助接待，使客户感受到银行员工的重视。

第四，员工把"早上好、午安、您好、请、多谢、再见"等礼貌用语挂在嘴边，并且熟记客户姓名，见面时以"×先生，×小姐"相称，使客户感到亲切，当知道客人职务时，以职务相称，以示尊敬。对初次见面的客人，先向客人了解姓氏，以便在谈话中以"×先生，×小姐"称呼，缩短银行与客户之间的距离。每当客户走进银行或走出银行，银行员工都会热情相迎相送，道上一句"欢迎光临"或"谢谢光临"，给人一种亲切之感。外面下雨时，再附上一句"路滑请慢走"，更带几分人情味。

第五，员工在为客户解答问题或介绍业务时，会先请客人坐下，若客人坚持站着谈论，员工会站立服务。在与客人交谈中，大堂人员信心十足，不卑不亢，他们除了掌握推销的技巧外，还要负责地向客户解答问题。如果对客人提出的问题不清楚，他们不会含糊应付，会婉转地请其他员工协助解答。员工对客人提出的问题，不论是简单的问题，还是容易引起争论的问题，都会热情、善意地回答，以免损伤客人的自尊心。

第六，员工在巡视大堂时，首先留意排队客人的需要，适时地疏导排队"长龙"，并不失时机地宣传银行业务。一旦有纠纷发生，员工首先会立即使纠纷双方平静下来，然后及时地予以协调，当发现举止不当的人员时，员工会迅速与警卫人员联系。

第七，业务介绍。员工会根据客户需要，主动介绍业务。当客户对所介绍的业务不感兴趣时，员工会立即转向介绍其他业务，一旦时机成熟，主动协助客人办理有关业务手续。在向客人介绍业务时，员工会尽可能使用客人容易理解、简单清楚的语言，避免使用专业名词，令客户不易理解。他们在讲解时语气肯定、准确，突出业务的性质和特点。每位大堂员工都会使用电脑、设备、材料进行业务推广，经过员工的一番计算，一份诱人的、适合客户的投资计划展现在客户面前，令客户产生浓厚的兴趣。

第八，工作环境。在大堂的服务接待台上，除了工作需要的物品和设备以外，总是保持得非常干净，接待台前有工作人员座椅，也有客人座椅，台上配备有客户服务主任或服务人员的名牌。当员工暂时离位时，会将"请候片刻"的字牌摆立台上，以免客人不知所措。大堂员工都非常谨慎地保管客人的文

件、资料，以防泄密和丢失。

柜台服务——让每位客户满意

柜台是银行与客户面对面沟通的桥梁，是客户真正认识银行的开始，柜台人员的服务态度和服务质量的好坏将直接影响银行的形象，这是香港银行狠下工夫的重点。

在柜台服务中，香港的银行通常都注重：①服务准确。所有柜员都面带微笑，礼貌用语伴随着整个业务，如"请出示您的身份证，谢谢"，"请收好您的身份证，谢谢"等，在客户办理业务时，柜员尽可能使用称谓，如"先生"、"小姐"等。当接待客户时，柜员均按要求抬手示意，若客户已到柜台前，他们会以手势表示请客户将钱、证等放入柜台的小槽中。②工作熟练。员工在处理业务时，手法纯熟，让客户赏心悦目。处理准确，从无拖延，他们绝不会扔下客户去接听电话或处理内部事务。当听到客户的交易要求或见到客户的书面业务指示后，员工会小声重复交易内容，如金额过大，他们会注意为客户保密，请客户进接待室或用特殊方式办理。③环境整洁。柜员的桌面整洁，无小摆设和杂物，每张桌子都装有彩色遮挡板，更显得桌子整齐美观。电脑终端机上无摆放物品，所有柜台窗口都有柜员名牌，在无人值班的柜台窗口还摆放着"请往邻窗"的标志，使客户有银行管理严格之感。

电子机具服务——24 小时风雨无阻

在香港，银行已有了全部自动化的"自助银行"服务，其电子机具服务的主要形式仍是自动柜员机。它同其他银行和同业联网组成了一个庞大的自动柜员机网络，为客户提供全天候 24 小时服务。自动柜员机服务，每台柜员机都有专人负责，除节假日外，每日清晨有两位员工接到护卫公司送款车送来的解款箱，将钱款放入自动柜员机内，并按照常规清洗机器，检查有无吞卡，客户通知书、纸张是否足够及有关资料后，自动柜员机就开始工作。当发现机器有故障或遭到破坏时，员工会立即向有关部门报告，抢修人员立即到场，迅速恢复机器运作，保证银行的服务声誉不会因此而受到损害。

自动柜员机现金管理。自动柜员机能否保持服务，现金足够是必备条件，特别是遇到连续几日为节假日的情况，银行工作人员经过精确估算，留足现金，既不能不敷使用，也不能存量过多，造成银行现金过量，影响效益。银行每个大的节假日，都要考核各部自动柜员机的现金使用情况，奖优罚劣，以改进自动柜员机管理。

自动柜员机数量管理。随着银行客户群的扩大，自动柜员机的需求量也在不断增加。然而，自动柜员机的成本同其提供服务所创造的效益是银行决策者在设立自动柜员机时考虑的两个主要问题。自动柜员机多，方便服务本行客户，自动柜员机使用率低，银行成本增大。为寻找其平衡点，一是与同业联合，共同形成自动柜员机网络，二是银行员工做出大量的社会、客户和业务调查，三是每台自动柜员机都有专人管理，使每台自动柜员机位置准确，在为客户服务中发挥了良好的效用，使本行的自动柜员机拥有良好的声誉。

客户账户管理

一家公司因信誉不好难以在银行开户，一位客商因经营赌博业而在开立银行账户上困难重重。开户是账户管理的一部分，账户管理是银行的基础管理工作。银行通过账户管理，分析客户的资信，反映本行的经营，预测业务的发展和控制经营的风险。账户管理是银行与客户最基本关系的管理。

开户管理——严密而又方便 当一个顾客要在银行开户时，往往需要开户介绍人，这个介绍人必须得到银行的认可，通过介绍人开户可以给银行多增加一层保护，正如一个员工要加入银行时，也必须找一个合格的担保人一样。在开立私人账户时，客户必须出具身份证明文件。在开立公司账户时，除了要出示主要负责人，特别是授权签字人的身份证明文件外，还要提交有限公司董事会决议、商业登记证和公司注册章程，甚至律师和会计师证明文件（证明开户及签字人均由董事会授权，是合法行为），以保证向合法的客户提供金融服务。为了查证客户提供的文件是否属实，银行还要派人员去公司注册处查实。对于开户人，如果他要向银行做出承诺或担负法律责任，银行必须保证开户人为18岁以上和有正常的判断力（他不应有精神病或其他疾病，失去判断能力），如为盲人和无法进行正常交易的残疾人须按特殊程序处理。

加强对开户的管理，不仅有利于银行与客户的交往，而且方便了银行的结算，有利于保护正当开户人的权益。在汇款业务中，尤其在票据业务中，画线支票被广泛使用，因为它对正当开户人，即收款人有保护作用。如果银行在开户手续上不齐备，画线支票就失去了它的保护作用。

客户这个称呼似乎很寻常，如果说当客户也要具备某种资格时，恐怕让人难以理解。其实，从开户审核中我们可以看出，客户是负有法律责任的，客户与银行是一种契约关系，如银行代客户进行支票托收，客户和银行是委托和代理人的关系；客户来银行存款，客户和银行又是债权人和债务人的关系。因此可以说，伴随着开户，银行与客户就有了千丝万缕的联系。一家经营纺织品的贸易公司，在授权其财会人员开户时，出具的董事会决议申明此户口用于结算纺织进出口产品货款，但在后来的账户使用中，该公司欲要使用这个账户结算钢铁进出口货款，为了维护开户的严肃性，银行要求该公司董事会专门授权，可见银行开户管理的认真和对客户的负责。

账户管理——准确而又安全

香港银行在账户管理中担负着许多法律责任，为客户保密是其中一项重要责任。在银行，凡是涉及客户的资料都是银行的机密，不允许在任何公开场合透露。根据有关法律，在以下四种情况下才允许透露客户情况：在法律强制下；为了银行权益；对公众有义务；经客户同意。

纵然在同业之间因业务需要进行资信调查时，香港银行也特别强调用词，以尽可能为客户保密，诸如："大七位数，中五位数，小四位数"等来分别代表客户在银行有"700 万～900 万元，4 万～6 万元，1000～3000 元"存款数，用"开立一个账户"形容此户经营不善，用"开立一个活跃账户"形容客户业务运作尚好，等等。可见银行在客户资料保密上的慎重与小心。

账户管理由营业部主体实施，会计和出纳主管分头把关，保证账务和收付准确无误。此外，各支行主管必须掌握客户账户的活动情况，按照不同金额、不同客户给予透支和票据抵用等信用融通，各司其职，各负其责。在账户运作上，银行注重以下几方面的管理：①账户处理要准确严把印鉴关，严把额度关，严把账户使用关，特别是严把准确关。每笔支付都要提供账号和账户名称，特殊付账甚至要提供身份证号。在业务人员处理一笔账务时，对账号、金额等重要数据要经几人反复核对，以防止错付、漏付。为了掌握一些账户的特殊条款，工作人员将其输入电脑，使账户管理万无一失。②账户处理注重凭证的作用，由于电脑被广泛使用，人手传票基本上已被电脑取代，原始凭证成为重要的业务依据。银行人员在要求提供原始凭证上按章操作，一丝不苟，检查所提供的凭证要素是否齐全、资料是否准确。③对账户透支进行严格审查。透支是银行的重要授信之一，银行的透支放款占总放款授信的不到 1/10，透支额度是银行给予客户的授信承诺，客户可以超出账户存款额提取款项。各级主管经常了解客户的经营和账户状况，分级审批和调整客户的透支额度。由于透支是客户的"无计划"借款，而银行由于核定了透支额度，从理论上讲，银行须放置一笔资金作为额度内用款，如果客户透支额度使用率低，银行放置的资金不能得到合理使用，银行的利润就要受到影响。为此，合理审批透支额度和提高透支额度使用额比率就显得十分重要。④对抵用票据加强管理。当客户存入票据交银行办理交换时，由于客户急需资金，要求银行凭票据在交换之前预支票款，这时就发生票据抵用。银行各级主管根据客户资信和票据付款人的情况逐级审批，使抵用票据资金能按时收回，以保证银行资金安全。⑤建立账户档案库。银行将每个账户的资料都完整地保存下来，使客户的历史和现状资料为银行的业务和管理服务。

账户监督——严格而又重要

每日早晨，电脑自动打出各种账务报表，包括一些特殊性报表，如账务修改、无额度用款、透支等，分送稽核部和单位主管审核。同时，营业部、信贷部和业展部负责监视客户账户的运行情况，通过监视账务活动，掌握客户的经营情况。银行评估一个账户的情况通常看这个账户的平均资金流量和使用频率、透支情况、透支还款情况、退票情况、票据抵用情况等。银行将这种评估视为客户的动态资料，成为授信审批的依据之一。银行的账务网络在账户监督上发挥着重要作用，无论客户在何地使用账户，账户的变化通过网络准确地反映出来，一个客户一旦有欺诈性恶性透支，电脑立即记录，无法消除，银行对其立即进行限制。账户网络不仅给银行开办各种业务提供了便利，而且为银行的资金安全提供了保证。

"洗钱"是银行账户监督的重点。银行为了对本行的利益负责和对社会的公益负责，对于不法分子将贩毒、非法武器交易、贪污和偷漏税款等赃款通过银行"洗净"后使用，给予严厉打击。这些贩毒分子通常将赃款偷运到自由港或赌场、夜总会、旅行社和经营活动难以受到控制的公司以达到销赃的目的，然后以个人或分公司名义开设银行储蓄账户，使赃款进入金融渠道。银行采取措施，防止这种赃款存入银行，如果员工疏忽未能举报应该可发现的"洗钱"行为时，将被视为违法，严重者会受到法律制裁。因此，银行对常存入大量现钞的客户进行调查，查清资金来源，索取有关背景资料，尽可能堵住"洗钱"之路。同时，银行花费大量人力、物力进行员工培训，以提高员工对"洗钱"行为的识别能力。

8 让服务产品完整

业务品种的特点——根据客户需求出发

香港银行的业务品种具有以下几个特点：

市场化程度高——市场是产品的试金石

● 不要打破平衡

银行和客户关系中，很重要的是讲求关系平衡。一个化工客户长期和银行来往，他对银行有业务需求，银行从与其业务中获益，这种业务的平衡关系使双方的长期关系得以保持。但是随着化工行业的发展，各家银行加大了对它的研究力度，不断推出适合这个行业的产品，而他原来的银行在行动上滞后，没有及时地推出适合的新产品，这时原有的业务平衡被打破。因此，这个客户流失到别的银行。从这一案例中我们清楚地看到，银行要根据形势的变化，找到新业务的平衡点，不断保持原有的平衡，这样客户就会有求于银行，就会和银行成为永久的业务伙伴。

● 市场比产品更重要

银行推销产品，首先考虑的是市场，如何建立产品的市场，而不是如何出售自己的产品。有了市场，自然就不愁客户。什么是市场呢？市场就是不同客户的需求。在营销服务当中，使银行的产品适合于客户的需要，方便客户，这样的营销就会得到客户热情的响应。一家支行举行产品营销活动，他们以客户为中心，将活动和市民的假日休闲结合起来，在摊位上开展各种游艺活动，吸引许多市民，满足了市民的假日活动的需要，又服务了市民，在市民喜闻乐见的活动中，该支行的各种产品的特性也融进了市民的脑中，产品的宣传发挥了作用，市场之门就打开了。

● 追随客户的需求变化

银行将一些客户定为关注客户（focus client），他们是办理银行业务的代表，代表不同的年龄层、不同的阶层、不同的知识面等，他们定期会受到银行员工的回访，了解他们对银行的业务需求，并和他们讨论有关问题，所得到的反馈往往胜过在客户问卷中的答案，他们的看法常常左右银行的决策，因为员工必须明白客户需要什么，然后再想办法满足客户的需求，提升客户的满意度，才能培养客户的忠诚度。只有知道客户的需求，才能让客户对银行的服务满意。

香港银行业务的这个特点主要体现在以下几个方面：

第一，香港银行认为，一个业务品种的取舍决定于客户对其的认知度和接受程度，在每个品种开发和面世之前，银行都要进行市场民意咨询调查，了解客户对这个产品的看法，通过电话、上门咨询和问卷等方式获取第一手的信息，了解客户的需求，以决定是否开发和如何包装这个产品。

第二，香港银行重视同业市场信息。只要你做个有心人，在香港你会发现，当一家银行开发出一个新产品，各家银行都会立即仿效，只不过，每家银行起的品种名称不同，以相互区别。各家银行互相打探，丝毫没有谁先谁后之分，只要有用，就即刻拿来，经过粉饰包装，成为自己的产品。

第三，市场化的一个重要特征就是要算市场账，每项开发都要计算投入和产出，甚至计算每笔业务的成本，每项业务的盈亏点，即一定时间内做多少笔业务可以收回投入，并由此计算出每笔新业务的宣传费用应该是多少及人工费用应该是多少等。

第四，香港银行还特别注重市场的宣传，银行的宣传费用大多都用在对业务品种的推销和宣传上，无论是在汽车上，还是在建筑物上，都有对某项业务产品的宣传，如"高二厘"、"快、专、多"（国际结算业务）、"走遍全世界"（信用卡记分奖飞行公里）、"给老人献上的一份爱心"（为老人设计的存款）、"为年轻人成家立业助一臂之力"（零存整取存款）等。在营业大厅摆放着每个业务产品的宣传小册子，小册子装订既注意成本，又注意美观实用，宣传不空洞。如小册子为客户做出存款回报分析，通过回报曲线图，使客户看见收益；为客户列出投入产出，计算出零存整取到期提取的本息，并结合上大学、结婚等高昂费用，计算出每月供款多少钱，就可实现自己的理想，鼓励客户存款。香港银行还注意宣传创新效益，在宣传册上将传统的做法与新品种做一比较，使客户清楚明了地看到新产品的优越性。香港银行注意抓住客户心理，在宣传银行人寿险时，以每月仅需付保费5元，便可获200万元赔偿，而且如果5年之内没有赔偿，还可获得发还30%已付月保费的优惠，将客户的注意力吸引过来。

第五，员工对新产品的认知是新产品开发的重要一环。在每开发一项产品时，银行都要设计对这一产品的培训方案，告诉员工如何向客户推销新产品，使产品与市场相吻合。

服务水准高——产品是创新的载体

服务属性是银行业务品种的第一属性，业务品种的价值决定于其服务。在开发每项新品种时，都需考虑到为客户提供的服务，"手续简捷，服务周到"几乎是每个新产品宣传的口号，尽可能让客户少签几个合同，减少客户的手续，减少客户的麻烦，是银行创新工作的出发点。

将业务综合如各种货币一个储蓄本，方便使用，一张综合月结单，方便客户掌握其各种货币账务情况，列明各种记录及各种资料，并详细记载透支情况。一张综合开户合同，将活期账户、支票账户、储蓄账户、外汇账户、电话银行账户甚至信用卡账户等统统列入。

业务选择多：①存期选择多，客户可自由选择定期七天、一个月、两个月、三个月、半年、一年等。②货币种类选择多，可办理各种国际流通货币业务。③条件的选择多，如将到期外币存款的货币选择权给予银行，银行为其开立一种两得存款，到期时客户可以选择货币。由于做了外汇保值业务，即可用原币利率得到本息，也可用选择的外汇利率得到本息，从而赚取汇差。④借款办法选择多，贷款按揭比率高达85%，还款期长，有的贷款可选6～36个月还款期，房屋贷款可有30年贷款期限。客户可灵活增加每月借款金额，也可提前还款，而无须承担提前还款费。

资金流动性强：①存款可随时提取，剩余的存款仍可保持原先的存期及利率。②可转换投资方式，从股票到基金，从基金到存款证等。③付息自由，按日付息，一可早收取利息，二可得到复息。④零存整取客户可以选择由银行到期自动从其账户中转账供款。客户可在存款时选择"到期自动转期"或者"通知客户"。

时间方便：①部分业务日夜交易，如外汇买卖。②电话银行服务24小时自动查询转账，服务热线为客户提供咨询服务。③电话申请房屋按揭贷款，并可初步获悉是否将得到贷款的批准，而且每周7天营业。④夜库方便客户于营业时间后存储资金。

地点方便：①在地铁设立自动柜员机，随时随地取钱。②在全球自动柜员机上可提取当地货币。

借款方便，批准快捷。如客户具备一年在职记录，就可在银行借相当于4倍月薪的贷款，以备急需。

科技含量高——科技决定产品的成败

随着科学技术的发展，香港银行大力发展电子网络，增加计算机功能，使许多业务品种处理自动化，如客户汇款通知、转账、打印月结单甚至为客户自动缴付水、电、电话等费用。由于手机的广泛使用，通过手机屏幕显示，可以用手机处理财务问题。通过网上银行，客户可以足不出户，办理银行业务。银企电子专线服务，将银行和大企业联网，企业开出信用证最快只需10分钟，汇款只需2分钟。

业务一体化——产品整体优势胜过"单打一"

随着经济的发展，客户越来越挑剔，只有提供多种复合服务，才能巩固住老客户，吸引新"面孔"。为此，香港银行改变过去"单打一"的传统模式，将银行可以调动的资源都调动起来，形成合力，不断提高整体服务效能。

第一，产品的一体化。金融产品由于法律、风险、操作和固有市场条件的限制，有其基本的特征，不可能使产品发生性质上的变化。然而，一个产品可以开发出一个系列，以零存整取业务为例，香港银行开发出上学目标存款、结婚目标存款、养老目标存款、旅游目标存款、购房目标存款、装修和家具目标存款等。

第二，优惠一体化。以发挥整体优势。如在私人银行业务中，为办理私人银行业务的客户提供诸多优惠，包括港币1万元免退票担保；购买本票、礼券免收手续费；信用卡金卡免收首年年费；存款利率优惠；外汇买卖汇率优惠；自住楼宇按揭利率优惠等。

第三，客户服务一体化。香港银行有不同档次的客户，需要不同的产品服务，以形成对客户的整体服务。银行的基本客户在零钱找换、汇款收费及其他一些服务上享受免费或低收费，银行的大客户在服务上享受各种优惠，如信用卡年费减半，大额存款利息优惠，保管箱费优惠，房屋贷款手续费、还款手续费、汇款等手续费减免，房产估价费免收，律师费给予津贴，等等。对专业人士（医生、律师、教师、政府公务员等）客户，以一定透支额及月薪3倍（以较低者为准）提供备用资金，可循环透支。对普通的客户，银行给予一定金额的港币免支票退票功能，但条件是账户内平均日均额在2万元，并是香港居民。对一些老客户，在利息上做文章，提供利息优惠。如存入本币时由银行做外汇买卖，锁定汇率，即可享受美元利息，又可在存款期满时，以预订汇率兑回本币，全无外汇风险，又可尽享高息。客户经银行保险，火险费享有优惠，经银行做房屋按揭，按揭期内信用卡免年费，并且还送火险，送10万元家居保险。

第四，将保险业务和银行业务一体经营，银行保险业务将人身意外保险、个人医疗保险、家居综合险及佣人综合险合为一体，并且还承担水险、火险、雇员保险、汽车保险、偷盗险、旅行保险等各种意外险。

第五，将投资业务和银行业务一体经营，银行实行专业投资管理，按市场走势，调整组合，银行提供本币或美元货币市场基金业务，方便客户投资于优质短期货币市场工具，如国库券、商业票据、存款证等，有利于保本增值，保证较稳定的回报，也有利于保持资金流动性。银行还提供指数基金投资业务：如看好世界某股市具有投资潜力，投资指数基金，指数基金由市场上指数成分股组成，成分股的表现直接影响指数走势，指数基金直接反映股市走势，有美国股市、日本、英国、欧洲、太平洋指数基金。随着科技事业高速发展，令科技股回报潜力略高一筹，银行还帮助客户投资全球科技股。

客户认购基金单位，分散投资全球，每年计息一次，而且投资额低，灵活分期，买卖方便，基金转换简单，每月1500元就可投资基金，客户自行制定每月投资额，银行自动转账，客户投资时间越长越可更多地获得认购费折扣。

第六，将信用卡与航空、旅游、商贸、饮食等行业一体经营。根据信用卡业务的特点，香港银行列出受理本行信用卡，并给予折扣和优惠的商行，包括旅店、餐馆、商店等，信用卡还提供免息分期订机票优惠。每次信用卡签账，均可积累分数，以换取礼品。信用卡签账额可免除卡年费或换成飞行公里数据，或得到免费机票。信用卡消费还可获特约商户全年折扣和优惠，甚至信用卡还可享有个人意外保险。

产品的附加产品　产品概念通常包括五个层次：核心产品、形式产品、期望产品、附加产品、潜在产品。但从世界范围来看，今天的竞争从本质上来看，发生在附加产品层次，即企业在提供基本产品的同时，必须考虑如何为客户提供更多的附加服务。例如，香港汇丰银行发行的信用卡，除一般的功能外，为了吸引更多的用户，该卡还附带了三种额外服务：第一，30 天购物保障。使用信用卡所购之物如有损坏、失窃，可获高至 3000 港元的赔偿。第二，高达 200 万港元的全球旅游保险。第三，全球紧急医疗支援。

业务品种的种类——在金融领域内施展手脚

香港银行服务的业务品种无外乎有以下几大类：

存贷服务管理 银行业务与服务紧密相联，业务管理的水平直接关系到服务水准，从业务管理的每个环节中又都可以看到服务已渗透到银行的每项工作中。

● 存款服务管理的策略和做法

香港银行的负债主要由本地存款和同业存款构成，其中本地存款占负债总额的 70% 以上，同业存款占负债总额的 20% 以上。在本地存款中，定期存款约占 2/3 以上，活期和储蓄存款仅占 1/3 左右；在同业存款中，海外负债，主要是由离岸存款构成。负债业务的健康发展关键在于负债管理，香港银行在这一管理上有一套比较成熟的做法，值得借鉴和参考。

● 开辟和稳定存款来源

客户是负债业务的基础，争取客户是负债业务的中心。香港银行争取客户的方式以分层推销为主，分层推销是基于最佳资源配置，以市场为目标的推销方式。具体做法是将客户分为工商业大户、中等收入客户和一般客户三个层次，并以适销对路的金融产品分别争取这些客户。

● 抓大户是增加存款的重心

大户实力强、存款多，一个大户等于几十个或几百个中小户。争取大户的工作必须靠银行的高层管理人员。行长经常亲自带领外勤人员走访大户，联系大户，和大户的头面人物一起共进午餐，外勤副总几乎每晚都参与客户的联谊活动，节假日常常也不例外。

全行对大户提供贴身服务，每个大户都有专门服务组，由银行的一位高层人员牵头，下有各个部门的人员配合。香港银行各网点设立大户专柜，每日向大户发送金融资讯，经常上门收单、送单。大户的业务在全行各部门都是在第一时间办理，同时要保质保量。为了发挥大户的影响作用，他们聘请大户担任银行的良好服务顾问，通过这些大户结识新大户。为了吸引大户，香港银行在利率、费率、汇率、信用额度上给予优惠，在押汇、放款上给予便利，在投资、融资上给予支持，这些大户给银行带来的效益十分可观，银行的前十位大户占银行总存款的 10% 以上。近几年中，新增存款中有 50% 以上来自于大户。

但是大户的副作用也是显而易见的。一是大户的流动性强，给银行的存款稳定性带来威胁；二是对大户优惠多，吸存成本高。为此香港银行对存款大户设定了占总存款 40% 以下的比率，超过比率或临近比率，银行就用降低优惠幅度，限制对大户放款进行调节。

● 中、小存户仍是香港银行存户的主体

中、小户是香港银行扩大存量的主要来源，他们存款稳定，对银行存款稳定性冲击小，他们所享受的优惠少，银行吸存成本低。在对中、小户的吸存策略上，防止客户流失和挽留客户是吸存的重要工作。据专家估计，当客户留存率从 80% 趋向 90% 时，盈利曲线开始趋于垂直，当客户的稳定率在 90% 以上时，银行当可获得最大利润。因为银行用于招揽存户的成本很高，包括开户成本和推销成本等，而且老客户对银行的熟悉程度使银行的经营成本下降。

香港银行设立客户流失率检讨系统，为此制定了一系列管理措施。如经理带领外勤人员高度重视客户动向，而不是坐在办公室内，对客户变化不闻不问。所有员工在处理银行与客户矛盾和客户投诉时都主动热情、尽职尽责，使客户对银行谅解和满意。银行对于挽留客户有贡献者给予奖励，对挽留客户表现不合格的员工给予教育和辅导。银行还特别警惕一些公司客户的流失，因为争取一家新公司客户需要有大量支出，公司客户给银行带来的收益较多。银行对公司、社团客户设立"预先警报追踪系统"，以降低客户流失率。一般的公司客户都不会贸然结清账户与支行终止所有关系，它必定要在其他机构开户并进行约三个月到半年的试验及评估，而一家公司在决定离去后，银行便再难补救。故此，银行利用电脑对每个公司、团体客户的每周借贷交投量做出记录及比较，每周数据与近期一段期间内的每周平均值做比较，季度性或年度性地做平均值比较，遇有偏离预定数值者，电脑追踪系统做出警报或提示，由支行经理与一批工作人员组成的专责小组进行检讨及研究补救办法，或提高服务水平，或加强营销能力，或降低、豁免某种收费，等等。

香港银行要求全行"不能让一个正常客户因银行的原因流失掉"。当有一个客户要结清户头时，他们会主动询问原因，如因银行的一些客观原因所致，如地理位置等，他们就要通过营销术，向客户宣传银行的优势，如因银行的服务质量所致，他们会向客户深深地表示歉意，并说一句"请留下接受我们的良好服务，我们不会再让您失望。"

● 优化存款结构是稳定存款的有效途径

香港银行特别重视存款的两个结构，一个是期限结构，一个是货币结构。银行有八成的负债是 3 个月以内的短期债务，而放款总和中大于一年的放款占近 50%。如果片面地扩大长期存款以筹集长期贷款资金或片面增加短期存款以试图降低利息成本，都是不恰当的。同样，香港银行负债中大部分为港币，如果片面追求港币存款以应付港币放款或片面追求美元存款以应付美元放款也是不正确的，因为存款品种结构调整的目的是为了满足客户的需求，也是为了应付各种不同的放款需求，而不是为了应付本行的存款结构优化。

香港银行采取了许多方式调整负债结构，一是利用各种不同资金渠道，如同业资金、存款证等调整本行的存款结构，疏导资金和补充资金有了更大的余地。二是利用掉期市场、离岸市场和同业市场调整负债结构，拆出的 30% 的港币资金是通过同业市场来疏导，拆入的港币资金是隔夜交易，因为要平衡港元结算户的头寸所需。三是实行不同期的负债期限错配管理，使负债和资产期限相匹配，会计部、资金外汇部根据银行的结构和需要，不断调整错配资金期限计划，以保证资金使用适应银行发展的需要。

● 降低负债成本才能争取利润最大化

负债成本包括利息支出和非利息支出。非利息支出包括人事费用、办公费用、宣传费用和业务费用等。在利息支出管理上，一是要利率随行就市，每日早晨银行先将同业中的"标杆银行"的利息率搞到手，然后根据本行利差需要进行利率调整，制定出既有竞争力而又较合理的基准利率。二是控制利率优惠，以优质服务争取客户，而不是以高优惠、高成本去吸收存款。三是争取活期存款、无息存款，香港银行通过拓展中间业务，特别是股票业务、信用卡业务、外汇业务、结算业务等吸收低息存款。

贷款服务管理的策略和做法
香港银行的贷款服务与内地银行的贷款服务相比，自有其鲜明的特点。

● 贷款是专业服务，不是施舍

在香港商业银行管理人员的眼中，贷款同样是银行的服务，是为客户事业提供资金支持的专业服务。银行在发放贷款时，银行员工是服务员，而不是审判官，更不是施舍者。

银行在贷款中提供的贷款服务不同于简单的微笑。香港商业银行的专业贷款服务反映在专业水平上。银行从众多的客户中寻找可信赖的借款人，以保证

在为客户服务的前提下银行资金的安全。

● 建立在对客户有信心的基础之上

在贷款前，香港银行坚持"救急不救穷"的原则，最主要考虑的是"信心"，除非银行有信心，客户一定能按期付息及期满时归还本金，否则银行是不会贷款给客户的。这种信心由多种因素组成，包括客户以往的记录、贷款人的品行和操守及可靠性、客户对某一行业的经验及能力、客户本身的还款能力等。总之是银行对客户资信的整体评估，有信心认为贷款金额与借款人的还款能力相称。

当今，所见的许多大公司，大都是由小做起的，有赖于银行对其的信任而得到支持，才得以顺利发展。但是，由于欠缺银行的信心和支持而倒闭的公司也不在少数。

如果说贷款信心的树立是门艺术，这种艺术是靠经验的积累和科学的判断为基础的。有一位刚来港的创业者，到银行想开一个账户，却非常困难，因为银行对其了解甚少，他便一步一个脚印地往下走，在与银行的来往中，他善于使用信用，坚守信用，业务发展很快，这时，许多银行主动找上门来，向他推销信用，给予各种融资，而不需任何担保。他这时很不解地对银行说："为什么我刚来的时候，与银行交往那么困难，而如今，又这么容易？"银行经理也很坦率地对他说，因为良好的信用是由你自己缔造的。

对私人贷款，香港银行对客户的信心，来自于对客户经济状况及生活方式的了解。

对公司贷款，香港银行对客户的信心，来自于详细审阅客户以往的资产负债表与损益账，以及对未来的预测。

● 危险贷款客户常见的征兆

出现下述情况的贷款客户常常被视为危险客户或有危险趋势的客户：

经理经常不在，任何人不知去向；

经理热心表面而疏于本职；

员工流动过大，辞职员工多；

员工无朝气、委靡不振；

客户公司卫生状况差，无人清扫；

原来由现金或支票支付货款改为收据；

要求延长贷款期限或延长货款结算周期；

客户纷纷离去；

事故增多（次品、退货、交通事故）；

业内口碑不佳；

有即将倒闭的传闻；

背景不清楚而又不愿提供借款人或公司财务报告者；

经常过期还款者；

借款没有明确用途或计划不够踏实者；

有诈骗记录或怀疑作风有问题者。

● 不宜授信的九种客户

借款人的资产或公司资产已大部分转移海外者；

有迹象移民外地者；

身份及背景不清楚而又不愿提供借款人或公司财务报告者；

纯以背对背方式叙做押汇业务，而开出信用证条款与主证不符，又未能提供有资历人士担保者；

经常过期还款者；

借款用做炒买物业、股票、外汇等投机者；

因物业升值而以原押品加按或由他行将物业转按而套用资金者；

借款没有明确用途或计划不够踏实者；

有诈骗记录或怀疑作风有问题者。

● 需要关注的客户

发现客户出现下列不正常情况时，立即采取相应行动：

账户

额度已使用而账户在 2 个月内不动或少动；

信用额度处在高用款水平；

经常出现退票情况；

临时性透支或超额而未能在约定期限还款；

经常出现抵用期票在提出交换前取走；

其他不正常情况。

押汇

仓货积压超过 1 个月；

担保提货过期 1 个月；

托收即期买单 1 个月内未收到货款；

托收远期买单 1 个月内未承兑或到期后未收到货款；

信用证议付 1 个月未收到偿付款；

进口代收在合理时间后仍未收款；

担保提货、出口买单的货价与单价不符；

使用当地信用证套用资金；

打包放款项下信用证经常不能在有效期前交单收款；

临时通融不能按约定期限平账；

其他不正常情况。

放款

脱期过 1 个月；

欠缴利息 1 个月；

其他不正常情况。

● 识破假报表的绝招

在与客户的来往中，时常会遇到客户为换取银行的贷款而不得不欺骗银行的事情，香港商业银行对此有一套可行的做法，即防止四多四少：谈降低风险多，谈深入分析少；谈财务比率多，谈比率的根源少；谈资产负债表和收益表多，谈客户的现金流量少；谈企业本身多，谈行业少。

客户的报表是香港银行最为关心的，尽管银行要求所有提交的报表必须经过银行认可的会计事务所的审核，但是，会计事务所的水平及客户的有意造假使银行员工在进行调查时困难重重。为此，香港银行非常重视对虚假报表鉴别的培训，以提高员工的识别粉饰报表的能力，而且，在每次拿到客户送来的报表后，都认真研究审核，找到其矛盾之处或不合理之处，然后，约定客户的高级主管进行面谈，抓住要害问题，对疑问进行现场答疑，如果客户可以自圆其说，并能对银行提出的疑问给予合理的解释，则银行认可，否则，假报表的真相就大白于天下。

多层保护的贷前审查

与客户面谈；

实地调查；

掌握财务报表及公司内部账册记录；

索取客户其他往来银行的月结单及授信函；

索取客户销售合约及信用证副本；

了解授信户的供应商及买家；

了解授信户同业竞争者；

阅读报纸、财经杂志；

向授信户往来银行做资信调查；

从信贷资料公司了解情况；

了解行业状况，了解方式是通过贸易发展局、生产力促进局、各类总商会及年鉴等；

查册，从公司注册处、商业登记处等了解授信户的注册情况；

查阅银行的客户资料系统，信贷分析组再根据资料进行具体的分析；

银行还应确认客户的首要、次要或其他还款来源，并评估其素质。

深入全面的公司背景及业务范围分析

（1）公司历史及发展过程分析：包括：①组织性质上的改变（如改组、收购、合并及业务分拆等）；②业务发展速度（缓慢、稳定、急速）；③以往是否曾发生财务困难及其解决方法；④概括地综合过往业绩。

（2）核心业务分析：包括：①业务性质（如生产商、贸易商、批发商、经销商等）；②主要经销产品（如类别、性质、市场及与竞争者相比的售价）。

（3）业务运作形式分析：包括购货——结算方式、期限、供应商的多寡、主要供应商名单、货源地点、结算货币、来料占生产成本的百分比、由订货至收货的时限等；销货——结算方式、限期、买家的数量、主要买家名单、销售市场（本销、外销、内销比例）、订价方式、销售途径、分销网络、有否季节性销售等；生产——生产设备状况、生产方式（自行生产或外加工）、生产工序简介、生产地点及所需时间、品质管理（是否有拒付款或索赔情况）、工人数量及雇员关系等。

（4）近期经营情况及发展分析：包括如对推出新产品或管理层人员有所变更等情况进行分析。

（5）其他往来银行情况：包括其他往来银行的名称、授信种类、额度、限期、开户日期、押品资料等。

（6）绝不可忽视的行业分析：包括客户所处行业市场简介（产品性质、买家、对象、需求数量）；行业所属阶段（萌芽、成长、成熟、衰退）；客户生存空间是什么，目前或未来的直接及间接的竞争者，有否新替代品出现。这个行业的一般存货及应收账款的管理、半制成品、流动资金、固定资产折旧率、资本投资免税率、公司税务负担等；本地及海外是否会实施新法例，从而影响该行业发展。

（7）具有决定意义的财务状况分析：包括由客户提供的财务报表是银行需要的重要信贷资料之一。利用这些资料，通过运算及分析财务比率后，可剖析公司的经营状况与财务状况，掌握其优劣点，作为放款决策的参考。此外，还有以照片为证的实地查验；对房地产、机器、船舶等抵押品须定期实地查勘，并做书面记录。机器、船舶等抵押品原则上每年最少要实地查勘一次，并拍照备查。

● 贷款资金的管理——"三性"相结合的统一体

控制贷款资金比率

（1）存贷款比例。为了保证有足够的流动准备金，防范信用风险，银行的存贷款比例保持在55％以下，剩余的45％资产大部分存放在同业或购买票据、证券上。会计部每日核定检查存款比率，以保证其循环性。

（2）单项贷款比例。为了防止因单项贷款比例过高而造成银行的信用风险，银行规定和执行单项贷款比例。如对单一客户的累计贷款额不得超过银行自有资金的15％，房地产贷款不超过贷款总额的40％，由于银行的经营主要在香港，因此保持其主要放款部分用于香港。

（3）短期贷款与中长期贷款的比率。银行1年期以上的贷款保持在贷款总额的50％以下。从理论上说，银行希望所有放款可以随时收回，然而无论根据客户业务的需求还是银行收益的需要，一定比例的长期放款是必不可少的。

（4）流动资金比例。银行对存户保持"变现"的标准以备不时之需，就是将25％的资产放在迅速可变现的资产上，谨慎而又适度的流动资金比率可以防止银行遭到挤提。香港银行对此比率的遵循慎之又慎，制定了警戒比率，这个警戒比率为28％，会计部、资金外汇部一旦发现到达警戒比率，就立即召开会议，研究对策，调拨资金，出售债券，增强变现能力。

银行对各种比率的分析能使行长室对银行计划很好地进行控制。然而，如果认为只要比率控制在一定水平上银行就能成功，那也是过于书生气，比率不能代表管理，只有加强资产管理，才能使银行资产的使用效率得到最大发挥。

（5）扩大贷款量。贷款受存贷比率的限制，这对贷款收益是一个很大的压力。扩大贷款量的渠道只有一条，即扩大存款，存款量增大意味着贷款量增大。

（6）提高贷款的回收率，减少沉淀。银行在贷款审批上有本行的"游戏规则"。为了贷款的安全，尽力降低贷款呆滞率，银行专门设立了催收部，直接隶属行长室，把催收作为职能工作来抓，增强催收的权威性和独立性。面对不良资产的困扰，每年末银行均要冲销一定比例的呆账，这些呆账从每年预先安排出的0.5％呆账准备金中支付，虽然银行资产受到损失，但银行也甩掉了包袱，轻装上阵，增强了活力。

（7）提高资金的使用效率。香港银行的资金管理委员会严密监视着银行资金的变化，降低无息和低息资产是这个委员会的重要任务。

（8）减少空额。香港银行对客户的资金需求多数是通过银行授予客户一定的信贷额度来实现的。从理论上说，银行为了在额度内满足客户的需求，必须预备一定比例的无息资产备客户使用，然而客户因种种原因未能全额使用，就形成了"空额"，虽然银行收取一定的贷款承担费，但远未能收回成本。因此，银行对有额度客户的业务进行跟踪，对空额过多者进行调整压缩，使银行的贷款资金更为有效地使用。

（9）严格资金头寸管理。资金外汇部是全行资金管理和操作的专业部门，对每日全行几十个营业单位资金的流出、流进，都要做到"心中有数"，合理安排。为此，银行制定了严格的头寸报告制度，各业务单位每日进行外汇兑换（超过一定限额），支付大额款项或调动资金都必须向资金外汇部报批，以便资金外汇部合理调动头寸，尽可能在内部单位之间平仓，特别是在同业清算账户的管理上，避免罚息和透支。每次大额透支，会计部门都向行长室说明原因并提出改进措施，并对暂收应付账户和暂付应收账户的余额尽快地查明原因予以解决。这两个账户资金往往是不正常的收付款，香港银行一直在致力于加强这些过渡性资金的管理，及时清理压缩业务性和非业务性收垫款，避免利息损失。

（10）严格控制现金库存量。各营业部对各营业网点的现金库存既要保证开门支付，又要根据不同地区和业务量核定库存量，并以电脑每日考核，以掌握各网点现金库存的规律。香港银行加强对各网点现金的调配，每日两次从营业网点收取现金统一使用。行长室对现金库存管理十分重视，经常关注现金库存管理。有一年春节，一些单位的现金库存量过大，行长年后上班，管理工作的第一件事就是责惩职能部门查找原因，写出检讨报告，他认为只有严格管理，才能减少无息资金的不合理占用。

（11）增加贷款资金的流动性。香港银行的管理层一直要求其放款部门在放款业务中重视两点：一是贷款资金能安全收回；二是贷款资金能在存户提取前收回。换句话说，就是重视资产的安全性和流动性。因为客户有权利随时要求银行从其存款中进行支付，银行准备了充足的流动资金。除了现金这道防线外，香港银行还利用贴现市场、证券市场来调剂本行的资金，具体地讲，银行运用存款证、大额可转让存单、政府偿付流动基金、与政府金融机构签订的回购协议、银行商业票据贴现等方式，来满足负债资金流动性的需要，既可保证银行有足够的偿付能力，又可减少现金储存，应付存户的不时之需。

● **授信管理——规范而又实用**

在行长室的会议室里，由行长主持的信贷管理委员会会议正在进行，信贷部的主管拿着一叠厚厚的资料在向与会者汇报一笔申请授信的审核情况，不时有人插话或提问，不时有讨论甚至争论，会议气氛热烈而又严肃，这是银行每周信贷审批会议上经常见到的情景。授信管理是银行资产管理中最重要的工作之一，他们在长期的运作中形成了一套规范的管理办法。根据香港银行内部运行机制，信贷管理委员会会议只是一个咨询机构，它只能给决策者提供一个参考意见，决策者除了对它的否决不能再否决以外，对它的同意仍可以否决，这样就杜绝了集体决议谁都不负责的情况发生，也在强化决策的科学性的同时，强化了决策者的责任感。

授信策略——安全、灵活、有利

香港银行在积极、稳妥发展各项业务的方针指导下，授信工作坚持"安全、灵活、有利"的原则，以资金安全为前提，只要符合银行规定，无损银行信誉，经济上对银行有利的授信业务，要按实事求是和量力而行的策略去办理。融通是银行授信中常使用的词汇，根据不同客户的具体情况，根据市场的变化，在遵守法律法规的前提下，给予客户各种市场性的融通，但是，银行在融通时提出的融通条件，一定会有专人跟踪，直到完全落实为止。

在授信管理上，香港银行注意掌握信贷风险的分散和客户结构的多元化，重点及主动地开拓工商业放款和进出口押汇业务，根据实际情况积极而有控制地支持当地居民自置物业，同时，对其他物业的买楼分期贷款、建筑放款等有所控制地叙做，对银团贷款可有选择地参与。香港银行在授信业务中注意经济核算，随行就市，根据不同授信户的资信及往来情况、风险及回报，综合分析，区别对待，灵活掌握。

香港银行开展授信业务，首先注重市场经济、行业经济和客户资信调查研究。所有授信都切实做到贷前调查、贷时审查、贷后检查，健全各项授信手续制度，以保障银行的权益。

授信的基本方针——安全第一、择优而做

（1）服务本地工商和居民，促进香港与内陆经济往来与国际贸易的发展，以维护香港的繁荣稳定，积极支持国内优质项目融资。

（2）根据资金来源结构的情况，合理安排资金运用，注意资金的流动性和留有余地，根据香港银行制定的宏观控制措施，严格控制贷存的比例、用款平均余额和授信额度比例、信用授信占授信总额比率、买楼分期占当地总授信额比例及每年增长率等，并严格掌握长期贷款。

（3）坚持以安全为大前提，认真贯彻"安全第一，择优而做"的原则，稳妥地、灵活地、有力地做好授信工作，达到减少资产风险，提高授信质量，增进经济效益，优化资产的目的。

（4）讲求效益，对每笔授信业务，在资金安全前提下，亦要注意讲求效益，提高回报率。一般均应按规定标准制定利率及收取手续费，对部分信用风险较高的业务，更应适当提高利率和手续费，争取合理回报。

（5）顾及银行与客户关系，不搞一刀切，应按每一客户、每笔业务的实际情况具体处理对客户的通融优惠有所选择，安全、效益仍应摆在首位。

授信准则——十一项准入原则

（1）严格遵守香港银行条例的各项有关规定及本行的授信方针、政策。

（2）参考市场情况，按照经济规律办事，在资金安全基础上考虑争取银行适当的收益。

（3）申请贷款（尤其是信用贷款）的金额与借户资本应有适当的比率，纯属资本性质的贷款或投机性质的贷款原则上不叙做。

（4）对资信不清、贷款用途不明或与社会公众利益有抵触的，原则上不叙做。

（5）对借款人背景、借款用途、还款能力、还款来源、还款办法事先要做充分的了解。

（6）重视贷款人、担保人的资信、商誉，并通过经常性的财务分析进行检讨。

（7）抵押品以具有较稳定的价值、用途广及易于处理的为宜。

（8）对贷款结构做合理的比例安排，例如贷款种类、贷款地区、贷款行业、贷款集团、贷款期限、贷款币别以及抵押品分类等要注意逐步建立适当的比率控制，防止风险过于集中。

（9）对同一个集团户的授信户，要对其总的授信额度进行控制，应统一其各类授信的到期日，应统一由一个经办单位做整个集团业务的联络，以便定期全面检查，方便管理。

（10）对每一个客户在考虑其授信额度前，均要先检查该户是否属于关系户，如是否与银行的董事有亲属关系及是否为特殊户。

（11）应定期考核授信户是否给予银行相应的各种业务量和存款，是否有合理的额度使用率，授信还款记录及经济效益。

授信额度——给信用一个广度和深度

银行的授信额度是银行给予客户贷款的承诺，是通过签订正式协议而给予的。额度分为一次性使用额度和循环信用额度，有信用证额度、担保提货额度、押汇额度、打包放款额度和透支额度等。额度的给予通常视担保、抵押和信用而定。越是新客户，银行对其抵押或担保的要求越高；越是老客户，银行给予的信用越大。一些老客户只需以很小的抵押比例就可得到银行的授信额度，因为银行给予这类客户很高的信用度。

授信额度通常使用期为半年，每半年对额度进行重检，或增减额度，或转期，或取消额度。偶尔，一些客户因为业务需要，所需资金超过所批准的额度，就须办理临时通融，办理有关过额审批手续。

银行批准客户的授信额度，无论客户是否使用，都须拨出额度资金，如果这笔资金得不到充分使用，银行就要为此遭受资金损失。因此，香港银行一再强调要将额度最大限度地使用，每个月统计总额度的使用比例。尽管银行对客户未使用的额度收取承担费，但并不足以偿付银行的成本。为此，银行对每个客户额度使用进行考核，对于使用额度比例低的给予减少额度的处理。

银行授信额度的作用是很大的，一是可以保证资金安全，每笔授信额度的审批都是严格的，并有抵押和担保做基础。二是专款专用，银行通过额度掌握客户使用资金范围，保证资金安全。三是额度的使用给银行的授信工作带来许多方便，银行不必每笔审查，只要客户在额度内使用，银行就不必再行审批，省去了每项贷款的审批签约程序。四是额度便于客户更有计划、有效地使用银行贷款。额度内资金通常为循环性的，客户可以提高资金使用效率，加快资金周转，银行由此也可以增加收益。五是银行要求借款人在额度协议期内，按信贷额度的一定比例在银行保留必需的存款余额或抵押，从而为银行带来了安全和效益保障。

抵押授信——给银行一定安全的信用

抵押授信范围包括房地产以法定按揭方式叙做的授信及黄金、白银、存款或股票抵押的授信。房地产抵押业务包括私人买楼分期，厂房及商业楼宇（包括铺位）分期及以房地产做押之其他贸易融资，有关条件诸如折扣、年期、利率等应按规定掌握。若有不符合规定条件者，须报上一级主管审批。

信用授信——需十分小心处置的信用

在上述抵押授信范围以外的授信均视为信用授信，包括以私人或公司名义担保的授信；押品以平衡按揭方式叙做之授信，包括非指定的楼花分期；公司债券抵押之授信；期票贴现及期票做押之授信；渔船、汽车、机器及货物抵押之授信；远期外汇买卖额度的信用风险按其申请额度10%计算。

押汇授信——以货权做保证的信用

开出跟单信用证而可掌握货权者，视做抵押授信。为方便计算，风险一般假设为20%；而有政府出口保险局保险的出口托收买单，风险一般假设为20%；上述风险系数不能一概而论，须视货物、市场、客户等因素进行调整。如不能掌握货权或开证属三角贸易货物直运外地者、无出口保险局保险的托收出口买单，风险按 100% 计算。

议付信用证项下不符出口单据，要求申请凭保议付的授信，若不能掌握货权者，按托收临时通融权限逐笔审批。

授信的贷后检查及催理

（1）授信贷后检查。为提高信贷素质，保障资金安全，进一步优化资产，达到择优而放、汰弱留强的目的，除加强贷前调查、贷时审查的工作外，还须做好贷后检查的工作。务求能及时掌握客户的变化，对有问题的客户能及早察觉，在情况未恶化前根据问题的严重程度采取适当措施（例如，加强监督及控制、调整或收回授信及进行催理等），尽量避免或降低损失。

信贷部成立了贷后检查组，统一及主动地检查全行授信户，担负起督促及协助单位做好贷后检查的工作。但贷后检查的具体工作仍由有关经办部门或支行负责执行。在发现问题征兆时，须主动了解原因，提出解决办法及落实解决措施。大体而言，贷后检查的工作主要分两方面进行：一是有系统地、周期性地、主动地做出调查、了解及分析，找出未被察觉的问题。二是经常对客户日常往来情况进行观察、分析，以便能及早察觉问题的征兆。

1）定期性检查。认真做好授信转期重检工作。正面地、侧面地对借款人、抵押品、保人做出调查，索取资料参考，实地了解，结合往来记录做出分析。

定期对存仓货做普查。实地查勘。对房地产、机器、船舶等抵押品须定期实地查勘，并做书面记录。机器、船舶等抵押品原则上每年最少要实地查勘一次，并拍照备查。

2）日常性检查。经办部门或支行须经常性地、有意地留意客户往来情况，并分析各类电脑报表、人工报表及其他动态资料。

信贷部门在放款实务手续上加强贷后检查工作。包括经常性检查外币存款汇率及股票价格、黄金、白银价格的变动，调整授信额度；经常性检查以存款做押担保透支及放款的利率是否因做押存款利率或优惠利率更改而须做出调整；检查保险单到期、转期；检查按揭楼契的登记日期、送回日期，并对楼契一般性资料做审查；检查对有到期日的契约，于到期前更新契约的工作；检查特殊户名单及其他资信刊物刊登的有关涉及法律诉讼的公司是否为本行客户；检查驻港机构员工申请优息贷款之后的受雇情况；检查楼花入伙时间，跟踪入伙后借款人或业主签署法定按揭、购买火险及调整利率；检查项目贷款的发展、进度及贷款协议内规定借款人、保人等应履行的责任，例如，定期呈交财务报表，项目报告等是否按时执行，并对呈交资料进行分析。

（2）催理。为加强授信催收工作，体现"谁做谁负责，谁放谁收"的原

则，对过期授信户的催理程序如下：

1）对过期授信户的催理工作基本上可分为以下五阶段：

第一阶段：相当于"初级关注户"界定范围；

第二阶段：相当于"关注户"界定范围；

第三阶段：相当于"问题户"界定范围；

第四阶段：相当于"呆滞户"界定范围；

第五阶段：相当于"坏账户"界定范围。

2）各阶段催理工作分工及责任：

第一阶段：催理（"初级关注户"）由原授信单位主管负责。

第二阶段：催理（"关注户"）由拓展处助总负责。原授信单位主管仍须参与及协助拓展处助总做好工作。

第三阶段：催理（"问题户"）由拓展处主管负责。拓展处助总及原授信单位主管仍须参与及协助拓展处主管工作。

第四阶段：催理（"呆滞户"）由业管处主管负责。拓展处主管、助总及原授信单位主管仍须参与及协助业管处主管工作外，有关工作成员还包括信贷部主管及业管处有关助总。

第五阶段：催理（"坏账户"）由行长负责。以上各阶段催理负责人及有关人员仍须参与及协助行长工作。

信贷部贷后检查组，负责从报表资料方面加强对授信过期及临时通融的检查监管工作，每月将已进入催理各阶段客户名单及催理金额列表，通传各授信单位、审批人员、处主管及行长。

业管处每月根据各单位催理工作书面资料，整理后向行长室办公会作汇报，以便增强全行对催理工作的重视，千方百计地做好催理工作。对问题户发出律师函催理，可由拓展处或业管处分管成员审批。若采取法律行动（指正式法诉）须业管处主管提出意见，经行长批准后执行。信贷部统一办理有关法诉催理工作，但对问题户的催理、跟进、落实还款计划等则仍由有关授信单位主管负责。

经过屡次联系追索欠款仍未果，银行发出将依法进行追索的函件后，如果仍不还款或不来接洽，有关单位应立即加以研究并递送发送律师信的申请书。有关阶段催理负责人审批后，具体发送律师信手续由分行信贷部处理，有关单位同时重新审查借款人资信及财产变化情况。

凡已获同意发律师信催理的"问题户"，有关单位应即按下列规定办理：

一是建立暂停计息状态。检查是否已按客户资料系统的规定建立或更新为

"特殊户状态"，如仍未办理，则立即补办。

二是进行法诉（法诉户）。发出律师信后，分行信贷部送一份律师信副本给原申请单位存查，原单位应密切注意事态发展，如果借款人超过规定期限不来还款或不来接洽，原单位则应向分行信贷部提请进行法律行动，经审批同意后进行法诉，由分行信贷部通知律师办理，进行法诉后由原放款单位负责掌握和办理一切手续，对有重要或特殊问题者，应报请分行信贷部研究解决。凡已获同意进行法诉催理的"问题户"（即同意向有关人等发出告票），应即按下列规定办理：建立暂停计息状态；检查是否已按客户资料系统的规定建立或更新为"特殊户状态"，如仍未办理，则立即补办；立即进入额度冻结状态，并每月检查并按还款本金金额调减额度。取得胜诉后，立即采取进一步行动，追讨借款人，包括扣押及处理其资产。若欠款未能还清，保人也无力还款，并未能提供令银行接受的还款方案，应按实际情况考虑是否申请借款人破产或清盘。

三是对保人的催理。①对保人的催理应尽早进行，原则上应与借款人的催理同步进行。②发出银行催理函时，有关函件副本须分别抄送各保人（包括抵押品的抵押人），作为对保人初步催理的程序，亦意在使保人向借款人施加压力尽早解决问题。③须重新审查保人的资信及财产变化情况。④经过初步催理仍没有效果，应向保人采取法律行动，同时留意其资产转移情况，一俟取得法诉，即采取法律手续扣押其资产，及时处理已扣押资产。⑤若借款人无法偿还欠款而保人无实质资产可扣押或处理，保人也未能提供令银行可以接受的还款方案，应按实际情况考虑是否申请该保人破产。

四是接管抵押品和处理抵押品。①接管抵押品须注意法律上手续的完备（抵押品应注意购买保险）。②处理抵押品后仍不足以清还欠款，令银行有经济损失者须报业务管理处主管。③公开拍卖抵押品手续由分行信贷部委托律师行办理。④售价须有公证行估价，并取得两份以上报价单，按高价出售。

五是转催收款项户及转呆账户的申请。经向借款人及保人法诉，并处理全部押品后，其余欠款回收无望，或虽有还款方案，但该还款方案年期超过五年者，应向业务管理处主管申请转为催收款项户。详述该授信户发生呆滞至损失的经过及原因、催理过程，检查每个环节，明确责任，总结经验教训。催收款项户归收无望，或归收无期，每年第四季度内报行长室，申请转为呆账户。

● 信贷风险管理——重要而又艰巨

香港银行界有这样一句话：任何一个傻瓜都能把钱放出去，而收回它则需要相当大的本事。香港银行界还有这样一句话：客户不还一万元是客户的问题，客户不还一百万元，是银行的问题。香港银行在发放任何一笔贷款时，必须确定愿意承担的风险程度是多少及在该风险程度上所能放出的款项，必须考虑万一贷款不能收回，如何收拾残局。信贷风险成为信贷业务的关键，保障银行资金安全必须从防范风险做起，必须准确地找出并度量风险，然后采取措施去控制风险。

信贷风险种类——林林总总、无处不在

（1）客户风险。以一个制造商为例，在业务运作过程中，他须购入原料进行加工生产，出售后，到期向买家收回现金。若银行贷款予该制造商，便须事先确信制造商有能力完成该周期，收取现金清偿银行的贷款。因此，银行向客户发放贷款时，应考虑到客户的业务运作风险，即供应风险、生产风险、销售风险和欠账风险。

（2）管理风险。银行必须认识到借款人的管理直接关系到贷款的安全。借款人的管理水平从以下几方面可以得到判断：管理人员过往的业务经验；管理人员的品格、资历、经营作风、应变及判断能力等；管理的结构及分工是否平衡；管理人员的连续性问题。

（3）抵押品风险。抵押品是银行抵偿风险损失的保证，因此对抵押品应从以下几方面考虑其风险：抵押品的性质、价值、质量及权益（包括现有的及可能取得的）；抵押品价值是否留有适当折扣，以防变卖时受到损失；抵押品与总授信的比例是否足够及是否符合银行规定；在拍售抵押品时，其价值是否会大幅度减少；保人的身份、背景、资历；注意保人的总担保金额（注：保人已做押的存款及物业理应不估算在其资金范围内）。

（4）财务风险。银行可透过财务报表及现金流转预算表去评估客户还款能力（如销售情况、盈利能力、偿还短期及长期负债能力等）。此外，也须考虑其财务状况稳健性如何（如其资本与负债结构、短期变现能力等）。

（5）商业风险。评估客户的生存能力，其中包括客户面对的风险、市场环境及发展潜力等。分析客户过去及未来的经营成果，特别是将业务增长率与同业、通货膨胀率等做比较，从而评估客户在市场中所处的形势。

（6）操作风险。银行提供的额度配套不恰当（如贷款组合、额度种类、金额、期限等），在未确定放款手续完备前便先行给予客户用款。

（7）国家风险。客户的商业伙伴或交易对手所属国家或地区出现社会动乱、政府改变其经济或政治体系等。

（8）市场风险。买家当地出现经济衰退或实施保护法案（如"301条款"、实施配额限制、撤销最惠国地位等）。

（9）金融风险。汇率大幅波动、息率增加、政府金融政策收紧等。

（10）科技风险。由于科技关系，新发明的产品可能取替客户经销的产品。

信贷风险的防范——层层设防、严防死守

香港银行防范风险的第一道防线是信贷分析与评估，信贷部的信贷分析组和各支行、业展部的外勤人员紧密配合，对每笔授信进行认真的分析和评估，了解借款人的信用历史和目前的经营状况，收集借款人偿还能力的文件，分析借款人偿还的意愿，预见如借款人未能偿还贷款对银行的影响，并采取相应的措施促使借款者偿还贷款。他们在分析和计量信贷风险的基础上，采取必要的措施转移和防范风险，将损失减少到最低程度。银行在经营中要完全避免风险是不可能的，但是可以采取一系列风险管理策略。

规避策略，扬长避短，趋利避害。如执行"收硬付软"的币种选择原则等。

补偿策略，将风险损失打入贷款费用、利率之中，采取预备性的补偿措施，如订立抵押条款等。

分散策略，对大项目或巨额贷款采取银团贷款的形式，一旦风险发生，可由几家银行分担损失。银团贷款形式既能满足项目的巨额资金的需要，又不致使贷款项目的全部风险由一家银行承担，而由几家银行按地位平等、利益同享、风险共担的原则共同承担，从而达到风险分散的目的。

转移策略，银行将其信贷资金按不同风险程度转移给不同的贷款对象，使用不同的贷款种类和方式，如担保贷款、抵押贷款。

防范策略，防范信贷风险的最有效方式是防范呆滞贷款。呆滞贷款的传统警告信号是拖欠债务，它预示着贷款将受损失。不过，对贷款的早期监控则可以成功地防止损失发生。早期监控步骤包括周期性地了解借贷人最新的信用、财政信息（包括借贷者其他债务累积）和现金流动趋势，以及根据时价对抵押品做出现实的再估值。银行管理方还会研究在特定的贷款市场上的内在风险，以及其他影响贷款项目的变量和经济因素。参阅有关信息和工业分析家报告也可以帮助银行对已投入的贷款项目的成败做出预测。此外，银行管理者的手中还必须有一批熟悉贷款业务的员工，因为严格的信用要求和监控措施只有训练有素的员工才会使其产生效果。尤其是商业贷款更需要经常检查，因为这类贷款极容易受复杂的经济变数的影响。有计划地获取和分析财政信息可以监测到借贷者正在变坏的财政条件，从而在抵押品价值消失之前寻求取消抵押品赎回权。对于借贷者所有债务的监控和对借贷者财力方面的评估可以帮助管理者避免或减少潜在损失。在业务管理上，从对借贷者的管理成本、资源需求等经济因素的分析，也可以推断出对方还款趋势，从而预见并防范呆滞贷款的产生，

保证贷款质量。

贷款原则——贷款成功的秘诀

香港商业银行推崇的贷款原则包括：

一是量力而为的原则。无论是贷款还是投资，要严格执行资金安排和投资比率，银行信贷业务要基于科学的数据统计之上，银行有各种业务比例，如存贷比率、用款平均余额和授信额度比例、信用额占总授信额比例等，要注意资金的流动性和留有余地。

二是合法性原则。一笔贷款如果不合法，即丧失了其合法地位，也就谈不上安全性。作为一家稳健经营的银行，它必须遵守有关的法令法规，因为这些法令法规有利于保护银行的权益。

三是完整性和有效性的原则。银行要严格审查项目和贷款文件的完整性和有效性，要掌握借款人有无越权或滥用权力，程序是否正常，手续是否完备，文件是否齐全，以保证贷款的合理和有效。

四是合理性原则。银行要避免将过多的资金集中在一个地区、一个行业，甚至一个借款人身上。银行要配合发展战略，在注重项目本身效益的前提下，合理地使用信贷资金，要合理搭配贷款的不同货币、期限、押品分类等，以合理避开各种风险，使业务布局合理化。

五是可靠性原则。银行要对借款人背景、借款用途、还款能力、还款来源、还款办法进行分析和了解，如信用记录是否良好、是否有过期还款现象或呆账现象。银行很重视客户的信贷历史，很重视审核客户信用的每一个重要环节，以确保贷款的按时归还。

六是担保性原则。担保是对信用放款的安全保证措施，担保分个人担保（如有限公司的董事担保）和公司机构担保（如集团公司对分支公司的担保），担保必须手续严格，文字必须严密。

七是健全性原则。借款人的财务管理必须健全。公司借款人必须提供 3 年内其公司经会计师事务所审计的年度报表等资料，银行对其经营情况进行分析。

八是充足性原则。现金流量是否充足是衡量企业经营能力的重要标准，现金流量对企业经营之所以重要，在于企业的所有债务最后均用现金偿付。只有在借款人足以能应付各种可能需要的现金流动量及经营正常需要的资金，偿还贷款时，放款才是合理的。要注重项目配套资金是否充足，是否落实，包括股本、土建、生产配套设施所需资金。

九是方便客户的原则。今天的贷款业务以透支为基础，透支贷款的好处是按每日计息的客户存入款项便可即时减少贷款额，方便客户，收到省息之效。长久以来，透支都是最便宜的一种信贷方式，深受客户的欢迎。

十是专款专用原则。银行要采取措施控制贷款用途，将贷款放在本行账户中，不允许贷款他用，在资金调入他地时，由当地同业代为监管资金，在放款给外地客户时，应有当地同业参与项目评估，最好是参与贷款，这样的贷款才能有更多的保证。

十一是抵押原则。抵押品不能代替偿还贷款，在银行需要抵押品时，先取得关于抵押品的适销性的内行意见，并且压低抵押品的折扣。银行可接受以下抵押品作为贷款担保：存单；产权清晰、质量良好、运作正常的机器设备、交通工具等；手续完备、质量良好的厂房、住宅等；具有良好发展前景，有开发潜质的土地；各种权益。

十二是还款保证原则。还款来源应来自于借款人的正常经济活动，还款计划应与上述活动所产生的现金流量相吻合。如果是外汇还款，还款计划应保证有足够的外汇来源收入。如果一笔贷款的还款来源不是正常的经济活动，而是来自于将来变卖或强制出售其资产（包括用该贷款所购买的资产所得），那么，这笔贷款就难以在审核中获得批准，因为依靠变卖非一般交易性资产所得的款项来偿还银行贷款，在根本上是不可取的。

银行有时要求客户的董事提供担保，对于资产不多的公司，这种担保使客户将自身的安危与贷款联系在一起。

银行会看重客户的还款来源，因此现金流量非常重要，通过研究客户的现金状况，得出客户能否凭借经营所产生的现金，要看客户的还款能力。无论如何，银行基本不依赖押品而贷款，也不寄希望由押品而获取资金偿还贷款。在亚洲金融危机中，由于房地产业受到很大的冲击，银行收到许多客户因无法偿还贷款而不得不转交给银行的楼房，大量的房地产压在银行的手中，使银行对抵押品有了更深的认识。

由于银行看重还款来源，银行对客户的盈利前景便十分看重，如果客户打算由出售某项资产所得款项归还贷款，银行便可无须太多计较客户是否善于理财，只要确保资产出售后所得款项能进入正确的账户便可。

银行还会看重贷款用途，客户必须告知银行贷款如何使用，银行认为该用途值得支持，才会给予贷款。银行运用了道德标准以决定是否贷款，银行不会贷款给客户做不正当或有损公共利益的用途。因此，银行不愿意看见申请商业经营的贷款，被改用于偿付其他债务，或被做他用。这样使银行的还款来源受到破坏。

十三是贷款期限相配的原则。贷款期限相配主要体现在：贷款的期限与借款人的偿还能力和资金实力相匹配；贷款的期限与银行的资金安排（流动性）相匹配；贷款期限与银行的各项存款结构相匹配。

十四是以贷带存的原则。一笔银行贷款若能带来一定数量的较稳定存款，这笔贷款给银行带来的效益就不仅仅是利息。银行在接受贷款申请时，对客户和银行的交往以及账户存款情况予以充分考虑，以便可以为银行带来更多的收益。

十五是贷后监督的原则。银行在发放贷款后要求借款人定期报送财务报告以便进行分析，并且不定期地派人对项目进行检查，了解建设和经营情况，对抵押品进行检查。当贷款发生滞期等情况时，按规定进行催理，或对债务重整或延长贷款期限或增加抵押品和担保人。

十六是不做投机性贷款的原则。投机性业务是客户将借款用做炒卖股息、外汇、物业等投机活动，这种业务即使利率再高也难以弥补其风险，投机性业务成功率有时很高，有时很低。银行放款是为满足客户经济上的需要，对具有投机性业务的借款申请一般不予以批准。

十七是对集团户和关系户控制的原则。对同一个集团户的授信户，要对其总的授信额度进行控制，应统一其各类授信的到期日，应统一由一个经办单位做整个集团业务的联络，以便定期全面检查，方便管理。

对每一个客户在考虑其授信额度前，均要首先检查该户是否属于关系户，如是否与银行的董事有亲属关系及是否为特殊户。

十八是 27 级的业务授权原则。银行给予每位业务人员授权，而不是局限于部门经理，授权设立 27 个等级，授权级别是责任，不是荣誉，是根据业务岗位而定，根据不同人员的岗位和水平给予业务授权。对被授权人每年给予考核，决定升降（但不能超过本岗位的限定）。银行坚持"谁有权谁负责，对越权者严惩"的原则。授权管理主要通过电脑控制进行，每位员工都有各自的电脑密码或密码卡。

十九是敢放而又能控制的授信额度的原则。银行的授信额度是银行给予客户贷款的承诺，是通过签订正式协议而给予的。额度分为一次性使用额度和循环信用额度，额度分得细，有信用证额度、担保提货额度、押汇额度、打包放款额度和透支额度等。额度的给予通常视担保、抵押和信用而定。越是新客户，银行对其抵押或担保的要求越高，越是老客户，银行给予的信用越大。一些老客户只需以很小的抵押比例就可得到银行的授信额度，因为银行给予这类客户很高的信用度。

授信额度通常使用期为半年，每半年对额度进行重检，或增减额度，或转期，或取消额度。偶尔，一些客户因为业务需要，所需资金超过所批准的额度，就须办理临时通融，办理有关过额审批手续。

二十是严格资金头寸管理的原则。贷款要有资金的支持，资金外汇部是全行资金管理和操作的专业部门，对每日全行几十个营业单位资金的流出、流进，都要做到"心中有数"，合理安排。为此，银行制定了严格的头寸报告制度，各业务单位每日进行外汇兑换（超过一定限额），支付大额款项或调动资金都必须向资金外汇部报批，以便资金外汇部合理调动头寸，尽可能在内部单位之间平仓，特别是在同业清算账户的管理上，避免罚息和透支。每次大额透支，会计部门都向行长室说明原因并提出改进措施，并对暂收应付账户和暂付应收账户的余额尽快地查明原因予以解决。这两类账户资金往往是不正常的收付款，银行一直在致力于加强这些过渡性资金的管理，及时清理压缩业务性和非业务性收垫款，避免利息损失。

二十一是风险循环控制的原则。香港商业银行认为贷款风险控制系统如同一个圆圈，权利没有约束就会产生腐败，任何一个岗位都有控制和被控制，银行坚持每笔业务两人操作，对重要岗位，如金库由两人负责开门，一人负责密码，一人负责钥匙；万一有一人外出或请假，其他人员可以到人事部取出备用钥匙或密码，但必须立即对金库进行核对，然后更换钥匙或密码。对高层管理人员也是这样，如负责金库的副行长和负责保卫的副行长相互控制，负责信贷管理的副行长对负责市场的副行长进行控制，负责风险监控的副行长又对负责信贷管理的副行长进行控制，负责资金业务的后台行长室成员对负责资金业务的前台行长室成员进行控制，贷款的市场部门和审批部门分开，贷款的审批部门和放款部门分立，贷款的发放部门和不良贷款的催收部门分立就是基于这样的原则。对任何一位员工的信任都是相对的，不信任是绝对的。

二十二是全员防风险和专业部门防风险结合的原则。稽核部和会计部是全行防风险的专业部门，在贷款审批中，对风险控制部门进行监察。稽核部在贷款中的主要任务是检查制度遵循情况和评价各单位安全控制的足够性和有效性，制约员工的行为。香港商业银行认为，稽核部的威慑力远远大于其他的检查力。会计部对日常业务进行内部监控，发现有异常，如超授权、异常性电脑修改、异常性操作等立即报告，会计部设有管理会计组，通过报表和财务分析对贷款风险进行控制。

中间业务管理　近年来，银行中间业务发展有以下特点：一是中间业务的范围不断扩大,中间业务突破传统中间业务范畴扩展到金融衍生商品业务、债权管理业务、私募债券中间业务和企业并购中间业务等投资银行业务;二是由分业经营向混业经营转变,中间业务已涉及证券业和保险业;三是由不(直接)占用客户资金向银行占用客户资金转变,由不承担风险的收取手续费向银行承担风险转变,由接受客户的委托向银行出售信用转变;四是金融衍生产品交易得到极大发展;五是网络银行的出现大大地促进中间业务发展。

构成中间业务收入的一个重要部分正是投资基金收入。在国外著名的大银行中,投资基金收入已成为其利润创收的主体。如纽约银行,1997 年托管基金资产达到 6.4 万亿美元,所创利润占利润总额的 35%;1999 年托管基金资产总额达到 7.8 万亿美元,所创利润占利润总额的 44%。作为美国最早从事基金托管业务的道富银行,20 世纪 90 年代末其托管和管理的基金资产达 6.5 万亿美元,在其收入构成中,机构投资者服务收入占 71%,投资管理收入占 20%,而存贷等传统业务收入仅占 9%。现今商业银行已有能力向投资者提供多元化的基金服务,包括基金咨询、托管、融券、投资管理、现金管理、绩效分析等多种服务,基金上已涵盖了基金管理公司的业务范围。

以往,香港银行一直将业务重点放在传统业务上,如今已将业务重点移至传统业务和中间业务上。中间业务亦称中介业务,或表外业务,是指银行在其传统业务——资产业务和负债业务的基础上,利用其在技术、信息、机构、资金和信誉等方面的优势,接受客户的委托,为其提供服务,并收取服务费的业务。

香港的银行不断开拓服务新途径,开辟新的收益来源,中间业务收入所占比重逐年上升,已达 30% 以上。中间业务不仅推动了银行的发展,而且争取了更多的客户,它不仅仅在业务服务品种上有所突破,而且引发了银行管理深层次的改善。

● 注重中间业务服务品种多样化

银行要求其所属网点尽可能多地开办中间业务,如押汇业务、信用卡、代客买卖股票、保管箱、咨询服务、租赁、保险代理、证券回购、代客资金买卖等。尽管一些支行网点的能力有限,无法提供专业性很强的中间业务服务,但应用电脑网络的快速发展使这些支行网点开办各种业务服务品种成为可能。

同业之间在中间业务上的竞争首先表现在"全"和"多样化"上,香港银行在竞争的策略上力求做到人无我有,人有我精,以满足不同层次客户的需求。他们在开发中间业务产品上具有清晰的战略眼光,他们吸取他行的成功经验,结合本行的实际,不断创新,求得市场,使其具备竞争力。他们所开办的

"外汇宝"业务就是一个范例，类似业务由同业所创，并获取成功，银行吸取其长，为己所用，并做适当包装和修正，将各种外币记入一个账户，并统一用一种货币报价，方便客户进行外汇交易。类似的例子还有"复合账户"，银行利用其联行的几百个网点，一个存款簿在手，各种货币，各个网点通行，月底一张月结单，简单又方便。

● 注重提高中间业务服务效率

银行的闭路电视遍布各支行，每时每刻向客户提供利率、汇率以及股票市场等金融信息，客户看好价位，即时交易，这就要求银行保持高效率的运作，否则将失去客户。香港银行投入资金改进通信系统，更新自动报价设备，更新电脑软件，提高自动化程度，简化操作程序。他们推行"套装交易"，客户签一套文件，可开立电话银行、股票、支票等多种账户，提高了工作效率，方便了客户，降低了经营成本。

● 注重中间业务整体推进

香港银行认为，一个网点的能力是有限的，要集中力量发展重点中间业务。有家支行在旅游区，他们重点发展与旅游有关的外汇兑换业务，收益颇丰；有家支行在商业区，他们偏重于押汇业务和信用卡业务；有家支行在富人住宅区，他们着力推展个人理财服务；有家支行在繁华地域，他们又开办了"自助银行"，以提高对专业人士和各个阶层的服务水平，均收到良好的经济效益。

● 注重中间业务的营销

中间业务既是银行的服务费收入的主要来源，也是巩固和发展庞大客户群的主要手段之一。它的意义绝不仅仅限于中间业务，它还服务于整体，为银行吸引客户。因此，香港银行投入人力和大量资金宣传中间业务，他们充分利用现有客户和潜在客户的内部资料，通过信函寄送宣传资料，通过月结单打上宣传文字，尽可能地吸引客户的注意，使中间业务的服务品种被越来越多的客户所接受。

● 注重中间业务专业队伍的管理

香港银行中间业务的成功很大程度上归功于其专业队伍。中间业务是专业性很强的业务，因此香港银行出高薪聘请专业技术人才，他们认为这些高级技术人才是市场最廉价的员工，因为他们为银行获取了高额的利润。同时，他们要求其投资服务部的专业人员必须取得业务专业证书，各级管理人员必须通晓中间业务的管理和操作，同时要成为两个专业的内行。支行网点的员工要逐步成为"全能柜员"、"全能员工",以保证中间业务的顺利开展。

● 注重中间业务的专业化管理

专业化管理离不开专业的机构,银行作为金融的专业企业,应依靠中间业务的专业公司。香港银行所在的银行集团设有外汇中心、信用卡公司、证券公司、保险公司、房地产等专业公司,银行将中间业务交付这些专业公司办理,降低了成本,提高了效率,提高了专业管理水平。同时肥水不流外人田,集团内的专业公司可以在本集团内调节资金,互补短缺,有效地使用资源。对银行来说,由集团专业公司经营的成本也只占自营成本的 1/5 或 1/6,有力地促进了中间业务的发展。

个人理财服务

20 世纪 90 年代以来,香港银行逐步转变经营策略,将业务拓展的重点转向以个人和家庭为中心的金融业务上。个人理财服务发展甚为迅速,是商业银行为避开所承担的信贷风险而开辟的商业银行业务,值得特此一书。由于对规模资金的要求,香港银行从零售业务转向批零结合,全方位服务。由于客户的需要,个人理财服务有了广阔的市场。

一位客户,面对日趋复杂的金融市场,缺乏专业的财务和投资人员,难以顾及资金的投资组合,无法洞悉投资市场的变化,从而防范投资风险,赚取可观投资利润。他来到银行请求银行提供个人理财服务。顾名思义,个人理财服务是银行提供的一种度身定做的理财批发服务,向客户提供此项服务的人员不是一般柜员,而是银行的中高级职员。香港银行为个人理财服务设有明亮宽敞的接待室,配备有先进的专业设备,银行职员与客户相对而坐,职员操作着电脑,为客户进行各种财务评估和设计。中产阶级客户是银行竭力争取的对象,以往只有那些 100 万甚至几百万存款额以上的客户才享有个人理财服务,现在拥有几十万即可开户。当那些"薄有身家"的人士,甚至身家丰厚的大亨们走进银行时,职员们已经突破了传统的银行观念,不单是"卖产品"或"卖服务",而是了解客户的需要,设身处地地制定适合他们生活方式及经营状况的理财计划,扮演着客户财务顾问和经理人的角色。

香港银行使用专业技术、专业设备、专业人员打理个人理财服务,客户只须存入 50 万元资金即可开立 10 种账户,有支票、储蓄、定期、外汇、期权、证券、电话投资等。在开立账户后,银行安排接受过整套培训的客户服务主任,为有关客户提供全面的贴身服务。客户可享受以下优惠:港币 1 万元免退票担保;购买本票、礼券免收手续费;信用卡金卡免收首年年费;存款利率优惠；外汇买卖汇率优惠；自住楼宇按揭利率优惠等。

此外，香港银行向客户还提供备用透支额以协助客户资金周转；银行还为客户提供财经资讯以及股票图表等，使客户信息灵通。银行无论是进行何种投资组合，都是以批发形式经营，因此对这项业务的管理有其特殊性。

● 锁定中上层客户

收入中上层客户是盈利较高，客户相对集中的市场，也是银行个人理财服务的重点。专业人士是个人理财服务的主要客体，业展部成立了专业人士营销组，以专业服务律师、医生、会计师等专业人士为主。这些客户文化程度高，对外勤人员素质要求也相对高，银行外勤人员不但要学会向这些专业人士推销，而且要有较好的理财理论、英文水平等。行长、副行长亲自带领外勤人员争取专业人士的户源，并利用银行良好的个人理财服务业绩，如较好的回报率，提高银行的信誉，这种不是广告的广告，在客户当中引起良好的反响。

● 个人业务也是锦上添花

对业绩好、资信优良企业工作的职工，提供更加优惠的贷款条件。这是因为根据经验判断，就职于信贷评级比较高的企业的职工，欠款不还的概率比较低。据悉，在向这些职工提供住房贷款时，可将现在每年变动型的住房基准利率向下微调。

好企业的具体标准是，每年都有盈利，而且有发展前景，如果获得世界主要评级机构 AA 以上评级的企业，其职工还可获得更加优惠的贷款条件。另外，还规定：在与该行业务往来时间长、业务量大的企业工作的职工，也可享受优惠的贷款服务。

● 投资理财的专家

经营和管理个人理财服务的银行人员应是投资理财的专家。银行聘请有丰富经验和理论，熟悉各种业务品种操作的客户经理，为银行成功地经营和管理这项业务提供人才的保证。与一些同业以年薪百万来吸引这些专业人才相比，这家银行则以优厚的雇佣条件聘用这些专家。

● 健全的运作系统和监控系统

个人理财服务需要有稳妥健全的运作系统和监控系统。银行在这项业务中一般不承担亏损风险，只承担操作和管理风险。银行使用电脑监控，对投资的组合、盈利、亏损、各种业务平衡点、各种比率、各种风险进行控制。每月的业务报告直接报送行长室，稽核部对业务操作和管理经常进行检查，保证了个人理财服务的业务安全。

● 以合理的回报率和业务费收入为目标

个人理财服务以合理的回报率和业务费收入为目标。银行按照客户注入资金收取一定比例的管理费，如果投资回报率超过一定百分比时，银行收取一定百分比作为增值收费。如果投资有回佣，银行收取回佣作为收入补充。投资如有外汇交易，银行收取汇差作为经营手续费等。银行通过个人理财服务，吸引客户，满足客户和市场需要，同时也为银行带来整体效益。

● 个人业务盈利的高招

为使个人理财成为银行的职能，不外乎是提供支付的机制、集聚资金、提供信用、便利融资等，而其最集中的是金融服务。银行的广告常强调银行和顾客之间的"友谊"，强调给顾客以更多的方便，顾客坐在汽车内就可以办理手续的银行。

一是推行"一揽子"服务。所谓"一揽子"，就是指整套、一系列，不是单一的服务，而是多元化的服务。凡顾客需要的各种事情：更换银行、通知新的支票、到邮局更改地址、联络信用卡同伴、通知朋友更改地址等，都只需通过银行代办即可。说明这种"一揽子"服务，可以为客户解决许多烦琐杂务，包括为个人理财。

二是从顾客的角度考虑，给予更多的方便。方便是顾客对银行的最大要求，给顾客以方便也是银行帮助个人理财的重要手段，银行绝不能只图自己方便，颠倒了服务与被服务的位置。从银行的广告上，往往可以体验到银行如何从顾客的角度去考虑，给予更多的方便。

使用本行的信用卡，你可在任何地方、任何时间，都可取到你的钱（数百台 ATM，24 小时的全天候服务）

消除你想不到的、突然而来的烦恼与损耗，请用我们的学生 VISA 卡（它让你在购物时，你的支票无须认可——它是可以证明你身份的好方式——在紧急关头，你能用它来保护自己——即使你陷入经济困难，你能用每月最小的支付——帮助你建立一个良好的信用记录）。

我们有企业支票账户，将能满足你精明而正确的需要（银行企业支票账户是理想的，为小企业或无盈余组织的需要而设置的，单一的支票账户，每月交易在 100 笔，你每月只需付服务费用的基数，其存款余额可转入定期存款）。

你在银行的 VISA 卡、MASTER 卡是亿万批发商人熟悉的面孔（说明其信用卓著，有利于个人理财）。

信用卡业务竞争相当激烈，为了保住市场份额，很多不需缴年费，甚至还每年依据你的消费总额退款 0.25%～2%，用得越多，退款百分比也越高。

上述种种，不过是小部分例子，随着电脑及通信科技进步，电子货币已能成真，个人理财将会有更大的方便和突破。总之，一切为顾客方便着想，既是一种服务措施，也是一种心理策略，这在经营管理上实在是一个值得大做文章的重要课题。

三是渗透到一切个人经济生活领域，无所不包，无所不能。市民离不开银行，银行可以说是人们生活中的管家。在香港，从发工资开始到衣食住行，甚至买彩票、去赌马场，都与银行发生了联系。工资或是入户，或是取支票，很少发现金的。支票就像钱币一样。

代客买卖股票业务服务

在银行各个营业网点，都摆放着为方便客户买卖股票而专设的股票报价机，许多股民聚集在报价机旁，观看股市变动情况，使得营业厅里热闹非凡。银行代客买卖股票业务只是代理性质，并非信托业务性质，一切股票买卖均通过证券公司进行。

代客股票买卖业务是银行的中间业务，银行通过赚取手续费用，吸收低息存款赚取利润。在这项业务管理上，银行要在管理严密和服务上下工夫。

● 管理严密——业务的首要

开户严密，一个客户必须先签署《办理证券业务总协议书》，并在银行开立股票账户才能办理股票买卖业务。若客户要求用电话办理，则应加签一份使用电话交易协议及密码守则。如果一个客户是银行认为的大户、好户、特殊户，银行所提供的优惠条件或融资额度是按客户交易量及资信情况，根据授信审批权限规定给予。

操作严密，代客买卖股票，必须通过客户账户结算。银行接受客户买入股票委托，原则上应该做到：①先查询客户账内金额，然后扣账结算，以保证资金落实。②当银行代客沽出股票时先向客户收取股票，核实数量，检查原先买卖手续是否完备，及是否有新、旧股之别的不同计价单位变化，并注意到有无值得怀疑之处（例如股票是伪造或已经报失）。③若客户以电话委托沽出股票，应只接受代沽寄存于银行的股票。对股票非寄存于银行或尚未收到股票之前而要求凭电话委托代沽者，原则上不予接受，特殊情况下如有必要，银行会按审批程序及规定权限办理。

控制严密，代客服务要赢得客户的信任，除了一流的服务以外，客户最为关注的是银行管理客户资金的能力，因此，操作的安全不但受到银行的极大重视，也得到客户的关注。为此，银行要注意以下几点：

第一，加强内部控制。接盘、落盘、复盘等工作不由同一人办理，所有业务"一脚踢"非常容易带来操作风险。经办须在有关的记录上签章证实，以明职责。若接受以电话委托，必须设立电话录音，并加强使用的控制，包括录音带的保管及监听，印鉴卡及密码各由专人负责管理，严防泄密。

第二，防止员工利用代客交易进行舞弊。一位员工在代客交易中抓住好价位，自己买进，而把差价位留给客户，因此，银行要采取措施，保证银行安全。为符合证券法规，防止弊端，银行规定不准内部自行做买卖等价对冲及将其差额部分另在市场补差。为防止账目混淆，客户每次交易的内容及金额均须逐笔清楚列明在收付传票及对客通知书上，不得将客户同一日买卖数按差额扣账或收账。

第三，建立内部复检制度。投资服务部监管很严，管理人员、复核人员、会计人员分层次对业务复检。每天由复核人员或会计人员凭交易单据核对盘纸及与证券公司对账，并于当天最后交易处签章证实。一切盘纸单据保留最少半年，以便复查。此外，有专人负责检查及核实经纪人的回佣是否正常、合理及已入账无误。

第四，制定严密的保管制度。定期或不定期由会计部人员查账和核对保管品。如果客户寄存的股票已过户入银行名下，则银行责任只限于《证券业务总协议》所列范围，包括过户、收息等。投资服务部加强对股票交收的管理和记录，防止遗漏差错，特别是对客户委托沽出而当天又未能沽出暂存的股票，及时登记，妥善保管，并经常进行内部检查。

● 交易服务——竞争的焦点

银行在代客户买卖股票业务中，要抓住效率、费率、服务等有竞争性的因素吸引客户，扩大户源。

提高落盘效率，银行架设多条股票专线，方便客户电话交易，尽可能减少电话占线，同时增加支行网点与证券公司的直接落盘，避免通过中间周转，延误交易，而且通过数据考核，选择效率高、资信好的证券公司，以加速交易运作，有利于客户。

方便客户尽可能在所有支行网点开设代客股票买卖业务，提供股票报价机及其他设备，为股民提供股票走势分析图等。

加强成本控制，成本控制精打细算，降低支出，提高效率，从而为客户提供有竞争性的收费标准。

加强服务，对股票大户给予各方面的融通和优惠，每日通过传真机报送有关股市信息、走势分析及图表。对一般股民，在服务上热情、高效，特别是手续简明、方便。在股票业务品种上，提供特种股票业务，如客户交 10% 的按金，可以购买全额股票，满足一些人股票投机的需要。

押汇业务管理

押汇已成为银行进出口贸易融资的主要渠道和争揽客户、联系客户的重要窗口。押汇业务的盈利成为银行财务收入中的重要组成部分。押汇业务水平的高低，亦成为银行业务水平的重要标志之一。因此，押汇业务很受重视，特别是高级专业押汇人员更受赏识和重用，而且香港银行的押汇业务管理与内地押汇业务相比也有很多特色。

● 管理结构——精简而顺畅

管理人员分为三层：

管理层由主管业务的副行长或助理行长、高级经理及经理、副经理组成。全部管理人员都兼做具体的业务工作，按照权限，分别负责核批和审理业务。

督导层由高级主任以下负有业务复核责任的人员组成。这一层人员具有专科以上文凭或七八年以上押汇工作阅历，业务素质较高，业务知识较全面。

经办层从服务员（负责接待客户，办理单据及文件交接，内部文件、单据传送）到一般的业务初作人员。具体的业务操作都由经办层办理。

● 职业管理——专业管理的高层次

以银行的押汇部为例，押汇部是香港银行最繁忙的部门之一，所有押汇部工作人员每天都在忙碌之中度过。他们尽心、尽力、尽职，向客户提供良好的服务是每个工作人员的重要职责。

加班加点工作是押汇工作的常事，尤其是管理层人员，几乎每日都得加班。加班的主要原因是押汇工作人手紧张，其次是由职业道德所促使，心目中认定了一个准则，即工作未完成就得加班干，取得一份工作就得尽力干好，干一天就得干好一天。当然如果员工认为待遇太低，或意愿未达到，也可以辞职，但这与干好本职工作是另一回事。

押汇部是专业性很强的部门，银行雇用的所有押汇部专业人员都具备较好的英文水平，英文在押汇部是仅次于中文可以进行部内交流的语言。主任以上人员都具有相当的押汇业务的资历和学历。业务水准和能力是衡量押汇专业人员素质的重要标准，银行使用业务等级制，促使押汇专业人员不断提高业务水平，成为"全能员工"，一岗多能，一专多能。银行在分配制度上配套，确保多劳的员工能够多得。

9　让服务特色突出

香港银行的服务具有鲜明的特色。具体而言，可归结为下列四个方面：

职业化服务——训练有素、规范化

　　香港银行的高层人员认为，规范化是升华服务理念，创造出具体、生动的银行服务形象的关键。规范化管理有利于把服务管理工作推向高层次，规范化管理是香港银行外部服务形象管理和内部服务管理的重要内容。

　　规范化的服务就是职业化的服务。银行职业化的服务是一种有别于其他行业的服务，是一种训练有素的服务。它绝不是微笑加电脑可以等同的，更不是小商小贩所具备的。香港商业银行为了给员工提供职业化的服务条件，花费了大量的人力和物力来营造职业化服务的氛围，设计标准化、规范化的服务，包括服务的 CI 设计，如传票、凭证、函电及各种活动设计。同时，香港银行要求员工要有基本的职业化素养，就是对得起自己的薪水，要拿一份钱干一份工，"抵薪"成为银行员工最基本的素质要求。这样说，似乎有些矮化银行的员工，在商业社会里，这种"抵薪"的理念是最实际的。香港银行形成的一套规范化做法已经使其业务操作条理化，请示工作格式化，以保证员工在安全、高效、简练的原则下规范地操作，减少不必要的请示，减少不必要的干扰。各级管理人员主要凭下属的书面请示进行控制，而无须三番五次地接待下属的当面请示。人事部拍摄规范化服务的示范片，有营业规范服务动作示范片，有办公规范服务动作示范片，如电话服务、内部秩序等。为了警示员工，他们还拍摄不规范服务的教育片，从反面教育员工。

香港银行抓职业化服务从员工的一招一式服务动作做起，许多支行在下班后，所有员工按照银行的规范教义站在一排训练微笑、点头和用手示意等动作。人事部和银行良好服务小组成员经常亲临现场督察，全体员工在经理的指挥下，反复训练，一个简单地向客户用手示意的动作做几十遍，甚至上百遍，一个普普通通的接送名片动作可以训练员工一个小时，直到完全整齐划一为止。就连最简单的微笑也一个一个员工"过关"，有的员工笑得龇牙咧嘴，有的员工笑得勉勉强强，经过职业化的训练，个个笑得那么自然，人人乐得那么舒心。银行职员的服务动作应是规范的，不是随意的。职业化的服务不但要整齐，而且动作要美观，如点钞是柜员的基本技能，银行要求柜员不但要点得准、点得快，而且要点得美观，当客户看着熟练员工职业化的点钞，看着员工的双手在计算器和电脑上活动自如，不禁暗暗叫绝，称此为美的享受。

香港银行抓职业化服务是分阶段的。目前所实施的阶段仅是良好服务阶段，下一阶段是优质服务阶段。一位资深的银行管理者在回答银行优质服务是什么样时，他笑着说："一定会比现在好很多，电脑化的发展已使客户可以足不出户，但银行一定还会向客户提供面对面的服务，那时银行的服务成本下降，使得任何一位客户一走进银行就可以享受银行员工提供的航空式或酒店式的服务，一块热毛巾，一杯咖啡或饮料，银行环境舒适优美，同时规范服务又会上档次……然而，银行现在做不到，只能一步一步地往前走。"

交付服务——无形与有形服务组合的系统

职业化的服务要有高质量的交付服务系统做保证，即提供一体化服务。一体化服务的含义是：能够为客户提供集金融产品制造和交付为一体的服务。客户在得到银行提供的金融产品之前，不再需要关心通过什么程序去办理手续，不再需要关心所得到的产品是怎么提供，产品是怎样被送到客户手中，换言之，一体化服务就是将交付金融产品过程中的各种有形或无形的服务组合成一个统一的服务系统。能够在时间和空间两个方面最大限度地满足客户需求。

银行在向客户提供各种贴身服务的同时，也逐步使服务配套，提供给客户高质量的服务交付系统，只有高质量的服务交付系统服务的产品才能升值。正如一位销售专家所说："你是否敢把一支0.7美元的唇膏卖成7美元，关键是你在交付时，给予客户一种美的享受，所以值 7 美元。"现代商业银行的更多利润不是来自产品本身，而是通过交付服务而获取的。提高交付服务系统质量就是要按系列化的要求设计银行的产品与服务，实现流水线交付服务。通过多功能服务系统完成多种产品的交付服务。交付路线必须十分畅通，随时随地都能实现交付，通过专设免费电话可以为客户提供一天 24 小时的高效服务，客户在进入银行网络之后，只需按几下键盘就可以完成过去复杂的款项调拨。为客户提供更快捷、更优质、更低廉、更富有人情味的产品。

提高交付服务系统质量还要重视环境。当您在营业时间走入这家银行，温情而又悦耳的乐曲从遍布全行的小麦克风中传来，只见不少客户一边欣赏着音乐，一边愉快地办理着业务，银行职员个个精力集中，热情地为客户服务。每位进入银行的客户看见的是员工以娴熟的技能为他们服务，没有人插队，就连银行的员工利用午餐的短暂时间办理个人业务也得排队，没有任何特殊可言。办理私人银行业务的员工和客户坐在电脑前筹划资金的合理安排，一改过去传统式的经营方式，以现代化的管理赢得了客户的青睐。紧张之中透出一种优雅和高贵，繁忙之中露出一种悠闲和清静，这就是银行在现代化管理中实施的服务环境管理。环境涉及银行的门面和外观，顾及银行的美化和方便，优美的环境不仅有利于树立银行形象，而且满足了员工对环境的基本需要。银行的服务环境管理在专业公司的辅助下发挥着效用。

提高交付服务系统质量需要向客户提供以某一服务项目为核心的一系列相关服务。金融服务的质量不仅取决于客户对该金融产品本身的满足程度，还要决定于客户对其附带产品的适用性和营利性。香港银行积极开展多元化业务，多元化业务大致分为两类：一类是代客服务业务，如代客股票买卖、代客外汇买卖、代保管物品、代理保险、代理财务、咨询业务等；另一类是与客户活动相联系的服务，如押汇业务、信用卡业务等。在中间业务策略上，一是广，广撒网，每家支行都想方设法开办中间业务，一些老支行因为营业场地有限，银行不惜用重金装修，以便开办中间业务；二是全，全面服务，虽然一些支行本身没有全部开办中间业务，但他们通过邻近支行或分行总部向客户提供全面服务；三是精，一家支行精于某项中间业务，由于支行能力有限，就将主要精力放在某项业务上，可以收到好的效果；四是销，销售中间业务，这是外勤人员的重要任务，也是所有岗位员工的职责；五是优，优质服务，中间业务是收取服务费的业务，因此服务质量决定着中间业务的成败，优质服务带来高效益。

个性化服务——度身定做、量体裁衣

　　客户需求千差万别，千篇一律的服务不能让客户都满意，因此，香港银行要提高服务水平，就必须给不同客户提供不同的个性化服务。在银行服务中，经常会出现客户因有某些特殊要求，需要银行帮助，如正要赶飞机，需要到银行办理一些业务；某种身份凭证丢失，需要急办某项业务；由于家人生病，不能到银行办理某项需要面签的业务；由于家庭或本人的原因，不能满足银行某项要求或者导致了欠款，影响了客户的资信；等等。面对这样的问题，银行给予非常高的重视度，通过流程，对此类问题给予很好的解决，既满足了客户的需求，又维护了银行的作业程序，得到客户的广泛赞同。银行推出一项服务，将最普通的存折，设计成不同的图形，当客户选择存折时，员工就会请客户挑选一个客户最喜欢的图案，随后，客户拿到自己喜欢的存折，不同的图案显示了不同的个人风格，这种服务形式的改变受到客户的欢迎，也产生良好的社会效应。不要拘泥于传统，要多为客户着想，才能想方设法为客户提供个性化的服务，尽管银行为此需要做出努力，但市场的回报让员工觉得他们的工作是完全值得的。

　　有家支行在文化区，许多高级知识分子住在附近，很多大的客户是由这些知识分子担任，支行想用一种特色来吸引客户，他们在银行大厅设立了一个笔墨台，有各种色彩和宣纸，客户来后，经常受到邀请，在那里一试身手，而且银行还有比较专业的员工在一旁对新手进行辅导，并且常常举办一些画家鉴赏会，邀请一些有兴趣的客户参加，由此真的培养出一批书画爱好者，银行将他们的作品用框架展示在大厅，并进行销售，同时也吸引了客户带着朋友来银行参观自己的作品。当一位老总听说他的画被人购买后，非常高兴，逢人便讲，并请银行员工聚餐，庆祝他的首幅作品出售。通过这种办法，银行将本行的文化和客户的文化很好地结合起来，并找到了一条联系客户的好渠道，为办成特色支行踏出了一条路。

　　个性化服务就是银行针对不同客户提供不同服务，了解每个客户的习惯、口味，让每个客户满意。大户实力强、存款多，一个大户等于几十个或几百个中小户。争取大户的工作必须靠银行的高层管理人员。行长经常亲自带领外勤人员走访大户，联系大户，和大户的头面人物一起共进午餐。外勤副总几乎每晚都参与客户的联谊活动，假日也不例外。全行对大户提供贴身服务，每个大户都有专门服务组，实行客户经理制。客户经理都是业务全面的高素质员工，他们和客户有密切的联系，掌握着客户的资金和运营情况，他们通过熟练的电脑分析，拿出几种方案供客户选择，有的方案风险大，但收益高；有的方案风险小，收益低，客户根据其风险承受力和经营目标进行选择。特大户不但有客户经理，而且由银行的一位高层人员牵头，下有各个部门的人员配合。香港银行各网点设立大户专柜，每日向大户发送金融资讯，经常上门收单、送单。一个大户要求办理业务，发条信息就可以办妥。银行的电脑系统已与大户连接在一起。大户的业务在全行各部门都是在第一时间办理，同时要保质保量。为了发挥大户的影响作用，他们聘请大户担任银行的服务顾问，请他们为银行的服务献计献策。在金融当局允许下的优惠条件可以使老客户、大客户得到一定的满足。优惠不仅仅指让利，而是银行整个运作给客户提供便利；优惠也不是仅仅在口头，银行必须从效率、质量和主动性上以一定的优惠条件吸引客户。

在银行的电脑档案中，详细记载了数万名客户的资料，记录了客户与银行的业务往来，记录了客户的一些重要资料，包括法人代表的细节资料，当一些大公司的老板生日时，银行寄去一份温馨的生日卡，一些客户的个人爱好也记录在银行的档案中，如喜爱喝某种茶或咖啡，当他来到银行，一种回家的感觉在他心中油然而生。服务必须因人而异，是因为服务效果最终由不同的人来评定，银行不可能拿出一个万全之策使所有客户满意，"有商有量"是银行争取客户的口号，服务的弹性就体现了个性化服务。个性化服务给银行的服务增添了很大的难度，如不同格式的对账单、不同的存款转期要求、不同的咨询需求及不同的授权程序，等等，香港银行在尽其努力满足不同的客户，这正是其服务的可贵之处。

电子化服务——超越时空、个性化

电子化是香港银行服务的一个突出特点，银行每年投入巨资发展电子化业务。由于投入方向准确，经营成本大幅下降，电子化营业成本支出大大低于手工操作成本，投资回收期越来越短。

通过多年的电子化建设，香港银行建立了功能较全、效率较高的中心电脑及与各网点终端相连接的网络，自动柜员机已遍及全港，使银行的经营已突破了时空的限制，存款、提款、票据清算、国际汇兑、资料处理、信息传递和电话银行服务已基本实现电脑化和自动化。电子化使许多客户可以足不出户，24小时内都可以进行查询、转账交易、外汇买卖等投资理财交易。大户电脑查询系统使银行与客户电脑联机成网。银行正在朝着银行交易电子化、数据处理电子化、资金转账电子化、信息传递电子化以及经营管理电子化的全面电子化方向迈进。

电子化的发展不仅可以争取、挽留和拥有大批客户，而且可以增加管理费、买卖差价、利差和手续费等多方面收入，从而大大提高银行的效率。客户在进入银行网络之后，只需按几下键盘就可以完成过去复杂的款项调拨。电子化的发展改变了银行的传统布局和观念，地理位置的优越不再成为银行盈利的必要条件，网点多少也不再成为业务兴盛的决定因素，资产多少也不再是银行价值的唯一标准，电子化给银行带来了诸多方面可喜的变化。

第一，健全组织系统。在电子化过程中，管理显得越来越重要。除了人员素质、设备转型换代、网络建设、需求立项等管理问题外，组织管理是一个突出问题。香港的多家银行建立了有效电子化建设组织形态及决策体系，依靠集团电脑中心的庞大网络管理体系，借助集团的硬件和软件人才及技术，服从网管中心的统一管理，并且在会计部设立了专职的电脑管理小组，由本行的电脑专家全面负责本行的计算机化发展问题，并将分散在各个角落的需求集中到小组中来，研讨并提出解决方案。抽调各业务部门电脑小组成员会同银行电脑管理组建立一个具有评审和决策权力的全行电脑管理组织，讨论方案报告，审批各项计划以及协调与集团电脑中心的关系和合作。

自动化拨号系统。有些业务部门每日需与很多客户电话联系，一遍一遍地查电话号码，一遍一遍地拨号，浪费了很多时间，怎样才能节省工作时间，他们使用自动化拨号系统，电子化使员工的操作更简单、更方便。工作效率是由一点一点积累而成的，工作效率不是在口头上，也不是在某项工程上，工作效率体现在每个岗位上。每个岗位的工作快捷了，整体效率也就提高了。一个自动化拨号系统可以让员工提高打电话的效率，如果每个电话可以节省一分钟，那十个电话就是十分钟；如果有十个员工，那就是一百分钟，如此大的能量，银行不能不给予重视。

客户数据库。香港银行花大力建立客户数据库，这对银行来说是一项非常有意义的工作，客户数据库是做好客户服务的基础，利用这个系统，银行能够从与客户的接触中了解他们的姓名、年龄、家庭状况、工作性质、收入水平、通信地址、个人喜好及理财习惯等信息，并在此基础上进行"一对一"的个性化服务。通过搜集、追踪和分析每一个客户的信息，知道他们需要什么，为他们量身定做产品，并把客户想要的产品和服务送到他们手中。这就是随着市场不断细分而最终出现的大规模定制的市场营销原则的精髓，即根据不同的客户建立不同的联系，并根据其特点和需求提供不同的服务，从而真正做到"以客户为中心"，赢得客户的"忠诚"。

第二，健全管理系统。电脑操作管理是银行电子化管理中又一个突出问题。电脑操作管理以提高效率、保障运作为目的，以防止员工利用电脑操作作案为重点，在电子化过程中，发挥了良好的作用。一位员工因对上司不满，每次在计算机旁操作时，总是想方设法让电脑网络短路，导致整个部门电脑运作停顿，一次、二次、三次，银行花费大量的人力、财力检查电脑设备，但停机事故仍然不断。一位副经理悄悄地在天花板上装上摄像机，使破坏者原形毕露。这位副经理因擅自安装摄像机受到警告处分，同时又因破案有功得到行长奖励，那个破坏电脑的"病毒"终于被清除掉。为防止类似事件再发生，银行采取了一系列防范措施，电脑操作机被银行的闭路摄像设备锁进了镜头，电脑的线路板被用玻璃板隔开……更为重要的是银行加强了管理，使操作管理更为严密、更为系统化。为此，香港的银行力求做到：

一是建立健全规范化的微机使用管理办法。对入网微机的必要手续、操作人员的分级使用授权，尤其是银行客户的微机入网审查、防病毒卡等做出明确而详细的规定。

二是严格软件管理。公共和共享的微机软件，在使用前要进行检查，未使用过的软件必须进行病毒检查，经批准才能进入微机。

三是做好各种文件和数据的备份工作。备份好的磁盘有专人上锁保管，防止数据和文件的丢失。

四是加强电脑网络系统的"自卫"能力。严格界定有关人员操作权限，合理划分级别，采取措施保护授权，如操作人员离机，都要在电脑上签退，在操作输入错误时，如要纠正，定要督导人员或管理人员授权。当授权人员在电脑上做授权拉卡手续时，其他人员应回避。不同级别人员有不同级别授权，可以处理不同的业务。一般来讲，一定级别的人员有相应的授权，如助总的授权应为 M27，如果高经要想得到 M27 授权，即为越级授权，必须由行长特批。当一个单位的管理人员要求休假时，人事部首先考虑的是该单位业务电脑授权是否可以维持正常业务运作。各单位在营业期间必须留一位管理人员在位，以保证正常业务的授权，有效地封锁各级非法操作指令。

五是分级设立网络资源的封定条件，使各单位不得使用对全局重要而对本单位无关的资源。业务发展部由于负责与客户联系，所以不能管理电脑中的客户资料，他们必须通过信贷部的电脑获取有关资料。对全行的重要电脑文件及数据，银行有严格的接触人员规定，未经授权不可使用。

六是重视各单位主管的电脑管理。银行举办各种电脑管理培训班，培训各单位主管，严格要求各单位主管执行各项规定。

七是加强电脑网络系统操作员的业务培训。随着电脑技术的不断发展，要求网络人员必须加强业务学习，及时掌握网络运用和处理的新方法，不断提高技能。

10 让服务培训主导

　　培训乃不断提高银行服务人员素质的重要方式，香港银行在人员培训上投入了相当的人力和财力，以持续保证银行服务的高水准。一方面，新员工进入银行后，不言而喻地需要接受正规的培训；而另一方面，不断更新和完善老员工的知识结构，以维持银行服务的高水平状态。通过职业道德、员工操守、压力管理及职级素质等培训，调整员工不正确的工作心态，改善员工的工作面貌。

培训的地位——领导重视、行员积极

　　外资银行非常注重从内部挑选人才，"可预期的职业生涯发展前景作为最有效的激励手段"。例如，某家银行 2001 年度的人均培训费超过 1.7 万元，而我国一些商业银行 2001 年度的人均培训费不足 500 元。香港银行协会分别提出了不同级别管理人员的一般能力框架，并根据银行不同部门提出的员工标准，分层次、分类别地开发出满足岗位需要的培训课程，形成一种具体化、形象化的目标模型，提供了超过 300 个课程题目供选择。

　　香港银行认为，员工的素质不是天生的，不是生来就会做银行工作的，一家银行是否能够运作得好，必须通过培训来实现，只有好的培训，才能有好的银行，当一家银行对培训重视之时，就是这家银行腾飞之日。香港银行在培训上的投入是一些内地银行的几十倍，甚至更多。香港银行行长室成员尽管工作繁忙，仍花不少时间参加培训，因为他们明白知识需要不断更新，银行人员需要不断学习。在香港银行，行长同普通员工一样听讲座、上培训课。每当银行开办一门新培训课时，行长和主管培训的副行长都要亲自参加开学典礼，为参训学员鼓劲打气。当每年举行专业文凭毕业典礼时，香港银行仿佛过节一般，隆重、喜庆的气氛洋溢在整个庆典大厅。在每年的"谢师宴"上，行长室成员频频举杯，向为银行辛勤工作一年的培训导师们祝酒。不仅如此，行长室成员还身体力行，亲自授课，讲管理、讲业务、作表率，带动全行的培训工作。

按照香港银行要求，全行各个部门的不同职级人员都要接受专业培训，平均每年每个员工要接受 2～3 次专业离岗培训。除此之外，多数员工参加夜校，以期不断提高他们的专业水平，因为他们知道，业务能力和专业文凭将决定他们的未来。一个中学毕业生比大学毕业生低四五个档次的职务，一个大学生一入行就是主任级别，而一个研究生一入行就是高级主任，一个博士生一入行就在经理级。文凭的差异决定着级别的差异，促使员工不惜牺牲休息时间去上夜校争文凭。银行对参加规定专业业余学习的员工给予一定的奖励，但大多数员工不惜自费参加自修，同时，香港银行为员工在工余时间学习也提供不少培训课程，银行培训室经常在夜晚热闹非凡，许多员工在没有任何补助的情况下十分踊跃地参加这类培训，培训已成为员工重要的生活内容。

行长室认为，管理人员素质的提高要通过培训来实现，管理人员的晋升和调职，需通过培训来铺路，管理课程的安排使各级管理人员增长了才干。香港银行要求它的管理人员必须参加取得文凭所必修课程的学习，在期限内拿不到专业文凭就可能在银行的竞争机制中被淘汰。与此同时，人事部每年组织管理人员读两本专业书，并对学习情况进行辅导和考核。

培训的内容——源于实践、更新知识

香港银行对培训的内容历来都从实际出发，根据本行实际，量体裁衣，度身定做，如为提高管理人员水平，请专家来行授课，介绍先进的管理方式，研究本行的管理现状，进而在全行引进先进的管理模式。"品质管理"就是这样在全行推开的。培训内容要为业务服务，当银行开办一项新业务，引进一套新设备，推行一套新工作程序，或采取一种新工作方式时，人事部都要安排培训，培训的内容紧紧地扣住管理和操作，使学员看得见、摸得着、掌握得到。对于不同内容的培训，银行有不同内容重点。

在理论培训中，香港银行以观念的灌输为主，引导学员转变观念，建立一个正确的认识基础。在服务课程中，老师向学员灌输客户是银行衣食父母的观念；在销售课程中，老师让学员树立客户至上的观念，从而改变学员的行为习惯。

在服务技能培训中，香港银行要求学员掌握技能和方法。所有员工都接受了"观察、聆听、询问、感知"四步曲的职业训练，即学会通过观察，对客户的性格、心理、职业和文化背景有一个认识，这样可以按人下菜，对老人要多说两句，对有文化人要高雅，对年轻人要爽快。员工学习用英文向客户打招呼，对文化教养较高的客户，说："Good morning, sir. May I help you? "对文化教养不太高的客户，说："Morning, how are you doing?"对熟悉客户，说"Hello, Mr. Wang"。同时，培训员工学会认真听客户谈话，双眼注视，不能漫不经心，或边干边听，表示出对客户的重视和尊敬。学会在询问中关心客户，体谅客户，所提问题不能让客户尴尬或不自然。学会对客户的灵敏感受力，学会看懂客户的身体语言，很快抓住客户的意思，说到点子上，讲到客户心里。

在对管理人员的培训中，知识的更新，特别是管理原理的知识更新，是培训的侧重点，管理的技巧也是培训的重点。在对新员工的入行辅导培训中，人事部将培训分为两部分，一部分是人事部组织的银行条例、规定等的培训和柜员基本技能的培训；另一部分是员工所在单位的业务培训，这种培训是一对一式的，培训时间也因人而定，但培训结果将成为新员工能否由试用转为正式录取的关键。

营销服务培训是服务培训的又一个重点，柜员在向客户提供服务时，已不是被动地提供，而是主动地以岗位营销的形式向客户提供服务。这种服务不是生搬硬套，要讲求技巧，这就需要培训员工，学习如何在客户询问一项业务时恰当地推荐业务，特别是当银行开发了一项新业务的时候，首要的培训是如何提供服务和营销，有些员工凭借个人的聪明来推销业务，其结果只能是将一些对金融了解甚少的人暂时带来银行，而不能将有业务发展潜力，具有专业知识的客户请到银行来，这就是专业营销服务和非专业营销服务的重要区别。

服务的心理培训是服务培训的又一重点，员工在为客户提供服务中，心理的作用十分重要，银行为员工提供如何面对工作压力和服务压力的培训，提供如何面对客户的埋怨，如何面对委屈，如何看待客户的心理培训，等等；提供员工的 EQ（Emotional Intelligence Quotient）培训，EQ 又称为情绪智商，是一种涵养，是一种性格的素质，包括抑制冲动、心理的调节，即如何调节情绪，如何设身处地为别人着想，感受别人的感受，如何建立良好的人际关系，如何培养自发的心灵动力……使服务真正上档次。

香港银行重视业务基本功训练，从打字、电脑操作、计算器使用到业务知识都有规范的职级标准，每年举行基本功比赛，将个人的基本功成绩记录在案，并写入年终的评核中，而各组基本功推行情况，将作为考核各管理人员和督导人员的标准之一。

员工要接受培训及提高人际交往技能，防止将不利的情形变得更糟，最终提高客户满意度，一家香港银行，每名新入职的员工最短要接受为期 34 天的专业培训。培训内容包括产品知识、销售技巧、财富管理技巧，通过培训，服务技能大大提高。

培训的形式——分级培训、注重实效

香港银行每年定有培训大纲，每月有培训计划，培训计划是双向的，即各单位培训计划及需求和银行的培训计划及培训要求相吻合。人事部统一平衡需求。培训的形式分培训中心培训、社会公众训练机构培训、银行在岗培训三大类，培训的对象重点分为两个层面，一是在服务一线工作的员工培训；二是督导人员和管理人员培训。师资由专业导师和本行员工共同担任，以体现理论知识和实践能力的结合，教学方式多和电子化相配合，投影机、录像设备、电视设备、语言设备等教学器材已成为教学中不可缺少的工具。现代化的培训中心不但有现代化的教学设备和设施，一流的师资，而且还有现代化的管理手段和方式。培训多以小组讨论式进行，由导师讲解原理，学员进行讨论，畅所欲言，集思广益，聚精会神，在兴致高昂之时，常常在课堂中有即兴表演，角色互换，一出出小话剧即时搬上讲台。

学员人人当演员，个个编剧本。在业务推销课程中，一些学员根据老师的要求扮演客户，一些扮演银行职员，设想各种业务推销情景，在课堂中实际演练。导师抓住一些关键点，一边指出银行职员的处理不当，语言欠妥，一边讲解，演绎管理原则和推销理论，使学员受益匪浅。

培训地点不仅在课堂里，而且在社会上，培训工作针对银行在服务管理和经营中的难点，安排导师带领学员深入银行，边做调查边学习，学员作业就是实际工作，结业考核就是解决难点的效果，从而进行了一系列切合实际的改善经营和管理的研究学习活动，在实践中锻炼了学员，也为银行的决策提供了科学的分析报告。一次，为掌握本银行集团在同业中的服务水准，培训中心组织老师和学员对本集团的服务现状与先进同业的服务做了深入细致的比较和研究，提出了一份颇有参考价值的研究报告，为后来集团的服务改善提供了有参

考价值的依据。

　　培训必须系统化，因此香港银行培训课程大多分为初级、中级和高级课程，使学员循序渐进，逐渐掌握系统知识。更为重要的是银行还开设专业文凭课程，两年学制，全是业余时间上课，开设的课程全是银行所必需的专业课程，毕业生必须经过严格的考试。为了满足一些员工的自学需要，香港银行还提供同等学历的自学考试，凡获此专业文凭的员工意味着他们已得到银行的专业资格的承认。

　　在香港银行中，每位员工每年都得到两种培训，一种是上面所说的离岗培训，一种是在岗培训。在岗培训形式多样：①基本功在岗培训，员工定期参加测试，成绩是其业务水准的标志之一。②业务技能在岗培训，以师傅带徒弟的形式将技能一层一层地传授下去。③提高员工业务素质的在岗培训，这种培训形式不一，内容各异。一位主任为使其下属迅速提高英文水平，每日限下属记熟10个英文单词，长此坚持，竟使他的组员英文水平取得长足的进步。④在岗定期轮换，任何员工只要努力都有个人发展机会。考核是检验培训形式和效果的最好方式，每种培训都要考试，每次上课都要点名，严格的考核调动了学员的积极性。为了检验老师的教学效果，除了进行培训考试外，每次培训结束都要由学员对培训效果进行评估，在一张评估表上对老师的语言能力、讲解水平、认真程度等给予打分，以促进老师改进教学方法，提高教学水平。

11 让服务宣传有效

　　服务宣传在银行的市场生存和发展中常常起着举足轻重的作用，任何一位有战略眼光的金融家都不会小视其作用。

　　香港的银行大多十分注重服务宣传，每年拨出数百万元的资金从事服务宣传活动。从大到数十万元的电视广告，小到千元的联名广告，从大到对大型活动的巨额赞助，小到对社区活动的小额捐款，银行根据宣传计划认真组织，积极参与，定期检查宣传计划的执行情况和宣传活动的效果。在每次宣传活动结束时提交的宣传效果检讨报告中，从开户数、吸收存款金额、带来的经济效益等几方面，有关部门认真总结经验效果。花了钱而没有效益的事银行是不会干的，为此，宣传管理显得非常重要。

　　香港的银行通常采取如下一些方式对其服务进行宣传推广：电视广告由于电视能将声音、色彩、图像和动作结合在一起，因此它的广告作用大，宣传范围广，是现代企业广泛利用的一种广告手段，各家银行也普遍采用。

　　除此之外，还有无线电广播广告、报纸广告、邮寄广告、广告牌广告、互联网广告等。

　　公共宣传的主要途径有：银行赞助文艺、体育比赛、参加慈善募捐活动和社会福利活动，通过这些赞助社会和大众媒介对这些活动的宣传报道，可以更有效地为银行在社会上建立起其责任感形象，起到潜移默化的宣传和引导作用。

　　由于广告和宣传受众面广但不能分清消费层次，因而不能进行定向促销，所以它的主要目标是提高银行的整体形象和信誉。广告宣传式的营销活动是现代社会普遍使用的一种营销手段，其重要性也为人们所认识，为各家银行普遍

使用。通过细致的市场营销研究表明，银行的服务对象千差万别，为了更有效地通过营销活动巩固和扩大自身的市场份额，就必须细分市场对象，针对不同的对象开展有目的的定向促销活动，才能获得好的促销效果，同时可以避免过多地利用大众宣传手段而造成高额成本支出而效果不突出的问题。

注重宣传公关——与媒体积极互动

香港银行都致力于持续保持与新闻界良好的关系。他们加强对金融局势的研究，在工作中挖掘有价值的新闻，明确本行在社会的服务定位，对金融服务畅谈本行的认识和做法，迎合新闻界的职业需要，将许多报刊、电台、电视台拉到自己的周围，成为当地新闻界在金融业上重要的"新闻来源之一"。银行的宣传进取精神使得过去的银行单一公关成为银行、新闻界双向的往来。在众多的新闻媒体中，香港银行保持着同几家新闻机构的特别关系。他们将本行主体广告委托给这些机构，使之获利，同时在新闻宣传上得到这些机构的大力支持，互利互惠成为双方关系的准则。

为扩大银行的影响，增进同新闻界朋友的友谊和联系，每年银行都与新闻界举行一些例行的交往活动，如新闻界茶会、记者招待会、新闻发布会等，大多数当地新闻机构均派员参加，并做大量报道，影响面很大。在同新闻界交往中，香港银行一直持有慎重和负责的态度。香港银行规定了与新闻界接触的员工级别及场合，规定了发往新闻界的稿样均须事先经行长室审阅，新闻界的人物专访文稿必须事先经银行高层认同，以确保银行的社会形象。

注重宣传内容——看准对象、打动人心

香港银行既在宣传形式上多样化，又在宣传内容上积极探索，使其具有打动人、吸引人的魅力。宣传要讲客户心理学，客户关心的是银行服务的品种、质量、费用、利率、地点等，香港银行适应客户需求，因势利导，对宣传立意煞费苦心，有时为了一条广告语，在全行进行有奖征答，使宣传的内容融于宣传形式之中。

银行的宣传对象分不同阶层、不同年龄，香港银行采取不同的宣传策略、不同的宣传内容，取得一致的宣传效果。对老年人重在宣扬高利率、低费用，

对中年人、青年人重在宣传如何多快好省地达到购物、旅游、结婚置家、升学的目的，对少年一代宣传银行为社会所做的贡献；对中上层专业人士着重宣传银行个人理财服务，对企业、社团宣传银行服务社会、服务客户所做出的努力。有针对性的宣传，内容丰富的宣传，有效地提高了宣传效果。

注重宣传效果——精心策划、从长计议

香港银行注重明确宣传责任，在业务发展部设有专业的宣传小组，这个专业小组在业务策略上受全行宣传小组的领导，全行宣传小组由有关业务和行政部门的管理人员组成，他们的职责是研究、协调和决策宣传工作。宣传小组在宣传上精心策划，委托专业广告公司进行设计。虽然当地持牌照的银行有180多家，他们不会单独地宣传银行名声，而是将宣传名声同宣传银行的宗旨、特点和业务结合起来，使宣传的效果主体化、立体化。在推销一项新业务品种时，他们首先要做的工作是宣传，通过宣传攻势把新业务品种推向市场。在宣传"智尊理财"业务时，他们用较易上口的口号突出产品的优点，使客户有"智者之选、尊贵体会"的感受，同时，以"在繁忙时提供最方便优先之服务，在休闲时提供最卓越优秀的产品"的宣传突出银行的形象及产品的特点，使产品更具吸引力。

在宣传上从长远着手，讲求远期宣传效益。香港银行连续多年赞助"香港活学英语写作比赛"，还赞助全港大专学生摄影比赛，为青少年的成长提供学习锻炼机会。从长远观点看，这批学生长大成人之后，将可能优先选择该银行与其往来，成为该行业务的接班人。

注重宣传形式——灵活多样、遍地开花

在宣传中，香港银行十分注重形式，好的宣传形式可以起到事半功倍的效果。他们抓住一切时机，利用各种形式宣传本行业务，其中，开展宣传攻势是一个主要形式。他们经过周密筹划，多个单位配合，在一段时间内大规模地宣传一项新业务或一家新支行，散发宣传传单，刊登宣传广告，在客户的对账单上加印宣传文字，在营业场所悬挂宣传画，既是装饰品又是宣传品，举办宣传日，在街区大张旗鼓地宣传，举行支行开放日，请街坊参观银行，向客户赠送

纪念品，在营业大厅播放宣传银行的录像片，内容丰富且有观赏性；在公共交通车辆上、城市建筑上做大型银行广告，产生了促销的作用。过年时，香港银行印制财神画、挂历、年历片、利是封（装压岁钱的小红包）致送客户，向客户拜年，宣扬银行的业绩。平日，银行购买制作大量宣传品，在小收音机、小计算器、小钱包、小雨伞、小圆珠笔等物品上印上银行的商标，客户将宣传品用到哪里，银行的宣传就扩展到哪里。宣传品分为两类：一类是有纪念价值的，如一把制作精美的锁状钥匙链，寓意客人是银行的"荣誉行员"，可以持着银行的钥匙，随时光临。另一类是有使用价值的，如当客人来到银行办理业务，离开时遇上大雨，银行送上雨伞，银行的宣传伞带着银行的声誉走入了人们的生活。

广告最注重关注力

为了提高广告宣传的影响力，首先就要从瞬时记忆阶段下工夫，在广告的形式、内容、色彩等方面下工夫，以利于消费者注意、编码。

银行的广告很多，但如何做广告银行颇有研究。总体来讲，什么机会可以吸引市民注意，什么是市民的关注点，银行的广告就应出现在什么时候。一次，宣传培训现场课堂设在维多利亚港，大家看着两边的广告，思考着教员提出的问题，每日途经这里，哪个广告对你的印象最深，哪些广告毫无印象，为什么？这就是关注力的问题，也是广告的设计问题，更是广告的艺术问题。一次世界性的大型会议在香港举行，银行有关部门认真研究什么人将对这次会议最感兴趣，他们得出的结论是专业人士，接着针对专业人士的广告就在会场和有关的电视转播中出现。专注是银行在广告中必须注意的，广告的成功与否不在于花多少钱，而在于是否能够有效地宣传银行的产品。适用就是最好的，适用的最佳检验方式就是它是否能得到人们的关注。

散发宣传单的员工

晚上，下班的人群匆匆忙忙，香港银行的员工站在小区边上，向客户宣传银行的产品，宣传单上将银行的产品作用说明得清清楚楚，员工甚至将工作做到客户的家门口，将银行的宣传单直接送去，银行还通过员工进行问卷调查，所得资料用做业务推广、产品开发，由于获取了市场的情况，可指导员工有效地处理工作。银行将员工推入市场，对市场加强了解，提高对市场的敏感性。通过员工的深入，银行把握了一手资料，这对银行做出正确的决策非常有意义。

媒体向银行公关　银行的一家支行开业了，一家重要的媒体也送了花篮，表示祝贺。新闻媒体向银行送花篮，这在计划经济的社会不多见，但这在商业社会是一件很平常的事。新闻媒体重视与银行的"双赢"，银行要的是宣传，媒体要的是新闻来源。专家评论，每当发生金融动荡或金融事件，新闻界找这家银行高层人员的电话总是响个不停，商业社会的新闻竞争使得过去的银行单一公关成为银行、新闻界双向的往来。银行正好借助于媒体宣传银行，扩大影响。

宣传关注社会　在众多的新闻媒体中，银行保持着同几家新闻机构的特别关系。他们将本行主体广告委托给这些机构，使之获利，同时在新闻宣传上得到这些机构的大力支持，互利互惠成为双方关系的准则。香港银行还致力于保持与新闻界良好的关系。他们加强对金融局势的研究，在工作中挖掘有价值的新闻，明确本行在社会、新闻界中的定位，对社会和金融事件以专家和内行的身份参与评论，对金融业务走势提供预测意见，对金融服务畅谈本行的认识和做法，迎合了新闻界的职业需要，将许多报刊、电台、电视台拉到了自己的周围，成为当地新闻界在金融业上重要的合作伙伴。

地铁内的银行宣传　当地的地铁必须使用地铁卡才能使用，一家银行看准这个商机，与地铁公司协商，该行将为地铁免费办理两项事情，一是在地铁里办一个网点，免费为客户换硬币，方便乘客使用自动售票机。二是免费制作摆放地铁卡的漂亮小纸袋，放在地铁里供乘客使用；他们的做法是为了公益，同时，又是一个很好的宣传方式，他们将本行的产品在全市最热闹的地铁站进行宣传，他们获得的隐性效益是不言而喻的。

五花八门的宣传　银行的宣传从来是针对客户的需求而做的，就像当地有一张报纸，叫《求职报》，全部免费发放，它的收入来自于广告和求职者的缴费，而不是来自于卖报收入。银行同样基于这样观点，在宣传中，动脑筋，想办法，总是可以取得一举多得的效果的。

支行的开放日　一家支行要举行支行开放日，请街坊参观银行，员工详细向客户展示银行的各种操作，宣传银行的产品，员工和客户在银行一起照相合影，银行向市民赠送纪念品，营业大厅一直不停地播放宣传银行的录像片，内容丰富且具有观赏性，这种银行开放日是拉近银行和客户距离的很好办法，他们这样交朋友，很多客户从此和银行多了一层关系，那就是朋友加客户。银行十分重视储蓄存款，因为储蓄存款稳定，而且利率低，因此银行对储蓄存户关爱有加。过年时，银行印制财神画、挂历、年历片、利是封致送客户和市民，向客户和市民拜年，宣扬银行的业绩。

支行的宣传联动 香港银行实行统一使用宣传费用制度。银行抓住宣传重点，总体投入，集中几家支行的力量，甚至全行的人力、物力，在一个网点进行一项大规模宣传活动，如支行开放日、宣传日、街坊同乐活动等，发挥规模效应，尽量避免零打碎敲。在宣传硬件和软件上，几家支行共享一套大型宣传设备或软件，互相交换，既节省费用，又使支行宣传形式多样化。广告费用必须集中，以发挥其特有作用。

几个字的整版广告 将宣传品放在客户注目的地方，将宣传内容提醒客户注意，将业务通告放在客户一目了然的地方，将业务柜台的分类让客户一步到位，这是银行工作中的难点，但又是必须做到的，如果客户对银行的宣传不理睬，宣传的费用就等于打水漂了。要让客户注意银行，就必须站在客户的立场上，了解客户的喜好，并尽可能通过专业公司给予包装，以引起客户的注意。宣传首先必须让客户注意，其次才是它的效果，银行的广告中，一整版只有几个字，似乎浪费了资金，其实正是这几个字，才引起了客户的注目，否则，整整一版字无人关注，才是最大的浪费。

一对一式的产品宣传 过去，银行的广告中80%是用于电视广告；现在，电视广告的预算已经降到了广告预算的60%以下。香港银行注意到银行以前将电视和其他媒体广告看做是宣传的主要手段，经过反复对银行宣传的考核，他们认为这种宣传的效果未必理想，如何将广告做好，必须将对大众的宣传逐步过渡到一对一的宣传，通过将银行的产品和业务宣传寄送到不同人手中，达到宣传的最佳效果。银行有详细的客户管理系统，客户对产品的偏好，客户的业务性质，客户的特性，包括年龄都记录在内，因此，一旦有产品宣传，银行定出模式，选出适当的客户，发出银行的宣传单，往往收到的效果会好得多。

令人回味的宣传广告　在繁华的大街上，公交车上打着银行的广告，"本行存款，高一厘"，这一广告吸引很多人的目光，广告的字面似乎清楚，又似乎还有很多含义，这正如在啤酒的历史上，有一家公司的啤酒瓶子后面出现数字33，没有人确切知道这是怎么回事，但却出现了许多"理论"：事实证明，他们这种神秘的广告吸引着消费者，同样银行的广告也吸引市民的注意，让自己的广告和他行区分开来，高一厘让人们去猜，不管他的存款在合法的范围内使用了什么形式，不管是离岸存款（高利率），还是零存整取，它确实吸引了客户，让不少客户来电话查询。

公益性广告　香港银行在其广告中，有一部分是纯粹公益性广告，不但如此，银行还在可以利用的地方宣传公益，如在给客户寄去的对账单反面，印上立意非常好的公益广告，这样做的目的是告诉银行的客户"本行是个负责任的社会机构，愿意为营造良好的社会秩序而尽力"。另外，也将银行的文化向客户做出宣传，让客户对银行产生好感，进而产生偏爱。银行关心社会，就是关心它的客户，让客户喜爱它，银行的生存和发展就有了广阔的空间。

员工是宣传的主角　在香港银行的一幅报刊宣传广告中，银行的一位经理站在画面的中间，旁白上写道：就是这位经理带领他的工作小组用三个月的时间将银行的综合系统升级换代，使之成为国际水准的银行系统，广告寓意深刻，一方面表彰了银行的员工，一方面又宣传了银行的系统。在另一幅广告中，另一个经理占据画面的中间，旁白上写道：这位经理带领他的团队只用了三个小时，将全年全行的结算账务办理完毕，他们使用的结算系统是本行自行开发的，而且具有国际水准。银行的广告宣传不是直白的对本行宣传，而是在彰显企业文化，在能用本行的员工，就不会用演员这样的原则下，宣传的策划必须独特，这不但是一个简单的选择，而是一种文化，员工永远是银行的主角，任何时候，员工都会被放在银行考虑问题的中心，当员工遇到困难时，银行会不遗余力地协助他们解决困难，员工无论在行内行外的地位都是受到尊敬的。

业务宣传要一举多得　银行有自己的员工，他们有自己的子女，银行出资为这些员工的子女请来舞蹈老师和音乐老师，成立员工子女艺术小组，当有银行对外活动或银行内部活动时，艺术小组上台演出，一方面宣传银行，一方面又宣传银行的文化。银行还组织自己的舞龙队和乐团，活跃文化生活，同时对外进行宣传。银行在年终时，印制过年的民俗画和压岁钱小袋，无偿地送给所有来银行办业务的客户，他们在表明银行重视小客户，同时在宣传银行的业务。银行经常在社区支持街坊组织活动，尽管银行出了资金，回报不高，但银行在社区得到很好的影响。银行支持学校的活动，以支持下一代的成长，同时将银行的业务带到校园。

12 让营销服务实用

　　香港银行将客户细分成不同的等级，相应的等级配备相应级别的客户经理。随着全球财富越来越个人化，金融服务的重点由企业向个人转变，在这个过程中，服务的前台即销售及客户服务越来越个性化，而后台即服务手段越来越自动化。为适应这个变化，香港银行为重要的公司客户和个人客户均提供了客户经理；如重要个人客户（收入或金融资产50万港币以上）设立了客户经理，为特大户（收入或金融资产在300万港币以上）设立了私人银行部，为客户提供全方位的金融服务。

　　建立客户经理队伍的目标即扩大市场，每个月行长都召开专门会议研究一个月的客户经理业绩表现，特别是市场占有额的变化情况。对不利的变化，查找原因，责令有关部门迅速采取措施、改变状况；对有利时机，指示各单位充分利用，开拓市场。如有一家支行，坐落在商业区，附近银行林立，竞争非常激烈。这家支行经理面对严峻的形势，在行长领导下精简内部人员，充实外勤人员队伍，在他亲自率领下，组成了有实力的外勤工作小组，四面出击，拓展业务，他们走访客户、结识客户，将业务送到客户的门上，不仅赢得了客户的信任，而且赢得了市场，使该支行的市场占有率大幅增长。

　　营销服务策略实施的关键是要建立一支高素质的外勤队伍。外勤人员的素质很重要，银行的专业拓展部门是业务发展部，此外还有拓展中国业务的国内业务部，拓展中间业务的投资服务部，拓展保险业务的保险部等。全行四个业务管理处中有两个拓展处，全行还设有为拓展营销决策出谋划策的咨询委员会——业务拓展委员会。拓展队伍的人员素质是全行最高的。以业务发展部为例，几乎是清一色的大学生，仅此还不够，先进的个人通信工具配备、良好的营销和公关能力使他们在全行营销业务中占有举足轻重的地位。外勤人员每人都肩负着各种业务指标：存款、放款、押汇、中间业务、信用卡等，指标的考核直接关系到他们的加薪和晋升。营销服务策略赋予外勤人员的主要任务是走访客户、了解客户、争取客户、扩大业务。除了指标的考核之外，每日外勤出访记录、客户资信情况报告都必须按时完成，以保证外勤工作的质与量。人事部为外勤人员举办了各种业务培训班，并安排外勤人员分期分批在各专业部门实习，使得在岗培训成为外勤部门人员培训的主要形式。外勤部门每日抽出时间安排课程，学习业务专业知识，特别是学习推销方法，由员工现场演练，专家当场点评，提高了外勤人员的营销水平。

银行在进行营销服务时，除了要制定合适的 4P 和 4C 组合策略之外，还应该针对银行服务的特征，突出银行营销服务的另外三个扩展要素：人员、过程和有形展示。

人员的重要性　服务的生产与消费的同时性使服务人员的态度、沟通技巧与业务素质均成为客户感知和评价银行服务质量的依据。员工需要一定的情感付出，既要解决员工与客户的冲突，又要解决客户之间的冲突。

过程管理的重要性　由于客户要亲自参与到银行服务的过程中，客户评价银行服务质量，不仅要看最终是否得到了需要的服务，还要考虑银行设计的服务过程是否合理，服务环境是否令人愉快，服务效率是否高效快捷。如果服务流程设计不合理的话，服务手续繁杂或效率低下，往往导致客户的不满。

有形展示的重要性　银行要利用一切可以利用的有形工具来向潜在客户传达本行的服务特色及优点，通过服务有形要素的差别设计使银行定位的差异性得以具体体现，并通过充分的信息沟通向潜在客户展示选择该行能给他们带来的价值所在。

核心——扩大和巩固客户群

营销服务是全行性的工作，而且从行长做起，亲自参与拓展营销工作，他要求各级管理人员走入街坊，走入社会，一个客户接着一个客户地去走访，了解客户需求，提供银行服务。有家支行位于一条贸易街市的旁边，支行经理带领外勤人员走到小商贩中间，同他们交朋友，吸取了不少低息存款。1995年，香港定期存款利率限制逐步取消，各家银行开始了一轮存款大战，一时存款成本猛增，放款压力很大，外勤人员四处推销贷款，精心挑选、评估贷款和投资项目，寻找有效的资金出路。追求高息放款，无疑给资金安全带来威胁，因此外勤部门发起房地产按揭营销攻势，利用房地产业略有好转的时机，加大自用住宅按揭贷款，在服务、利率、费率上和同业展开争夺客户的竞争战。外勤人员的营销艺术和方略使这家香港银行占据了上风。

银行是经营货币的特殊企业，可与它打交道最多的还是人。人非草木，孰能无情。你对客户投之以桃，客户对你报之以李，一旦客户与银行建立了良好的关系，他们就会对银行业务给予支持。一个欲在贸易上成功的厂商一定会想方设法结交一家银行作为其成功路上的忠实伙伴；同样，一家发展壮大的银行也一定需要许多忠实可靠的客户作为它事业的支持者。在香港银行，从行长到一般的外勤人员都在通过与客户的广泛接触加深相互了解，以情感结交许多朋友，尤其是对一些老客户、大客户，银行管理人员从来都把他们放在重要位置，积极、热情地参加他们的活动，如参加他们年终的团圆宴、参加他们的喜庆大典、参加他们的丧事吊唁，只要是客户的重要日子，银行都参与。当银行参与到客户生活之中时，产生的优势地位是其他银行无法替代的。香港银行在实施对客户情感经营管理中，从一点一滴做起，以事感人、以情动人。外勤部门将一些重要客户的公司纪念日专门记录在案，以便届时以银行或行长的名义向他们道贺，送给他们一份惊喜。尽管送去的仅是一张贺卡、一个花篮，但它们在客户的心里，却具有超值的重量。有一位在小岛当渔民的老客户，香港银行的一位副行长和他是多年的朋友，如今，这位渔民客户已将他的事业传给了他的后代，可他对这家银行的感情并未淡薄，他到处为银行宣传，为银行介绍客户，就像回娘家一样常常到银行走走，和那位副总道道家常，谈谈生意。一位是西装革履的银行高层人员，一位是皮肤黝黑、衣着朴素的老渔民，坐在一起谈笑风生，这不正是情感经营的成功之处吗？有一段时间，一家香港银行在政治风潮的影响下，受到一些不明真相的客户的挤兑，在这紧要关头，是银行的一些忠实的客户，经过银行多年的情感经营，出于对银行的信任，把自己的血汗钱留在银行，给了银行至关重要的支持，使银行渡过了难关。

银行在向客户实施营销服务策略的过程中采取主动进取的姿态，他们每年为客户举办各种活动，活跃客户的生活，加强银行与客户的联系。银行利用贺新春之机，举行春节酒会，向客户拜年，酒会地点选在富丽堂皇的宴会厅举

行，显示出银行的气魄和财气。银行还每年为客户举办蛇宴和春茗活动，银行出面组织，酒楼给以大额折扣，客户各自出钱购买一桌或几桌，宴请各自的朋友，银行为宴会安排抽奖、文艺演出等助兴节目，奖品往往是那些财大气粗的客户赞助的，这也是他们"打广告"的好时机；文艺演出是大酒楼奉送的，银行所出的仅仅是人力。银行高层人员走到客户当中，给宴会创造了银行与客户亲密和谐的气氛，使银行与客户的关系更加融洽。

着力点——营销服务要选准

营销服务策略的着眼点大致有：①赞助和参与社区活动，在宣传之中扩展业务。他们参加和赞助各种演唱会、嘉年华、慈善活动等扩大银行影响，并将业务营销结合在活动之中。他们极力树立热心公益的形象，每年都要组织庞大的员工队伍参加几次公益慈善百万行活动，并在多年为社会公益慈善基金出售慈善卡中获得殊荣，在电视中频频亮相，外勤人员抓住这些有利时机，攻下了不少慈善机构和社区组织的存款。②充分利用社会机构组织、开展营销活动。他们紧紧抓住社区领袖、政府机构公务人员利用银行进行政治、社会活动的心理，广泛接触政府各机构、区议会、警署、街坊联谊会的头面人物，通过他们介绍，接触更广泛的客户群。③充分利用现有客户关系，扩大客户面。客户是银行宝贵的财富，银行将客户放在重要位置，在银行活动的一些重要场合中，客户都是座上宾。客户介绍客户是银行寻找客户的主要渠道，老客户对银行有较好的口碑，更能吸引新客户。④重视新闻传媒，抓住拓展业务的机会。银行每日有专人研究报刊上的社会、市场、经济信息，发现时机见缝插针，在合适的场合开拓业务。如外勤部门通过新闻媒体得知世界华侨大会在港召开，华侨服务部借此时机广泛结识华侨，宣传银行的业务优势，争取了不少客户。

营销服务手段——推陈出新

具体而言，香港银行所采用的营销服务方法主要有：①推销观念。要求所属员工都要有销售意识，学会销售，经理将 40％的精力用于销售管理。客户需求各异，银行外勤人员要研究客户的心理和文化背景，既要顺应客户的需求，又要主动地引导客户接受新的观念，这样才能占领市场。银行在推销进口外汇买卖业务时，抓住客户保值心理，以稳健经营的观念，说服不少客户购买远期外汇，防止外汇风险，从而打开这项业务的销路。②岗位销售。岗位销售是员工对客户面对面交流推广产品的方式，也是推销成本最低，而且最有效的营销方式，香港银行对此非常重视。银行通过宣传硬件（海报、传单、宣传布置等）和员工主动在岗销售的方式，发起岗位销售的营销攻势，全行人人动手，不同的岗位宣传不同的业务，营业部宣传销售各类存款、押汇部销售各件押汇品种等等。销售的关键是销售技巧，各部门举办销售技巧培训班，如何推销、如何把握住客户的心理、如何进行营销对话都是培训的内容。③差别营销。在市场竞争中，银行有时处于劣势，一些同业推出一些新业务品种，抢占了一些金融阵地，这时银行以差别营销的方式，从劣势中重新崛起。当工作研究部仔细研究同业产品后，则推出不同式样、在服务式样和手段上更具全方位的产品，另辟蹊径，重开战场。如开办具有特色的零存整取业务、"易实现"业务和专为老人提供的优惠存款"松柏存款"业务。这些业务既与其他银行有相同之处，又有不同之处，发挥本行的特点，与强手并驾齐驱。

以下介绍香港银行营销的一些具体做法：

● 打优势牌

每家银行都有各自的优势，宣传银行的优势是外勤人员的职责，他们将稳健的经营作风、雄厚的中间业务基础、庞大的代理行网络和联行网络、实力不凡的押汇专业和集团化的专业经营等优势作为王牌大力宣传，赢得主动。

● 攻坚精神

组织市场攻坚，打开市场局面是营销中的常用手法，当营销遇到困难或挫折时，外勤部门就会组织集体攻关，甚至调动几个支行的外勤人员共同支援一家支行，或组织全行的外勤力量为一家新支行开辟市场。在外勤人员为收款、催款四处奔走时，更要有攻坚的毅力和精神。一位经理在设法收回一笔逾期贷款时，多次走访客户，均吃了"闭门羹"，他毫不懈气，利用下班后晚上的时间，到客户家门前等候，经过几天的等候，终于见到了客户，客户无奈，只好还清贷款。

● 代价意识

这是营销服务中付出某种代价来换取营销效益的观念和行为。没有付出就没有收获，然而，在许多情况下，付出与收获有着时间的差距。香港银行总是从战略高度来看待付出，以代价意识指导决策，谋求远期收益。在与大客户的交往中，香港银行总是看得很远，即使暂时银行花费了大量的人力、物力、财力，也在所不惜，银行从以后的业务交往中逐渐收回了以前的投入。香港银行开办了信用卡积分优惠计划，鼓励用户使用信用卡消费，每签账1元积1分，在一定的期限内累计积分达到银行标准，便可获得奖品。

● 专柜推广

在一些大公司或游乐场所，香港银行设置宣传专柜，推广业务，宣传银行形象。一次，外勤人员在一家人数众多的大公司推广信用卡业务，配合宣传单、海报，边宣传、边开户，方便了客户，吸引了众多客户，产生了良好的营销效果。

● 问卷调查

支行经理为掌握个别地区的特性而进行问卷调查，所得资料用做业务推广、广告、招聘、资源分配。同时，由于获取了市场的情况，可指导员工有效地处理工作，并每年对员工制定合理、实际的工作指导。

● 香港银行社团顾问

香港银行从各行业邀得成功的企业家及社团领袖作为顾问，在季度性的会议中检讨业绩、研究市场变化及制定适当的策略。由于社团顾问具有各行业的专业知识，可就市场特性、经济条件、业务发展趋势及劳工就业环境方面提出意见，并商议制定有关推展银行业务、就业及招揽人才的相应策略，同时，既已成为社团顾问，他们自然乐意为银行业务的难题寻求解决方案，亦愿意推荐更多客户来银行，而银行经理可从各行业顾问那里得到每个行业的最新市场讯息，并可结识社会名流。社团顾问费用低，因为顾问因参与银行的优越感和少量的招待费替代了传统的"董事车马费"，其活动仅为每季开两小时会。

● 在客户经理中的行长

银行一年一度的田径运动会正在如火如荼地进行着，4×100米接力赛中，身着运动衣的行长加入到业务发展部，成为客户经理的一员，只见他健步如飞，将接力棒传给了最后一棒。行长参加到业务发展部中，是因为他日常的许多工作，都和这些客户经理在一起从事。他自认为是一个大客户经理，与客户应酬是他下班后的主要工作，拜访客户是他日常的主要工作之一。过年后上班需要去拜年的除了他的员工，还有那些让他牵肠挂肚的客户，客户在行长的心目中的位置十分重要，他和那些客户经理通过自己的努力，为银行打开市场，为银行获取利润的空间，为银行的发展不遗余力。

● 客户经理的津贴和抽查

为了能留住有能力的客户经理，银行首先按照客户经理的职务给予职务津贴，以便根据每人的能力进行考核。其次加大对客户经理的抽查，当一个员工到一个企业，他的经理就可能对他进行抽查，因为这个经理他有一定的抽查比率要求，通过这样的方式，来控制和推动员工，努力工作。最后银行将不同的客户经理的奖金按照不同的责任进行分配，银行的行长室成员，作为市场的主要负责人员，对业绩负有重要的责任，他们的奖金全部与业绩挂钩，中层管理人员和一般客户经理的奖金按照不同的责任分别按照一定比率挂钩，这样就把责任和权利结合起来。

● 经理的每周"批注"

翟经理对客户经理的管理方式独树一帜，他每周让客户经理写本周的工作小结和下周的工作安排，他认真批注，对于本周的工作情况和下周的工作安排，提出自己的意见，并提出许多新的提议，然后，在下周末进行考核。通过这种方式，他让客户经理开动脑筋，同时，他也进行实时的指导，客户经理需要带领，需要有压力，压力不只是反映在指标上，而且反映在管理上，让客户经理走正确的道路，需要通过有效的管理来实现。

● 业务整合后的客户经理

客户经理主要分为公司业务客户经理和个人业务客户经理，他们的专业尽管有所差别，但雷同的地方很多。如何将两个主干的客户经理合二为一，首先是公司和个人业务资料的整合，使他们在业务的指导上享有共同的信息平台。其次是在业务的推广上，他们你中有我，我中有你，因此必须相互配合，并建立有效的协作机制和考核机制。张经理主要是公司业务的客户经理，他对个人按揭业务也不陌生，因为他参加的培训课程里，个人业务也是重要的学习内容。他以公司业务为主，个人业务为辅，背靠银行强大的支持平台，成为一名合格的全能客户经理。

● 冒失营销的失败

在香港银行的培训教材上，有这样一段故事，一位信贷员去拜访一个客户，路上下雨了，急急忙忙赶到客户那里，约会的时间已过了五分钟，他将带雨的伞具带进了办公室，还没有等公司的经理请他入座，他已坐下，对他的迟到没有道歉，俨然像回到家一样。公司经理看见这位信贷员如此不拘小节，就推说有其他事，让其他员工应付他，一件可能成的业务就这样泡汤了。这位员工之所以会被当做典型，不仅是因为他不顾及银行员工的良好形象，而且没有对营销前做好准备。银行要求，在拜访客户前必须了解客户的财务状况，必须了解客户的管理情况，必须了解客户的行业和市场，特别是要了解这些行业的业务需求和银行所能给予的支持，他们需要准备好营销方案，准备好银行可能为客户提供的服务和金融便利。否则，银行的员工是不允许冒冒失失地去营销，这不但是一个营销问题，而且是一个信誉问题。

● 营销计划的挑战性

有一家跨国公司在一家支行的附近落点了，这对于支行是件非常好的消息，但支行没有盲目出击，而是根据制度，营销小组开始制订营销计划。其核心内容包括推广的目标、品种、方式、优惠方式、业务接洽方式、结算方式、销售方式和时间进度。分解过程既是落实过程也是说服过程，同时通过分解也可以检验目标的合理性与挑战性，发现问题可以及时调整。合理的、实事求是的营销计划，在实施过程中既能够反映市场危机，也能够反映市场机会，同时也是严格管理，确保营销工作效率、工作力度的关键。

● 行动过程管理

客户经理行动过程管理的核心内容是围绕营销的主要任务，管理和监控客户经理的行动。王经理对下属的客户经理给予管理和指导，使客户经理的工作集中在有价值项目上，他指导客户经理制订月营销计划、月行动计划和周行动计划、每日情况反馈并在全部门进行营销预测、竞争产品分析、市场巡视工作报告、周定点拜访客户路线等。这种培训带管理式的方式，不但给予客户经理以工作压力，也确实经过反复研究，提高了客户经理的工作能力和营销能力。

● 性别优势

客户经理有男员工，也有不少女员工，不同的性别有不同的优势，男员工以豪爽、刚直赢得客户，女员工以教养和文静得到客户欣赏。按照银行的培训教材，男客户经理一定要学会在谈话中笑，用爽朗的笑声来回应客户谈话的快乐和赞同。女客户经理一定要学会成为一个好的聆听者，非常专注，尽量让客户讲完话，员工要耐心地听着，不要打断。一位客户经理说，你要得到朋友，就要让你的朋友表现得比你优越。一位客户说，当看到女员工如此认真地听他介绍，他感到非常高兴。

● 客户经理的素养

客户经理要做事，但首先是要学会做人，人品不好，什么事情也做不成。因此，对于客户经理的培养，不仅是业务培养，香港银行开了许多课程，其中就有文学修养、道德修养、音乐修养、礼仪修养和外文学习等，这些课程对于提高员工的素养，非常有益处。人的行动是由素养决定的，当客户经理能够在大客户面前代表银行彬彬有礼，谈吐文雅时，其背后是银行给予他的学识和素养。

● 换种思路去做

香港银行营销部门一直在努力开拓一个大客户业务，但服务工作做了很多，合作的领域仍不能扩展，这时，营销委员会决定，针对客户资金周转要求多的需求，向其发放大额存款证，客户立即做出了响应，并将存款业务交到银行，在总结这一案例时，营销部门指出，如果局限于某种方式时，创造力便会窒息。客户的需求可能经常变化，管理人员的工作就是找到这种变化，适应这种变化，并找出新的办法，换个思路去做。换思路的前提是了解客户，只有了解客户的需求，才能真正用合适的方式打动客户。

● 被拒绝是财富

许多客户经理都碰过无数的挫折，被一些潜在的客户拒之门外，吃闭门羹的是事更是家常便饭，许多次努力收不到应有的效果。这时，经理会认真分析他们的过程，指出他们的不足，部门经理以名言鼓励自己的员工，"如果不曾有过含泪咀嚼面包的经验，那么人生是乏味的"。"顶尖的推销家是受过最严峻、尖酸拒绝的人。"当受到拒绝时，他们暂停一分钟，从别人的观点来看此事，他们聪明起来，知道了今后应该怎样做，才能受到的拒绝少。

● 客户经理的"五官"

客户经理是一个职务，如果说客户经理需要何种能力，可以形容为大耳朵、小嘴巴、亮眼睛、好鼻子、服务的头脑和灵巧的手。大耳朵是指要多收集信息，多听、多了解。小嘴巴是指少说，多让客户说；另一层意思是不食言。亮眼睛是指看到客户的需要就立即动手。好鼻子是指会察言观色，能及时了解客户的动向。服务的头脑是指时刻想着服务，同时服务的点子多。灵巧的手是指创新，要善于用手改善服务，同时也是说日程应该安排得满满的。如果客户经理具备这些条件，就可以说，这个客户经理已经合格。

● 十六字诀

在银行流行的客户经理"十六字诀"，熟悉产品，广结人缘，随时营销，使用知识。这些是实践的总结，是理论的诠释。当一个员工当上了客户经理后，他的一切都成了工作的附属，不论是节假日，还是晚上，他总似乎在履行自己的职责。当一个产品出台后，最着急的是那些客户经理，他们是要求受到培训最积极的员工。他们认真攻读产品说明，并通过内部的演练，将产品很好地演绎。他们特别喜欢参加一些公众场合的聚会，一些员工不喜欢参加黑白喜事，但他们不同，宁愿凑份子，也不能漏掉结交朋友的机会，在这样的场合他们很活跃，带很多名片，派送出去。他们和朋友在一起，总少不了谈自己的业务，并将银行的产品说得像"说书"一样，因为他们已经说过无数遍。他们有空就要拿本书，钻研业务，才能让客户信服，专家才会吸引客户。

● 后台支持平台

营销一定是有计划、有组织的，营销一定要整合发展力量，充分发挥团队的作用。如何才能整体营销，如何才能提高服务水平，银行的做法就是操作流水化，提高工作效率；从客户经理营销客户开始，就有客户经理与客户进行接触，在各项业务人员的支持下，提供各方面的产品，合作意向确定以后，产品经理跟上，设计产品，进行业务实质性谈判，确定合作方式。合作内容确定以后，将合同文本根据内部程序交由中台对合同的内容进行评审，确认后交后台进行签约与业务操作，整个流程流畅，依靠各方面的力量，如果靠一个客户经理，很可能将完成的速度拖慢，而且业务的处理难以专业化。

● 支行行长的 40％时间

有一家支行，坐落在商业区，附近银行林立，竞争非常激烈。这家支行经理面对严峻的形势，在保障内部工作安全，人员配备符合银行规定的情况下，精简内部人员，充实外勤人员队伍，组成了有实力的外勤工作小组，这个行长将他每周40％以上的时间用在外勤营销上，他带领外勤走到小商贩中间，同他们交朋友，吸取了不少低息存款。他们认真研究客户的心理和文化背景，既要顺应客户的需求，又要主动地引导客户接受新的观念，这样才能占领市场。

● 防止出现"热岛效应"

香港银行的管理层在营销上也走过一段发展路程，开始，为了发展，银行推出一系列的鼓励措施，让员工去营销，逐渐形成了一定的渠道效应，渠道效应一旦积极回报银行，必然造成大干快上的热潮。一方面，在成绩面前保持冷静很难，员工在利润、利益面前推却机会更属不易；另一方面，以扩大份额为价值取向必然在银行内部形成"热岛效应"，从而不计手段，蔑视规则，内部倾轧，自乱阵脚。因此，银行能否在业务量达到一定份额时，转移到客户巩固和品牌的忠诚度、美誉度的品牌效应上来，至为关键。管理成为重头戏。否则，即使划定各自销售界限，在利益驱动下，某些员工与客户暗中联手，仍可毁掉银行前途，而中饱私囊。

● 为客户提供备用汽车

香港银行和汽车销售公司联合做汽车贷款，他们推出保修服务措施，一旦汽车发生故障，将由银行担保，给客户提供一台汽车备用。这样吸引了一大批客户。如何做好服务，关键是为客户着想，将客户的困难摆在第一位，银行充分利用专业的优势和便利，提供给客户欢迎的服务，特别是和其他行业联手，银行发挥作用的地方就大大扩展了，银行可为客户做的事也就多了。银行如果不能站在客户的立场上，设身处地为客户着想，服务总是低层次的。

● 深耕客户价值

客户是银行之本，没有客户，银行的工作成为无源之水。一位客户打来一个电话，向员工询问一项业务，当回答完客户的问题后，这位员工立即按照银行的要求，向客户询问为其服务的可能性。营销业务中也是如此，每位客户经理都在努力挖掘现有客户其他业务潜力，让客户在银行的各项业务中贡献价值，不但要有良好的服务水平，还要有商业化的观念，怎样赚更多的钱，如果每个员工都往这方面想，他们就可能从现有客户身上"耕耘"出更多的业绩。

● 行长每月必打的电话

香港银行行长每月无论多忙，都要他的秘书提醒他打几个电话，这些电话是给银行的大客户、会计师、律师和评估公司等。这些客户我们不能忘记，不能怠慢。尽管是几句客气话，但给客户的感觉绝不如此。将客户放在我们心中，将客户摆在我们工作的中心，客户才能真正认识到他们在银行的作用，行长的电话经常反映出客户的需求，经常可以看出市场的变化，对于决策十分有好处。

● 市场是创新的评判

香港银行的创新是一种文化，这种文化可以总结为大胆假设，大胆模仿，认真求证，市场评判。小到银行内部的一项管理，大到一项业务的启动，都需要进行假设，在充分掌握市场信息的基础上，对客户的需求进行假设，对同业的好做法进行模仿，学习他行的经验，补充自己的不足，然后对创新通过风险评定，成本核算，试点进行认定。关键在于市场，即客户能否接受，能否满足市场的需求。如果不为市场认可，这项创新就不能称为有效的创新，银行的有关部门就会进行反省，找到问题所在。如果市场创新成功，其他产品就会根据它的理念，进行同样的创新，这种创新文化的形成，带动了银行的创新工作。

● 请客户帮忙

在今天激烈的市场竞争上，各家银行可谓使用了各种竞争手段以求制胜。但是作为服务企业，有一点不能忽略，这就是客户的力量，请客户出谋划策、直至帮助参与市场竞争。一般来说，客户都经历过几家银行的服务。他们知道什么是客户需要的，因此分析客户的行为可以检验银行的服务。当有一天，管

理者能在处理困难和问题时，首先想到客户以及客户的帮忙，银行服务的效果一定会更好。一位客户经理在对一家企业的营销中，效果一直不明显，这时，部门经理提醒他，找客户帮忙，他通过银行已有客户，很快在这个企业的上下游找到了突破点，最终使这个企业成为银行的大客户。

● 银行出售的是方案

香港银行不像商店，对客户服务中，出售的已不是产品，而是根据客户的需求，组合而成的方案，营销方案对于银行来说，有着非常重要的作用。为了赢得一个客户，客户经理要对一个企业进行深入的研究，对其发展和融资的需求有透彻的了解，然后度身定做方案，站在客户的角度，让其感到银行的诚意。银行举行营销方案大赛，目的是推动员工做出更好的营销方案，吸引客户。香港银行聘用高学历的员工，都在做案头工作，通过对产品的整合，对流程的重新设计，满足不同客户的需要，以更多的营销方案去占领市场。

● 从客户最想解决的问题做起

客户服务从何处着手，必须从客户最关心的问题做起，经过客户调查，客户最怕的是银行的贷款难，手续繁杂，等候时间长等，因此，简化程序就是需要解决的首要问题，怎样让客户在银行只在一个柜台办完他想办的所有业务，怎样让员工一句话就说明白银行的要求，怎样让客户只来一次就带齐所有的文件，怎样让客户只签一份合约就可以做许多业务，怎样让客户及早拿到贷款，等等，银行很好地解决了上面所列的问题，客户服务的水平自然就有了大的改观。

● 营销最关注"问"

没有问题就没有解决方案，营销最关心的是客户的问题。当夜幕降临时，人们匆匆地回家，这时在社区，总有些员工站在路边，向路人做市场调查，了解市民对银行产品的意见，询问对产品的看法，这些问题成为银行做出产品决策的重要依据。当客户经理走向客户，银行也要求他们首先向客户提出问题，以得到客户对银行的关注。当银行员工做贷前调查和贷后检查时，同样也会有十几个，甚至几十个问题询问客户，以对客户的经营状况有一基本的把握。问题是银行对一个客户作出良好判断的突破点。要问好问题，在事前准备时，问题的拟定就需要花费心思，问要有礼貌，不能引起客户的反感；问要有深度，能够发现深层次的问题；问要循序渐进，将银行要掌握的核心问题全盘带出，因此在市场中，"问"成为关键。

银行员工在营销中必须向客户了解下面四个层次的问题：

一是客户是否懂得本身的金融需要和时间；

二是客户是否合情合理地理解要得到银行的业务支持所需要的时间和要求；

三是客户是否愿意在业务过程中与银行合作，并得到双赢；

四是客户是否愿意获得额外的信息。

客户达到的层次越高，参与银行服务活动的积极性就越高。客户经理可以根据客户的层次扩展服务项目，从而获取较强的服务功能。

● 行内争抢客户的"良药"

有两家支行都在争取一个客户，尽管银行向客户开出的条件相同，但两家支行都互不相让，一下子使客户为难，负责支行管理部的助理行长将两家支行的行长召集到一起，给了一个解决的办法，由客户决定选择，哪家支行更适合客户的需要，就将这个客户交给哪家支行服务，一切以客户的意愿和需要而定。这也反映了银行在处理营销中的原则，将客户永远放在首位，让客户决定银行的决策，让客户的需求成为银行业务发展的"导航灯"。

● 防止客户经理将客户当做"私有财产"

香港银行要求每个中大型客户必须要有两个以上客户经理提供服务，必要时要行长亲自带队服务。同时，每个客户经理每月都要将自己的客户开拓情况报告送交管理层，一方面要报告业绩，另一方面要报告有哪些潜在客户，哪些客户有什么需求，已经做了什么工作，利用了哪些资源，这些潜在客户让银行管理层了解将来银行客户的来源，让银行可以不断跟踪客户的变化情况。当一个客户经理离职时，他必须将潜在客户交给下一个客户经理才能离职，并且要亲自带领拜见客户，直到所有的资料都交接清楚。由于行方与有关重要客户有多方面联系，所以客户经理将客户当做"私有财产"几乎不可能。

银行是社会公认的信用机构，许多客户希望银行能扮演好信用中介的角色，如遗嘱的托管人，银行跟随客户的需求变化，只要客户有需求，银行就义无反顾地承担这个责任。客户现在追求高档、独特和个性，银行给客户提供高档的贵宾室的服务，提供根据客户需求的个性服务，提供与其他客户不同的服务。有客户询问能否在火车上转账，电子银行解决了这些问题。紧跟客户，了解客户，满足客户的需求，客户才能满意而归。

● 营销方式的精道

在培训中，教员举出一个例子，你一个人吃午饭，可能会选择一家麦当劳，你希望吃的东西便宜一些，快速一点，对服务不会太介意。假如你请一个重要的客户吃晚饭，就有可能会请他去一家法国餐厅，要求服务好一点，上菜慢一点，以便可以在与客户的交往中，加深与客户的友情。在营销中，必须重视营销方式的选择，方式决定效果，方式决定于动机，不能不讲求方式，好的客户经理可以说对方式别具匠心，怎样能打动客户，怎样可以取得好的效果，就采用何种方式。

● 不要让客户尴尬

一次，香港银行宴请一位从外地来的重要客户，气氛融洽，相谈甚欢。就在宴会进行到快结束，服务员为客人端上来各种水果，看到那些不常见的水果，客户一时兴起，拿起一种应该剥皮的水果，一口咬下，作陪的人员目瞪口呆，大家将目光投向银行的主人——副行长，这位副总神色自若，也拿起一个咬了下去，然后，对客户说，也有人连皮吃，确实不好吃，现在都开始剥皮。他的一个举动将本来可能会有的尴尬一扫而光，客户从银行高级管理人员的友好举动中，看到银行的诚意，将大额的资金打入银行。如果银行的管理人员在这件事上处理不好，很可能伤了客户的自尊，客户出丑，银行的利益也会受损。

● 多坚持十分钟

做业务不能急功近利，要耐得住寂寞，很多业务不是立竿见影，要有毅力。在营销中，多坚持十分钟，鼓励员工要忍、要坚持，往往胜者就出在这十分钟。一次，行长亲自带队拜访一个大户，然后，有关部门继续跟进这个客户，一个月后，得到反馈是，客户的争取困难很多。行长批示：坚持，坚持，再坚持。并要求有关部门给予配合。果然，不久，这个客户将一笔大额资金转入银行。坚持意味着毅力，有毅力的营销一定会取得成效。

● 下班后召开的"贷审会"

香港银行的贷审会召开的时间是无常的，经常要下班了，或者已经下班，通知所有的贷审会委员开会，因为客户需要一笔资金，包括行长都要将客户的事情摆在第一位。银行的服务在很多时间依靠的就是速度，速度的快慢成为客户衡量银行服务的重要尺码。为了银行的正常工作，牺牲速度，对于客户是不能接受的；对于银行来说，也难以取胜。速度包括对市场的反应。当有的同业推出新的产品，银行一般在一两周内也推出同样的产品，只不过经过包装。当一个行业发生困难时，银行首先想到的是资金的安全，以及如何以最快的速度帮助客户，抢在同业的前面，竞争就胜了一半。

● 银行的"柜台营销"

香港银行开展了一项活动，叫做柜台营销，这项活动的开展是源于一件客户的投诉。一位客户投诉说，他来到银行要求柜员能给他提供一项既可获取较高利息，又可随存随取。这位柜员微笑地回答说，他可以用银行的信用卡，客户问，信用卡能行吗，柜员答，"我不太清楚，但银行要求我推销信用卡"。这事让这位客户哭笑不得，他将这事向银行的经理诉说，经理将这件事向银行做了汇报，行长室对此事很重视，认真研究以后，决定在全行进行柜台营销活动，目的是通过培训，使员工知道怎样去营销，使全行所有人员，特别是柜台人员都能够懂得银行的产品，推销银行的产品。人们通常把营业服务作为银行服务的窗口，将从事营业服务的人员作为银行营业的代表。随着服务竞争的激烈，银行已将传统的所谓"一尺柜台"的营业服务扩展到大堂服务、柜台服务和电子机具服务，将单一"接柜"变为以营销为重要内容的营业活动。

● 诱人的营销

员工在银行要会根据客户需要，主动介绍业务。当客户对所介绍的业务不感兴趣时，员工会立即转向介绍其他业务，一旦时机成熟，主动协助客人办理有关业务手续。在向客人介绍业务时，员工会尽可能使用客人容易理解、简单清楚的语言，避免使用专业名词，令客户不易理解。他们在讲解时语气肯定、准确，突出业务的性质和特点。每位大堂员工都会使用计算机、器具、材料进行业务推广，经过员工的一番计算，一份诱人的、适合客户的投资计划展现在客户面前，令客户产生浓厚的兴趣。大堂员工都是业务熟练的员工，他们熟悉本行业务，因此推销起来得心应手。

● 火线作业

金融从业人员可能由于都是白领，无论竞争多么激烈，也不见面，以免尴尬，但如今不同了，同业在竞争激烈时，已经不回避，而且，将业务做到同业的门前，两家银行在一起建网点，两家银行在一起摆摊位，两家银行在一起宣传各自的业务，他们美其名曰，这样做有人气。其实，干银行的人都明白，这正是各显神通的时候。一家银行员工将业务做到另一家银行的门前，叫做"火线作业"，这家银行也不示弱，将业务做到对方的摊位前，通过相互的观察，共同得到提高。

● 录像带"营销"

客户经理在向客户营销中，当业务的复杂性容易导致客户的误解或需要得到客户的理解和支持时，客户经理会向客户致送介绍银行业务的宣传录像带，这些录像带将银行的流程和为客户着想的方面通过影像向客户展示，以得到客户对银行业务流程和所需时间的了解，同时得到对银行科学管理的赞赏，让客

户理解银行。这是管理者向他的员工提出的要求，只有理解和沟通可以加深双方的联系，建立真正经得起考验的银企关系，不要总认为银行是对的，只有客户认同，银行员工才能挺起胸脯说，我们是对的。需要客户理解，就要采用客户喜爱的方式去和客户沟通。

● 香港银行和政府的互动

银行是比较大的机构，人多，年轻人多，很多政府或社区的活动都离不开银行的参与，政府要举行某项活动，将资金和人员的需求，向银行表明，银行很乐意地应允，给活动的成功提供了基础。在商业社会，政府是服务机构，公务员也不允许利用职权，从事商业活动，但尽管如此，银行的高级管理人员紧紧抓住社区领袖、政府机构公务人员利用银行进行政治、社会活动的心理，广泛接触政府各机构、区议会、警署、街坊联谊会的头面人物，通过他们介绍，接触更广泛的客户群。

● 交换客户

任何一个企业的生存都要依赖客户，因此，相互交换和介绍客户是双赢的具体体现。每个客户都有他的业务平台，都有他的客户群，银行的客户群最广，遍及各行业，有些客户正是看重这一点，愿意让银行将与他们行业有关的客户介绍给他，而银行也正是抓住客户的这种心理，充分利用现有客户关系，扩大客户面。客户是银行宝贵的财富，银行将客户放在重要位置，客户是银行的最终"老板"，如果客户不光顾银行，银行就要倒闭，因此，在香港银行活动的一些重要场合中，客户都是座上宾。客户介绍客户是银行寻找客户的主要渠道，老客户对银行有较好的口碑，更能吸引新客户。在与大客户的交往中，香港银行总是看得很远，即使暂时银行花费了大量的人力、物力、财力，也在所不惜，银行从以后的业务交往中逐渐收回了以前的投入。

● 差别服务

一个大客户从他国来，香港银行的华侨部经理准时在机场迎接，然后被安排到客户指定的酒店，给予他应有的礼遇。差别服务必须从带来利润的客户着手，一位刚搬入当地的客户，在他心目中，这里银行服务是一流的，他打个电话给银行，要求银行上门服务，可是银行职员很客气地对他说，请他到银行办理业务，在银行的差别服务中，员工一定会讲究差别，对大客户存款，银行马上派人去取。这是差别服务。它是根据客户给银行带来的效益情况，对其实施有差别的服务。

● 有限的目标客户

一家银行是不能为太多类别的客户提供优质服务的。当你想为太多的客户优质服务的时候，没有客户会感觉到他是被上帝般对待。这个时候，通常受到伤害最大的是对银行价值最大的客户群，也是目标客户。在香港银行，个人理财服务的开户额分为2万港元和20万港元两种，在不同的类别服务中，往往客户也感到不同的服务，每一个客户都很明白他对银行的价值。银行服务能力有限，当银行不能将主要精力放在目标客户身上的时候，目标客户极有可能失去对银行的忠诚。在同业竞争越来越激烈的时候，香港银行认识到，只有放弃价值不大的客户才能集中到最大价值的客户。

● 现场速读法

香港银行在授信业务中常常需要对企业的现场进行调查，如何防止走马观花，蜻蜓点水，挂一漏万，银行推行《现场速读法》，只要短短30分钟，就能对一家企业了如指掌，其核心是企业快速评分表和企业速评问卷，具体察看：一是客户和员工满意度；二是安全、环境、整洁与秩序；三是管理系统；四是计划系统；五是空间使用，物料移动与生产线流动；六是库存与在制品水平；七是团队合作与鼓励；八是工具设备状况及其维护保养；九是供应链整合等。通过规范性的调查，使客户经理的现场调查更具效力。

● 搞清客户为何流失

香港银行要求全行"不能让一个正常客户因银行的原因流失掉"。当有一个客户要结清户头时，他们会主动询问原因，如因银行的一些客观原因所致，如地理位置等，他们就要通过营销，向客户宣传银行的优势；如因银行的服务质量所致，他们会向客户深深地表示歉意，并说一句"请留下接受我们的良好服务，我们不会再让您失望"。当流失的原因是银行的服务不够，他们立即采取措施，进行改进，不断地从服务中找到薄弱点，是与客户服务过程和营销过程中重点的重点。

● 双赢是营销的前提

一位客户将一百万资金存入银行准备购买银行销售的一个基金，这时，客户来了电话，向客户经理询问另一家银行销售的另一个基金，客户经理经过比较，认为那家银行的基金好于本行销售的基金，于是建议客户购买那家银行基金，这件事情使客户非常感动，他认为，银行真正为客户着想，是可以信赖的。不久，他就将三百万元资金转入。在营销中，考虑银行和客户的利益，争取双赢，才是营销的长久之策，如果短视，不顾客户利益，欺骗客户，仅做一笔生意，这笔生意给银行带来的不良影响，比银行得到的大得多。

● 将银行和客户利益交融

香港银行的建行宗旨是"取之于民，用之于民"。银行将她的宗旨贯彻在所有工作中，在一切业务中，香港银行都强调要将客户的利益放在首位，要争取银行和企业"双赢"。无论银行是在推行一项新产品，还是在进行一项活动，银行首先想到的是，如何将客户的利益紧密地和银行结合起来。一位客户要求提前终止一项贷款合同，银行由于需要承担合同终止给银行资金摆布上造成的成本而必须向客户收取一笔费用，对此，客户无话可说，因为，他可以减少支付贷款利息，损失一些费用也合算。但是，银行员工从客户的资金收益上考虑，积极地运用银行的产品，为提前归还贷款的客户，寻求高回报的资金出路，来补偿客户的资金损失，使客户在资金的使用上更加安全、便捷和高收益。银行就是这样时刻将客户的利益放在心里，许多客户就自然成为银行的长期客户。

● 成为客户的金融专业顾问

维系客户的忠诚度会带来更大的效益，但不同的客户会给银行带来不同的收益和利润，对不同的客户也要有不同的对待方式，要用一个合理的成本去维系一个客户。香港银行客户管理的着力点是提供更精细的服务，他们的目标是成为客户的金融专业顾问，以专业顾问的形式获取忠诚的客户群。如果客户对股票感兴趣，他们就会定期将一些股票信息发给客户；如果客户的关注点是基金，他们就会发送基金的信息。通常，所发的信息对 20% 的客户有用，对80% 的客户没用。通过需求的精细划分，了解客户的需求，能够和客户建立非常熟悉的关系，客户如果能够感受到专业服务的愉快，自然就会信赖银行的产品。银行的调查表明，经过专业服务的客户的忠诚度远远高于没有服务过的客户。

● 客户买单的银行请客

香港银行每年都要为客户举办一些富有特色的活动，它们的特色在于银行出面组织，客户各自出钱，为什么这样的活动能够进行，因为银行依靠它的组织力和号召力，将那些中小客户聚集到了自己身旁，他们举行大型宴会，宴会中有客户喜欢的抽奖、有表演、有热闹非凡的气氛，银行的外勤人员将宴会桌票向客户推销，客户看中了它的气氛以及广交朋友的机会，购买一桌或几桌，宴请各自的朋友，银行借这样的机会，认识朋友，宣传银行的业务，他们将宣传融入抽奖和演出当中，银行在这样的活动中支付得很少，奖品往往是那些财大气粗的客户赞助的，这也是他们"打广告"的好时机；文艺演出是大酒楼奉送的，银行所出的仅仅是人力。银行高层人员走到客户当中，给宴会创造了银行与客户亲密和谐的气氛，使银行与客户的关系更加融洽。各家支行也通过组织客户旅行，争取客户的参与，由于人多，再加上银行的积极参与，因此费用往往低于市价，香港银行通过这种活动广泛交朋友，客户通过这样的活动得到经济上的实惠。

● 香港银行嘉年华

在一次社区组织的公益性活动——嘉年华中，香港银行不但出钱出力，而且出人，银行在活动中，将他的产品做成漂亮的小袋，送给参与的市民，受到客户的欢迎。银行一直在追求"四满意"，即客户满意、员工满意、股东满意、社会满意，他们积极赞助和参与社区活动，在宣传之中扩展业务。他们参加和赞助各种演唱会、嘉年华、慈善活动等扩大银行影响，并将业务营销结合在活动之中。他们极力树立热心公益的形象，每年都要组织庞大的员工队伍参加几次公益慈善百万行活动，并在多年为社会公益慈善基金出售慈善卡中获得殊荣，在电视中频频亮相。银行打出的口号是，取之于民，用之于民，香港银行是公众机构，他们会利用一切机会，致力于此目的。

● 客户的热情管理

以往，当一个客户在银行办理了一笔大业务后，客户经理就会大松一口气，如今，维护客户，保持客户对银行的热情，即所谓热情管理，又是让客户经理感到压力很大的一项工作，调动客户热情和积极性的关键在于利润和前景，通过一些媒体的报道、银行产品的创新等，不断温热客户的业务欲望，从而促进业务的发展。要做好这项工作，根据客户经理介绍，需要用心，需要关注客户的行业，关注客户的业务，了解全行的业务发展等，只有这样，银行才能真正保持和扩大业务。

● 找到客户的兴奋点

客户经理都懂得这样的道理，如果要和客户交朋友，必须了解客户，成为客户的知心朋友，只有融入客户生活中，了解客户，才能成为客户的朋友。在最初的阶段，客户经理总想方设法知道一些目标客户的重要纪念日，这需要有信息来源，需要做有心人，然后需要知道关乎客户利益的问题，如荣誉、健康、孩子、父母及亲朋好友。当处处为客户着想，融入客户的生活中，客户自然会给予员工信任，成为客户喜欢的人。此时员工在适当的时候，用适当的方式，以适当的价格，向适当的客户推出适当的产品，肯定能收到适当的效果。

● 挑起客户的动机

香港银行要举办一个行业研讨会，准备邀请一些行业的重量级人物，特别是一些大客户参加，经过了解，一些客户由于公务繁忙可能不愿参加，由于银行非常希望这些客户参加，这时，摆在经办人员面前的是如何改变这些客户，员工认为要改变他人，就要挑起他高贵动机。银行根据研讨会的内容，提出能够带给客户的利益的思路，让客户感到这次活动不可失去，经过员工的努力，研讨会开得非常成功。同样在业务营销中，一些客户也常常开始拒绝员工的一些想法和提议，员工总是让客户找到最好的改变想法的最好理由，改变了初衷，取得了预想的效果。

● 让客户跟着银行走

客户经理拿出一张表请客户填写，客户一看立即不愿意填写，因为他需要填写许多个人资料，办银行业务需要这些资料吗？他反问员工，员工接过表，看了一看说，"我也认为没有需要，但我想填写一下也许有些好处，如果银行有什么好的金融信息，可以及时通知你，有什么事情，如果你正好外出，可以通知你的家人"。客户听后，愉快地填完了表格。让客户高兴地配合银行工作是需要技巧，让客户理解银行必须站在客户的角度考虑问题，要挑起客户的高贵动机。

● 营销要举证

在与客户交往中，如何说服客户，如何让客户感到银行说的是对的，银行也教会员工一些基本操作方式：一是说明业务的特征（feature），让客户知道该项产品是什么东西。二是说明业务的优点和不足（advantageand disadvantage），让客户明白产品的价值。三是说明客户的利益（benefit），任何业务都要让客户觉得他有利可图，否则，就不会被客户接受。四是举出证据（evidence）。光说是远远不够的，必须要有些证据来证明银行所说的正确性，如报刊文章，批文以及一些有利于产品的宣传和报道等。

● 尊重与客户的差异

在香港银行与客户的交往中，银行告诉他的员工，不要想改变客户，只能去改变银行员工自己，要通过员工的努力，尊重客户、理解客户，使客户自己下决心改变他的决定和习惯。有位客户对银行员工说，"我不会去你们银行办业务，因为我和我自己的银行关系非常好"。这位员工非常理解他，并说"如果是我，我也会这样"。他们开始有了交往，以后这位员工总是带去一些客户需要的资料和信息，他们建立了良好的关系。一天，这位客户告诉他，准备来银行存一笔钱。因为银行员工的长期行动感动了这位客户。如果不知道尊重客户，客户是不可能改变他自己的。

● 不要让客户难堪

一位客户在和银行的会谈中，大谈其对银行十分了解，其中说到对银行贷款的效率，明显存在很大的误解，银行经理想向他解释，但客户似乎固执，这时经理放弃了说服的想法，他认为客户也许完全错误，但客户并不认为如此，不要责备他，他记起在上营销课中学到的："当面指责别人，只会造成对方顽强的反抗，将'但是'改为'而且'，必须牢牢记住一点。"他的谈话艺术很快使客户接受了银行的建议，开始了良好的合作。

● 将名分给企业

在香港银行与客户的交往中，要争取与客户双赢，不但要从利益上考虑，还要从名分和精神上考虑。银行经常赞助，出的是钱，要的是名分，但在许多时间，银行要的是钱，出让的是名分。一家企业在办公电子化方面遇到一些困难，银行施出援助之手，利用本行强大的系统，帮助客户解决了困难，客户将自己的业务给予了银行，在利益和名分上，银行从来都是讲求平衡，不仅仅将自己的利益看做是钱，而是从长远着眼，争取更大的利益。

● 寻找谈话的契机

一个客户经理碰到最难的事是与客户的最初交往，即如何拉近与客户的距离，李先生是香港银行的金牌客户经理，他的体会是，一定要对客户进行事先的研究，通过客户的朋友或同事了解这位客户的性格和谈话风格，寻找客户感兴趣的话题，并做好谈资准备，千万要注意不要以讨论异见作为开始，不要以谈业务开始。在谈话投机时，可以进入正题，当员工要表达自己的意愿时，特别是谈到员工对客户的业务需求时，要尽可能使客户在开始的时候说"是的，是的"，尽可能不使他说"不"，因为客户的一个否定，将需要客户经理用十倍的努力去扭转，这样一个好的开端就有了。

● 寻找客户最佳心情

每位银行员工都应该明白，营销要讲求环境，在合适的地点，合适的时间，对合适的人，讲合适的事是每个客户经理必须牢记的。一位客户经理在与客户初次见面的时候就询问客户的私事，客户感到不悦。一位客户经理在客户由于工作的繁杂心情不快时谈论争取存款，肯定不能如愿。见机行事，营销才能对路。要寻找客户的最佳心情，必须寻找客户感到最好的时间和地点，让客户在这样的场合中愿意和客户经理谈论银行想谈的业务，那么银行的员工就成功了一半。

● 以新取胜

香港银行的专家们认为，业务创新是大势所趋。新产品的开发是市场和客户对银行的需求，金融知识越来越丰富的客户对新的金融服务和金融产品日益感兴趣。银行每年都要花大量的人力、物力开发新产品，每年都要推出几项满足市场需求的新产品。业务发展部的一项重要工作任务就是开发新产品，他们注意收集和研究金融同业的新产品、新服务，结合本行实际，提出开发建议，交工作研究部研究。当一项新品种问世时，外勤人员又借宣传新业务攻势之机，开辟新客户市场，扩大客户群，进一步扩大银行的业务范围和视野。

● 将存款业务玩出花样

世界著名的管理学家彼得·德鲁克说：现代企业最重要的职能只能有两个，一个是创新，另一个是营销。银行在创新上，核心业务是难以改变的，但要在核心业务上创新，只有走功能重新组合之路。在银行，为了将存款业务进行创新，员工将存款和抵押结合起来，再加上自动收费＋可转让＋分期＋随时提取＋高息＋财务顾问＋投资＋收益率＋电子化转账和通知＋手机和网络银行＋附加服务＋赠送等。这样存款就创新出许多花样，通过一揽子和一站式的服务，将产品像磁性产品一样，搭配和互换，银行的创新业务就有了广阔的发展前景。

● 电梯间里的服务

最佳的银行是由最佳的员工创造的，最佳的员工是由最严格的培训产生的。香港银行重视对服务细节的培训，在上电梯时，里面有人，员工会请客户先上，如果没有人，员工会先上，并主动询问客户上的楼层，帮客户选好楼层，在下楼层时，请客户先下。在电梯里，员工一般不允许谈论业务上的事情，更不愿意谈论客户的事情，不要主动与客户去谈论，以显示员工的教养。电梯虽小，但是它也是银行服务的一部分，服务就是由细节组成，就像员工如何站立一样，双脚叉开，双手轻微放在身前，保持自然姿势，不要懒懒散散，不要靠墙靠桌，不准背手，更不准叉腰。员工经过培训，就知道应该如何反映银行的面貌，就知道什么才是银行的优良服务。

● 不同图案的存折

客户需求千差万别，千篇一律的服务不能让客户都满意，因此，银行要提高服务水平，就必须给不同客户提供不同的个性化服务。香港银行推出一项服务，将最普通的存折，设计成不同的图形，当客户选择存折时，员工就会请客户挑选一个客户最喜欢的图案，随后，客户拿到自己喜欢的存折。不同的图案显示了不同的个人风格，这种服务形式的改变受到客户的欢迎，也产生良好的社会效应。不要拘泥于传统，要多为客户着想，为客户服务，才能想方设法为客户提供个性化的服务。尽管银行为此需要做出努力，但市场的回报让员工觉得他们的工作是完全值得的。

● 善意提醒

在香港银行的许多文件中，经常可以看见银行对客户的善意提醒，如对资金安全的提醒、对法律的提醒、对银行业务的提醒，等等。银行从来都摒弃"事不关己，高高挂起"的利己主义原则。不但银行要保证安全，也要提醒客户注意安全，这样做不但给客户一个很好的提示，而且可以很好地将银行的客户文化理念输送给客户，让客户感到银行的关心。银行要做到这一点，就必须时刻为客户着想，从客户的角度出发，即使给员工添了麻烦，但是带给客户的是真正的方便。

● 让人羡慕的航空服务

香港银行将他们现时的服务标准定为良好服务，当问到未来的服务标准是什么时，一位银行的高级管理人员认为是航空服务，银行在培训中将航空服务作为他们服务的目标。他们希望有一天，当客户来到银行时，一块热毛巾、一杯咖啡、一盘点心，让您感到宾至如归之感。他们教育员工，航空小姐每个动作都是规范动作，每个着装的细节都经过专家的认可，每个表情都是专业的。在飞行中，当客人在休息时，他们不会送上正餐，以免凉了，他们会在你坐椅前插上一个卡片，当客人醒来时，打开卡片，上面写着："先生，您好，在您方便的时候，请通知我们，我们会为您送上正餐。"银行以这些案例教育员工，告诉员工要为客户着想。

● 时间赢得客户

香港银行在营销中，讲求持之以恒，讲求耐力。一位经理为了营销一位客户，用了两年的时间，不断地为客户发送有关行业信息，不断地为客户提供银行的解决方案，不断地问候客户，不断地急客户所急，终于赢得客户的信任。这位经理要求所有员工忘掉你的任务，一心想能给客户多少服务，将服务看做是我今天要帮助更多的人，而不是我今天能拿多少存款，这是服务的最高境界。香港银行从注意服务员工，到注意服务设施，到注意服务过程，当我们将服务过程做到位，我们的效果就会十分好，不但要现有客户，还要将来的客户。利润是靠贡献社会而来，不是靠追求而来，只要服务完善，必然利润会滚滚而来。

● 能够共享的客户资料

传统的账户开设以及办理银行其他业务的一大问题是客户必须反复提供相同的资料给银行，这种不便成为推广金融产品的一大障碍。以往在金融创新中，注重客户需求的少，注重银行自己感觉的多成为银行的通病。银行过多考虑本身业务程序的精简，而忽视客户业务程序的繁简。在银行有关部门的共同努力下，一种能够共享的客户资料平台建立起来了，客户不必将资料反复提供，他们的业务手续简化了，许多客户给予银行很高的评价。这不仅仅是一个为客户服务的举措，而是一个以客户为中心观念的具体体现。

● 服务中的手势

规范化管理有利于把管理工作具体化，有利于管理考核标准规范化，有利于有效地提高管理水平，规范化管理是银行外部形象和内部管理的重要内容。员工在日常工作中要经常使用手势，这时的手势已经不是简单的礼仪，而是一种准确的服务，手如何出，手如何收回，都必须给进入银行的客人以准确的指示。因此，必须规范化。从柜台一线开始，银行对员工的仪表、姿态、手势、语言以及办公用品的摆放等都做出规范要求。香港银行高层认为规范化是升华企业理念，创造出具体、生动的企业形象的关键。

● 香港银行的"十步服务"

刚到香港的内地人，首先遇到的问题，就是语言，粤语对于他们来说，是必须跨越的困难，一次，几位内地人到香港的出境事务管理处去办理身份证，当时，国语还不通行，广播里呼叫名字都用粤语，可因为刚来香港，谁都听不懂，他们感到有点像叫自己时，就会走一圈，一排许多窗口，但每次走到那个可以提供服务的窗口，管理处的工作人员都会举起单手，手心朝外，非常规范，这也是银行实施的"十步服务"：10步距离内，看到客户，员工必须打招呼。规范的做法就是将手举过头，手指并拢，手心朝外，给人一种正规化的感觉。

● 提前 15 分钟到岗

每日，所有一线员工都会提前至少15分钟上班，超过时间就算迟到。离开始营业时间还有10分钟时，所有员工已着好服装，做好一切准备，等待开门。"没有理由让客户等待"，所有员工都这样认为。在银行，见不到员工在处理内部事务而把客户冷落在一边，也不会有员工慢声慢气地在打电话而不顾客户在等候，更不会有银行营业厅还不到营业停止时间就已关门。几乎每日，营业结束时间到了，仍有客户在等候服务，员工一定会让最后一个客户满意地离去。

● 明明白白地享受服务

银行在社会上的地位较高，很多企业为了得到银行的金融支持，对银行总是有求必应，但在商业社会中，要使银行的服务能真正打动客户，必须提供明白的服务，任何业务的收费必须有据可查，他们将所有的收费标准张贴在客户容易看到的地方，希望客户对银行的收费给予监督。这不仅仅是一种形式，它包含着重要的内容，一旦银行收费有误，客户将会很明确地向银行提出，便于银行的纠正。银行将本行的有偿服务让客户监督，目的是让客户明明白白地享受服务。

● 一张机票换来的业务

一位客户在银行丢失了小包，员工捡到后，发现里面有一张当天的飞机票，但没有失主的电话，他们通过蛛丝马迹，找到了客户的公司，但公司没有人上班，他们又直接到公司去找，在大厦管理人员的介绍下，见到了失主，失主正在为找不到自己的小包着急呢，他握着员工的手，拿出了钱要表示心意，但员工谢绝了，只说了句，有什么事，请想到我们银行。员工真诚的服务，使客户非常感动，他逢人就说，并且为银行介绍了多位客户。

● 一句宣传语带来的服务

一家香港银行的办公室接到一个电话，来电人说他是银行的一个客户，问总行在某个街区是否有网点，他有急事想让那个网点帮忙，办公室告诉他电话，这个客户将电话打到了那个网点，告诉他们他有急事要找在网点附近的某个商场，问是否可以去那个商场问到电话。银行员工立即答应了，并很快回电告诉客户电话，这个客户将他的急事办妥了。后来，他专程来银行表示感谢，当问到他怎么会想到银行时，他说，他看见银行的一句宣传语：只要我们能做到的，我们一定会尽力。后来这个客户成为银行的忠实客户。

● 服务改变客户

一位客户在几个银行开户，使他在资金管理上很不方便，于是，他决定来一家中资银行结清他的账户，留下在汇丰银行的账户。在来银行的路上，遇到了大雨，当他满身湿淋淋地跑进银行，正想掏出纸巾来擦擦雨水时，迎面走来一位身着银行制服的小姐。她面带微笑，手里托着一块洁白的小方毛巾。客户不禁发愣，是给我的？这位小姐微笑地开口道："先生，擦擦吧，下这么大的雨，您还来光顾我们银行，多谢了，需办什么业务我可以帮忙吗？"这位客户一时语塞，说他来结清账户，真说不出口，再说这样会引起银行小姐的许多询问，如对银行的服务有何不满意的地方，为什么要结清该行的账户等；说来银行躲雨，又不是那么回事。他只好边道谢，边说："啊，来存款。"说着，他拿出了 5000 元钱。银行的服务感动了客户，从结清账户到存款的过程生动地说

明了服务管理的效用。

● 电梯边的小圆筒

香港银行在电梯间口有个小圆筒，上面摆放着些石头，是将烟头在这里掐灭，但部分客户并不知道它的用途，总以为这是吐痰用的，而当痰吐上去了后，很难清洗，银行为了解决这个问题，想出一个布告，可是布告如何写，成了一个大问题，如果说"请不要在这里吐痰"，一是小视客户，对客户不尊敬；二是大多数客户不会这样，让客户尴尬。后来，银行为了不因个别人，而得罪大多数人，只好什么布告也不出，请保安多留心，当发现有人做错时，及时提醒。银行在做任何事上，首先想到客户，在处理问题上，绝不会为个别人伤害大多数人。这和我们有些人，宁可错怪多人，也不放过一人的思想大不相同。

营销研究——为营销银行产品打造坚实基础

知己知彼　外勤人员必须掌握竞争对手的情报。在营销中，收集同业的信息，包括业务品种、竞争手段、费率、利率、汇率、优惠水平、管理方式等，并将一些有价值的情报写成动态信息报研究部门。除了同业外，他们还注意掌握各行业的经营和发展现状，因为行业的兴衰关系到银行的业务发展，外勤人员的行业分析报告常作为重要的情报送决策层。为了提高外勤人员的信息收集能力，香港银行每年都组织信息评比，每季都有信息工作讲评。

营销调研　营销调研是系统地设计、收集、分析和提出数据资料以及提出跟银行所面临的特定的营销状况有关的调查研究结果。为银行制定决策，解决问题，服务营销市场发挥着积极有效的作用。

首先，要掌握信息，营销信息的捕捉主要靠人和通信手段获得。要成立专门的市场营销调研机构，抽调足够人员，应由思维敏捷、反应灵活、责任心强、语言文字表达能力强的人员来担任。

其次，要进行市场分析。主要分析市场的大小、稳定性、趋势及开发的可能性，为银行制订总体的或地区性的营销计划提供依据。市场分析包括如下几个方面：市场环境分析。包括政治经济环境、人文环境、自然地理环境、文化环境等。市场潜力分析。银行新产品对市场可预见的总需求量有多大，对本银行产品的接受能力有多大，产品适合于哪个市场。市场占有率分析和营销经济效益分析。

最后，要进行客户分析，包括现实客户分析，潜在客户分析，客户的主要需求，客户购买金融商品的动机和行为等。

产品分析　主要目的是分析发展什么样的产品更具有前途，向市场提供什么样的产品更适合消费者需求，产品计划如何制订。

竞争分析　在市场竞争中为了做到知己知彼，及时了解竞争对手情况，争取主动，对市场竞争态势必须清楚，竞争分析包括：当前直接的竞争者情况分析，如组织机构、价格机构、广告宣传情况、促销手段、市民的偏好。间接竞争者分析，类似产品与替代产品分析。竞争趋势分析，主要分析新产品出现后，新产品加入引起的新的竞争。

对同业（竞争对手）研究　香港银行每周都会有一次对自己锁定的对比（对手）银行走访，学习人家的长处。通过许多交流会、联谊会，听取别人经营的好办法。找到别人的好处和优点，用来弥补自己的不足和缺点（任何竞争者，倘若未能就对手的战略竞争做出反应，部署并投入自己的资源与之抗衡，那双方的竞争格局就会扭转，竞争的均衡就会发生重大的变化）。

敏锐地观察来自员工、顾客以及内部部门的不满，改善自己的管理，改进企业文化。眼睛向内看，力争凑人气拉住老顾客，培养新顾客，长期占有市场份额。

13 让服务创新精彩

银行业既是一个传统的产业，又是一个创新的产业。商业银行的管理者认为，香港银行服务不但要虚心地学习他人的经验，而且要创造经验。能否创造服务经验是考核一个管理者的重要标准。那些善于动脑，勇于开创的员工是银行重用的员工；那些无所作为，毫无创意的员工很快被淘汰。在香港银行，做好一件服务工作的评价在很大成分上看有无创新意识及创新方式，碌碌无为，平淡无奇会被认为是不求进取。香港银行给各级服务管理人员创新的空间，银行对服务提出目标，但具体计划和策略来自于各级服务管理人员。银行领导每次交付任务时，总是交代清几个要素——目的、标准、时间，至于执行中的方法是否妥当就看效果了，效果好说明方法对，就会得到上司赞扬；效果不好说明方法不当，自然要改进，因此，员工会在一定的自由范围内表现他们的能力。创新也并非仅仅来自于个人。每项大的活动、每项业务推广都有一个专业小组，从人员使用、预算控制、活动策划等都必须推陈出新。服务的创新加深了员工对市场服务的理解。

近二十年来，金融创新风靡全球，成为影响世界经济越来越重要的因素。金融创新与激烈的竞争之间存在紧密的联系，因为各种创新金融商品的产生及交易手段是创造竞争优势的最有效方式之一。金融创新主要为制度创新、市场创新和技术（工具）创新，还包括思维方式和经营方式方面的创新。随时根据市场的变化和用户需求，推出新的金融服务品种，调整发展策略，是保持客户和银行活力的关键。

服务创新的目标——吸引市场以外的客户

服务创新之所以能在香港银行层出不穷，是因为服务创新的目标非常明确，迎合市场，为客户服务，有利于银行的安全、盈利和发展。

吸引现有市场以外的客户　一家香港银行服务对象不可能包括所有的客户，可行的办法是从现有的市场以外尽可能地吸引更多的客户。对已有的产品加以创新，推出有助于扩展市场的新产品，也可以吸引现有市场之外的客户。如支票存款账户，既付利息又能开支票，可以吸引许多潜在的存款者；房屋抵押贷款的证券化有助于增加资产的流动性、减少风险。

交叉销售——吸引竞争对手的核心客户　据国外资料表明，从一家金融机构转移到另一家金融机构的往来账户每年只有 2%，要想开发能够吸引竞争对手客户户头的产品是相当困难的，因为人们在选择开户银行时，尽管产品因素也相当重要，但主要是金融机构的方便性，要想在竞争中取胜，唯一的途径是设计出与原先完全不同的产品，产生功能的差异，实现某种新的服务功能，这种功能明显地与竞争对手不同，明显地弥补以往服务的某些不足，或明显地解决新出现的某种特殊需要。而且，重点把新开发的产品销售给竞争对手的客户，而不是只去争取转换户头，这样产品销售才有实质性的意义。交叉销售策略。对客户销售按揭贷款时，可同时销售贷记卡（按揭贷款客户终身免年费）、装修贷款、车位贷款、业主备用信贷（月薪的 3～5 倍）等其他信贷产品，也可同时销售保险、网银、基金、信托等其他金融产品服务。

降低成本——赢得创新的主动权　创新必须降低成本，谁的成本低谁就更具有主动权，谁就能在竞争中取胜。要做到这一点，发展银行业务的电子化和自动化是有效的途径，因为这样可以降低实际劳动成本和管理费用。

网上银行——服务创新的一次革命

借助于计算机和信息科技，成为香港银行提高产品销售和市场拓展能力不可忽视的一面。当前香港银行业的竞争集中反映在高科技的投入上，每年不惜投入重金，计算机系统每隔几年就要更新，以确保在技术上的领先地位。高科技投入，不仅使银行业保持了业务的不断拓展，而且由于用技术代替了人工，降低了房屋和人工费用的开支，减少了管理人员，因此提高了银行的利润。

网上银行的拓展——服务观念和方式的变革

网络经济的时代已经不可逆转，不运用互联网改变经营方式，银行业的服务空间将被大大压缩，在竞争中被无情地淘汰出局。网上银行不仅能为客户提供不受时空限制的快捷、便利、安全的"三A"（任何时间、任何空间、任何方式）服务，而且大大降低经营成本、加速信息传递、提高管理效率，增强了新产品的开发能力和进入市场的速度。20世纪90年代后期，香港各家银行积极开拓网上业务，掀起了一场银行服务观念和模式的变革。

网上银行服务的种类——新颖及多元化

目前，香港银行网上银行的服务种类主要有：基本理财业务，包括查询、转账、付账、开立定期存款及提供财经资讯等；网上投资，包括处理客户投资组合服务；网上购物，主要是银行所属的信用卡部，开发网上购物系统，邀请零售公司加入；网上股票买卖；网上贸易融资；网上商贸方案；网上按揭；网上保险；网上基金销售；其他网上贷款等。

1998年11月，万国通宝银行在香港率先推出首家网上银行，其他银行迅速跟进；其主要目的是提高银行的形象，吸纳一些年轻及专业客户；由于世界贸易运作日趋电子化，不少银行均积极响应，计划大力提高贸易融资的运作效率，加快研究及推出网上贸易方案，协助客户及企业尽快与世界网上贸易及金融电子化接轨。

网上银行的基本优点——银企"双赢"

对于客户而言，网上银行主要有以下一些优点：费用全免；方便；即时掌握个人财务资讯；新颖及多元化服务，紧跟国际潮流；发挥综合理财资讯功能；网上银行使银行业间产品价格讯息传递更快，故在竞争加剧下，价格下调压力增加，对吸引客户有利。

而对于银行来说，网上银行的优点则在于：保留客户；吸引新客户（如年轻专业人士）；改善银行形象，以达到宣传效果；通过网上银行宣传银行新产品和服务；减少营业机构的工作负荷；提高服务效率，进行全天候营业；降低交易成本；方便跟踪互联网应用及发展潮流，避免技术落后导致的客户流失。

14 让服务支援系统信赖

内部服务是服务非常重要的研究领导，他们认为"组织中的每个人都拥有一个客户"，这表明对于一个服务企业，并非只有与客户直接接触的员工才有必要考虑如何让客户满意。组织中的任何人都有他（她）必须为之效力的客户。同时，在员工有效地为最终客户服务之前，他们必须像对待最终客户一样服务于内部客户并以此为乐。

香港银行的后勤人员负责全行上千人的后勤保障。后勤工作的宗旨是为全行服务，为业务第一线服务。无论是维修、办公用品购买、文件传递，还是汽车管理、电讯管理，他们都是随叫随到，保质保量。

香港银行后勤管理推行"投诉制"。全行员工对后勤服务有任何不满均可向总务部投诉，总务部必须在一日之内给予解决或回复。总务部在按投诉要求处理工作后，须请投诉人或该单位主管在服务质量单上签字，以表示对处理的认可。后勤人员总是将环境保持得干干净净，并且不影响他人工作，得到被服务人员的赞许是总务部的工作要求。后勤工作的主管部门总务部所推崇的服务精神是"站在被服务对象的立场上，向服务要质量"。本着这种精神，总务部各级管理人员经常深入第一线，体验生活，自我感觉后勤工作的分量，聆听各单位员工的要求，发现问题，将心比心，使服务工作锦上添花。被服务单位没有想到的，他们先想到了，被服务单位只要增加一处盆景，他们不但做了，而且还做了精美的造型，增加了装饰品，使人们对总务部褒奖有加。

后勤工作千丝万缕，总务部能抓住重点，管好电讯，管好餐厅，管好行产，管好文件以及管好汽车，使这个难当的"管家"工作做得十分出色。

电讯管理——安全、准确、快速

电讯工作是总务部工作的重中之重，它要保证密押的安全、准确，确保电讯迅速无误。根据电讯工作的特点，一般香港银行的电讯工作分两班制，第一班按银行正常时间上下班，第二班从中午至晚上九点左右，直到处理完当天的电讯业务。密押工作由两位有较高职级的人员担任，银行对密押的重视是由密押对银行资金安全的重要性所决定的。密押工作室与其他办公室相隔离，不允许其他任何人入内，两位密押人员互相牵制、互相制约。电讯工作由清一色的女同事承担，她们工作细致，对金额、数字、电讯号码、电讯回号进行反复核对，对各单位发出的电文依照银行的授权要求予以审批，对收到的电文准确迅速地处理并跟踪处理结果，对由几个单位共同办理的电文分别复印，并交一个单位主办。

餐厅管理——卫生、方便、自负盈亏

香港的银行本部通常都设有职工餐厅。根据规定，所有员工享受午餐补助，员工支付部分餐费。餐厅分大小餐厅，小餐厅供行长室成员和来宾用餐，大餐厅供全行员工就餐，每日中午餐厅开放时间达 3 小时之久。全行员工分三批就餐，以保证中午不停业。餐厅每餐有两种套餐供选择，并备有稀饭和味道鲜美的配汤，每日套餐不同，三个星期不重样。大小餐厅同种饭菜、同种价格，餐具一律经过消毒，餐厅保持明亮整洁。餐厅工作人员均为非在编职工，只领取薪金，无奖金，无银行职员的其他待遇。为了调动这些职工的积极性，补充他们的收入，餐厅早餐盈利均归职工所有。全行员工就餐自愿，就餐人员必须提前一天预订，以防止食堂准备饭菜过多，造成浪费。如饭菜不佳，服务不好，价格昂贵，员工可以放弃在餐厅就餐。餐厅如因就餐人少，不足以补足成本，就必须关门停业，餐厅职工自动失业，这种机制给银行餐厅带来了活力。

行产管理——明白、价廉、物美

一家银行有数十亿固定资产，为防止行产流失，所有资产都记录在案，并且每年复查一次，从维修、出租到管理，后勤部门都详细列表，有时间限制，有具体要求，有年度预算，一切管理都规范化。

购买办公用品是管理行产的一项重要工作。总务部的职责：一是对全行办公用品的使用和购买进行监管和评估，保证购买和使用合理得当；二是购买办公用品坚持价廉物美的原则，大的装修工程均通过投标，小的物品购买均货比三家，列明三家以上公司的报价单，按不同购买金额报不同级别人员审批，既保证了办公用品的质和量，保证了价格合理，又杜绝了利用购买物品进行贪污受贿。

文件管理——集中、严密、高效

文件收发花去总务部大量人力，管好文件的要点是效率和安全。文件的交接登记非常严密，各种文件签收都有时间和收件人，甚至一个组交另一个组都登记在案。银行各部门分散在大楼的各楼层，各支行分布在全港。总务部采取中央分发的方式，每日数次按时间由专人从各楼层、各支行收取文件，集中在中央分发，再每日数次分送到各单位收件人手中，而且将文件分为快、慢件。慢件从发信到收信一般需 2～3 小时，快件仅需 1 小时。全行信件统一对外，所有信件送到总务部，再分发到各处。在管理文件中，总务部设有全行的中央档案，所有文件必须交回中央档案。文书组有不到 10 个员工，要负责电话总机、档案管理、打字复印、文件传送、文件跟踪和文件收发，她们的工作效率很高，而且有条不紊。

交通工具管理——职业、守规、公私分明

通常，香港的银行将行内的汽车司机作为银行的正式员工，银行对司机的管理非常严格，总务部有专门的汽车调度，司机按照派车单出车，汽车的调动使用必须经副总以上人员批准，司机必须准时正点，随叫随到。司机的出车公里及路线必须登记，并且由用车人和管车人一起核对，汽车必须保持整洁。一个盛夏的夜晚，一位司机端着饭盒在车外用餐，又热又不方便，当问他为什么不在车内用餐时，他说：这会污染车内空气，影响用车人。平时，司机都着西服，任何时候都戴着领带，整整齐齐，并养成了站立迎用车人上车，送用车人

下车的习惯。

　　司机必须遵守交通规章，如因违章被罚款，由司机本人自负。一次，一位副总要求在一处不应停车处停车而被罚款300元，这位司机须自己承担，后来那位副总代付了罚金。同样，如司机因违规损坏汽车，银行则按员工事故处理，由司机个人支付一定比率的经济损失。汽车司机总是每日七点上班，晚上常常九点左右才下班，他们的加班费相当于他们每月工资的1/2或1/3。司机不参加应酬活动，在用车人参加宴会时，他们吃盒饭。他们的辛苦由加班费得到补偿。司机不出车时，或维修车辆、或清洁车辆、或协助发送文件、或修理机器设备、或做一些杂务等，甚至还做一些分外的工作。香港银行的汽车是专为银行业务和工作服务的，全行各级人员都不得私用汽车，行长有专车，但他因私外出时却需乘坐自己的私车或出租车。一香港银行行长的女儿去澳大利亚留学，行李很多，但他坚持让女儿乘出租车去机场，而不是利用权势打破银行的规矩。若司机住家离银行较远，也都只能乘公交车上下班。一次，一位司机乘出车之便，为个人办些私事，被银行发现，受到银行的查处，这位司机甚为难堪，不得已，向银行递交了辞职信。

15 让客户投诉机制灵活

香港的银行为保证向客户提供尽善尽美的服务，除在服务宣传、服务营销等方面使尽浑身解数以外，还注重售后服务，建立客户投诉机制，改善不尽如人意的服务。

客户投诉——诊断银行服务的透视镜

香港银行实施服务质量改进计划，在质量改进计划中强调管理者应对全部质量问题的85％负责，鉴于此改进质量必须率先改变产生问题的系统和过程，管理者应将焦点重新对准客户需求的满足和保持竞争领先的持续改进。

香港银行认为：在96％不抱怨的客户中有25％有严重问题，4％抱怨的客户比96％不抱怨的客户更可能继续来银行寻求服务。如果问题得到解决那些抱怨的客户中将有60％继续来银行寻求服务，如果尽快解决这一比率将上升到95％。不满意的客户将把他们的经历告诉10～20人，抱怨被解决的客户会向5个人讲述他的经历，从这组数据中可以看出银行通过授权一线员工"将事情做对"可以将服务失败转化为服务惊喜。

香港银行处理投诉的部门是人事部。客户对银行服务不满意，将会产生一种极为有害的负面影响和宣传。香港银行在各营业场所设有意见箱，并通过各种方式（如意见征询表、座谈会、服务顾问）收集公众的投诉。香港银行开设有24小时投诉热线，任何客户对银行的投诉都保证在三日内答复。对任何投诉，不论口头的还是书面的，人事部都会进行深入调查，被投诉人和主管部门都要写出详细报告，当投诉与事实相符时，被投诉员工会受到严肃处理，客户将收到银行的道歉函。同时，有关部门也立即修订有关制度，改进服务措施，保证类似的投诉不再发生。即使投诉不能成立，银行也会向客户做出合理的书面解释。香港银行将处理投诉作为一项重要工作来抓，它可以舒缓客户的怨气，赢得客户的理解和谅解。香港银行制定了详细的客户投诉处理程序，包括不同投诉的处理时间和负责人员。按照银行处理规程，在客户满腹怨气，盛怒之际，银行要求被投诉的员工回避，请客户到会客室交谈，以免影响其他客户。接待投诉客户的员工应耐心倾听，不抢先解释，对客户提出的意见，在能力范围内尽量解决，并向客户表示感谢。香港银行由此使一些投诉客户成为银行的好朋友。

香港银行将一些曾向银行投诉过的客户聘为本行服务顾问，定期向他们征求意见，并通过他们在社会上树立开放、良好的服务形象。当客户觉得他们被重视时便会尽力告诉银行一些改进之道。这比请任何管理顾问都有效，因为客户是银行服务的直接受益者。这样做，不但节约管理成本，提高客户的信心，而且增进客户的正面认知，只要客户正面认知度提高，满意度、忠诚度也将随之提高。

投诉者——银行依赖的朋友

香港银行鼓励客户投诉，并教育员工把碰上不满意客户看做是一项挑战，并能自觉地、真诚地从客户立场出发，给客户一个满意的解决。他们视客户投诉为对银行工作的关心和支持，他们认为如果客户失去对银行的信心，他就不会热心地向银行提出建议和批评。银行抓住客户投诉的时机，虚心向客户请教，请客户说明如何做才能让其满意，以弥补现在的不足。行长定期听取投诉工作汇报，必要时，行长会亲自约见投诉客户，听取意见，并向客户表示谢意。行长每日抽出时间来与客户交谈，有些客户直接向行长去函去电，行长总是亲自答复，对于有见地的投诉客户行长会亲自请其吃饭，当面求教，在客户当中传为美谈。银行工作研究部将客户投诉意见进行认真分析整理，研究值得银行注意的所有环节，花精力设计客户意见表和感谢客户投诉信，制定相应的措施和制度，使银行的服务工作不断得到改进。

香港银行之所以要不惜代价处理投诉，是因为处理一个客户投诉不当不仅会失去一笔生意，还可能失去一个长久的客户；如果处理得当不仅仅是增加一个固定客源，而且还会通过客户的扩散效应给银行带来更多客户。当客户投诉发生时，银行员工首先要做的是息事宁人，银行所采取的手段则是不惜代价，当客户对银行做法不满时，银行可以按客户需求立即补救，或许客户并不在理，或许这样做银行要加大成本，但银行不会顾及费用太高而任由客户离去，银行会说"您是否再办理一次业务，我们会在费用和利率上给予您优惠作为我行对您的诚意。"一位女客户在同银行做业务时总是喜欢刨根问底，生怕不这样就会吃亏，在办理贷款分期还款时，涉及提前还款等较为复杂的问题，业务人员多次向她解释，都不能令她满意，她要求按照她的方法计算，银行员工在其他部门的协助下做了一些改动，这位客户仍不满意。最后这件业务交给总行信贷部解释，总行信贷部将公式、不同利率的计算结果、银行统计方法与客户统计方法的比较，耐心向客户讲解，终于使客户解开疑团，客户对银行的耐心、热情和效率感到十分满意。银行员工的辛勤劳动得到满意的回报。

香港银行处理投诉时，都会从客户的眼光去看，而不是试图解释原因或自我谅解。一位医生说得好，要想知道初学走路的婴儿为什么在人多的大厅里走路会哭，那你就弯下腰来，降到同样高度，你就会发现在你的面前是一个又一个又粗又大的腿和脚。同样，银行员工必须以客户的身份去经历整个服务流程，并记录下你认为重要的东西，你就知道如何为客户服务了。

中、小存户仍是银行服务存户的主体，防止客户流失和挽留客户是服务的重要工作。据专家估计，当客户留存率从80%趋向90%时，盈利曲线开始趋于垂直，当客户的稳定率在90%以上时，银行可获得最大利润。因为银行老客户对银行的熟悉程度使银行的经营成本下降。香港银行设立客户流失率检讨系统，为此制定了一系列管理措施。如经理带领外勤人员高度重视客户动向，而不是坐在办公室内，对客户变化不闻不问。所有员工在处理银行与客户矛盾和客户投诉时都主动热情、尽职尽责，使客户对银行谅解和满意。香港银行对于挽留客户有贡献者给予奖励，对挽留客户表现不合格的员工给予教育和辅导。银行利用电脑对每个公司、团体户的每周借贷交投量做出记录及比较，每周数据与近期一段期间内的每周平均值做比较，季度性或年度性地做平均值比较，遇有偏离预定数值者，电脑追踪系统做出警报或提示，由支行经理与一批工作人员组成的专责小组进行检讨及研究补救办法，或提高服务水平，或加强营销能力，或降低、豁免某种收费，等等。商业银行要求全行"不能让一个正常客户因银行的原因流失掉"。当有一个客户要结清户头时，他们会主动询问原因，如因银行的一些客观原因所致，如地理位置等，他们就要通过营销术，向客户宣传银行的优势；如因银行的服务质量所致，他们会向客户深深地表示

歉意，并说一句"请留下接受我们的良好服务，我们不会再让您失望"。

服务重点——不满意的客户身上

在服务上有一个很著名的"100－1＝0"等式，它代表哪怕企业从前的客户满意度是100％，但是只要现在出现了1％的不满意，那么企业在客户心目中的形象声誉就会完全丧失。另外，美国的学者经过调查，还提出了一个"1＝326"的等式，即如果有一个客户向企业表达了不满，通过循环将最终有326个人受到这种不满情绪的影响。由此可见，客户满意影响银行的形象，并最终影响银行效益。

行长会亲自到柜台旁以便发现客户有不满意之处，他常常利用休息时间到各网点查看服务状况，他更多的是关心客户的利益是否得到员工的尊重和保护。他要求每位经理都要走出办公室，每日在第一线工作一小时，每周把30％～40％的时间用于服务营销管理，包括访问客户、接触客户、服务客户、跟踪客户、调查资信、市场分析和员工服务培训。顾客会投诉，代表着他们心中比较看中的事情，银行就会把握机会，虚心向客户请教，请客户说明如何才能让其满意。香港银行派出的营业大堂主任均是有一定资历、一定业务水平的员工。但是，他们经常会遇到个性较强、喜欢争辩的客户，这些经过训练的大堂主任并不会以专家自居，更不会嘲笑客户无知或知识浅薄，他们会与客户投机交谈，特别是遇到一位客户大发雷霆、抱怨不迭时，他们受到的训练告诉他们如何应付这种客户，平息客户的怒气。"永远不与客户争辩"以及"客户并不总是对的，但他永远是第一位的"是对银行员工自始至终的要求。一次，有一位客户要求柜员将他取的钱换成1元一张的小票，柜员照要求做了，这位客户却埋怨银行员工听错了，他要换成10元一张，银行员工记住服务提示"不要把工作精力浪费在过去，努力寻找现在解决方法"，他不同客户争辩，而是向客户道歉，并将10元一张的一沓钱款微笑着递给客户；这位客户又错怪员工未将身份证还给他，银行员工一面安慰他不必着急，一面请他慢慢找找，当这位客户从自己一堆文件中找出身份证时，他带着歉意向员工致谢。他在银行的意见本上写道：这是真正理解了服务之道的优秀雇员。

香港银行有一张特殊的计算公式表，这个公式表将银行的利润和客户及投诉联系在一起，上面写着：利润＝每位客户长期利润＋10位朋友口头宣传＋避免重复做一遍的成本－处理投诉的费用，成本＝每位客户价值×每年失去的客户数目＋从丢失每位客户 10 个朋友的潜在业务。这个公式表非常清楚地说明了客户和投诉的关系，以及对银行利润和成本造成的影响。香港银行管理层重视客户的流失，也重视新客户的产生，留住每个客户是基于这个公式，经过专家的计算，银行知道自己应该做什么，应该反对什么。

愿意抱怨的客户是好客户　客户是银行最权威的评判者，不要将客户的投诉看做是对银行的指责和刁难。愿意抱怨的客户都是好客户。银行可以从这些客户的抱怨中识别和纠正"失败点"，可以促使银行改进服务，生发新服务产品的灵感，引导服务。因此，银行对于投诉的客户给予特别的重视，并请他们为银行的服务管理献计献策，不仅是因为他们的投诉是向银行提出问题，而且是因为他们对银行的关心，将他们聘为服务顾问，可以进一步提高服务水准，在社会上产生良好的影响。

让客户的发泄得到满足　一位客户对银行服务不满，情绪比较激动，怨气十足。大堂经理好言相劝，后来，这位客户很不好意思地说，她在家里和家人吵架，因此情绪不好，借故对银行员工发火，但员工非常有素质，让客户发泄，而且毫不动火。对于银行来说，为客户服务的员工每日重复一件劳动，年轻人多，血气方刚，容易形成对立情绪。但是，为了给予客户良好的印象，必须和颜悦色地对待客户。如果客户的不满情绪得不到发泄，那么服务工作就无从做起。让客户发泄怨气是对付难缠客户的第一个关键步骤，如果客户的怨气不能够得到发泄，他就不会听取客服人员的解释，以至于针锋相对，最终，局面不可收拾，造成双方沟通的障碍。而事实上，客户服务的关键在于沟通。在实际处理中，员工必须耐心地倾听客户的抱怨，不要轻易打断客户，更不要批评客户的不是，而是耐心地鼓励客户把所有问题谈出来。当客户将所有的不满发泄出来之后，他的情绪会逐渐平稳下来，理智性更强，这个时候，员工的解释才会产生一定的效果，客户也会乐于接受解释和道歉。

一分钱也值得投诉　一位客户由于自己的原因没有及时将存款转期，以致利息受到几元钱的损失，因而对银行的服务投诉。他的投诉被视为关心银行的举动，没有人嘲笑这位客户"小气"。银行教育员工，在考虑事情的时候，要将自己摆在客户的角度来思考，客户的问题也许很简单或者对员工来说不可思议，但是，既然客户提出了这个问题，那么这个问题必然对他来说非常的重

要，必然期望获得解决。员工在实际工作中，应当主动地扮演客户的角色，从中体会客户的感受，也许这样你能发现从未注意过的问题。

投诉者都有纪念品　香港银行有一不成文的规矩，凡投诉者都会被赠送一个银行的纪念品，提供让客户惊喜的补偿。出于对经营者提供产品或者服务不满，抱怨的客户往往希望经营者做出适当的补偿，这种补偿有可能是物质上的，也可能是精神上的，比如道歉等，经营者在提供补偿的时候，不妨在合理的范围内，在能够承受的情况下，额外地提供一些客户意想不到的补偿，关键是能够超出客户的预期。这样对客户来说，他的抱怨不但得到了解决，还获得了意外的补偿，反而提高了客户对银行的忠诚度，使一件坏事，变成了一件好事。香港银行认为，找上门来抱怨的客户，是忠诚的客户，而即使不满意，也不主动提出抱怨的客户，必将成为别人的客户。

王经理在处理客户投诉中，非常技巧地让客户满意而去。他在介绍自己的经验时说，首先不要怪罪别人，勇于承认错误，不要强调本身正确的观点，要主动使用"非常抱歉"为开头语。然后请当事人立即离开，请客户离开公众场合，并选择一个合适的地方谈话。他接着会告诉客户如果我是客户，我也会很生气，立刻得到客户回应，从而找出共同话题，令双方感受轻松，同时提出令客户满意的做法。因为员工代表银行的形象，在处理投诉时，一定要非常艺术，使问题得到很好的解决。

对外服务——银行业务也有售后服务

香港银行员工无论是售前服务还是售后服务，都保持一样的服务态度，而不会当有客户来存款时，甜言蜜语，热情接待，成交后就冷淡漠然，爱理不理。在银行吸收存款后，客户存款如何转期，如何防止汇率波动影响存款，如何利用存款抵押获得贷款，如何方便提取，等等，是银行的售后服务，员工同样热心地去办。

对内服务——在内部管理上也实行投诉制

任何一线部门和人员可以对二线部门和人员投诉，以保障二线对一线的支援，保障全行齐心协力为客户服务。当营业大厅的电灯坏了，营业部可以向总务部投诉，这里所指的投诉并不意味着总务部为此失职，而是其应对此负责任。总务部在最快的时间里派人来修理电灯，修理完毕，打扫完现场，来人递上投诉回应单，请营业部领导签字，对修理工作给予评价，是满意还是不满意，如果不满意，则总务部需要改进工作，直到营业部满意为止。这种服务令笔者想起一段经历：有一次，宿舍的电话出了故障，笔者打电话通知电话局来修理，第二天下班回来，见门上贴着一张纸条，原来修理工已经来过，并通知说修理工明日再来。由于笔者第二天仍要上班，下班后又见一张纸条，请您打电话给电话局，何时可以在家等候。我十分过意不去，赶快回电话通知时间。一天晚上，电话修理好了，修理工不喝一口水，未抽一根烟，还恭恭敬敬地送上投诉回应单，请我填写是否满意。事后，与银行的同事谈起此事，得到的回应是，这是服务机构应该做的。

价值——优质服务也是金钱

抱怨是客户对银行的信赖与期望，客户希望抱怨得到应有的回应，如果客户对银行服务的抱怨能得到满意的回应，这些客户将会成为银行的忠实客户，越早解决顾客抱怨，就能越早和顾客建立良好且长久的关系。

据有关统计，遇到优质服务，客户会告诉5个人，如果能有效解决客户问题，95%会成为忠实客户，而开发新客户比维系老客户多5倍成本。客户中有些人对银行服务感到不满意，他们将会把这种不满转而告知其他朋友，2/3的客户转向其他银行的原因是因为银行的冷漠和难以接近。

对于劣质的服务，客户平均告诉10个人，1/5的人会告诉20个人。一次劣质的服务需要12次优质服务来补偿。根据有关统计，优质服务的银行可以产生良好的口碑，可以保留更多的客户，有更多的生意来源，可以增加营销效力，增加业务收入，员工士气高，员工跳槽人数减少，客户流失少，服务成本下降，带来了附带的业务销售。

服务劣质的银行员工士气会受影响，人员流失，员工和客户抱怨增多，生意萎缩、客户群缩小。因此，优质服务的银行利润增加12%，成本下降17%；劣质服务的银行利润增加1%，成本增加8%。

遗憾——银行在劣质服务上的盲点

忽略人的差别性，不去进行"个性化服务"；

认为顾客会源源不绝，不需去服务营销；

不愿对服务付出代价，没有将服务与效益连在一起；

表面的承诺，不可信赖，没有承诺执行力；

听而不闻，视而不见，官商作风；

陈旧的原则，过时的观念，没有随着市场而动；

未能具体说明服务品质，没有具体的服务内容；

以规章程序做保护盾牌，而不把客户为中心作为出发点；

主观先入为主的偏见，而不以客户需要为主；

过度宣传，不实的广告，使客户失望。

标准——银行眼中的优质服务

已有人对服务优良的银行进行了深入的研究，得出科学的总结：

一是给客户方便快捷的服务：①服务程序便利；②接受服务的等待时间不长；③接受服务便利；④服务地点的方便性。

二是给予明白的服务：①解说服务过程、程序，使客户理解银行；②解说服务的费用，物有所值；③倾听客户的投诉抱怨，改进工作；④保证有问题可得到处理，有求必应。

三是具有可信赖的专业技能：①接待人员具有专业的处理和服务技能；②支援人员的专业与技术良好；③业务人员专业化处理；④提供最新资讯及技术。

四是礼貌热情：①保护客户个人财产，特别是资金；②员工仪表的整洁；③对客户尊重；④对错误的承认与抱歉。

五是信用可靠：①银行良好的信誉与形象；②服务人员的良好个人品质；③积极处理有序高效；④服务品质优良，绩效良好。

六是可靠度高，第一次就做对：①银行记录正确，处理合理；②提供的服务水平一致和有持续性；③保证在指定时间提供服务；④对服务方案确保实施。

七是市场反应快：①不断推出新业务，适应客户需要；②对客户疑问、需要立刻受理；③可向客户提供紧急服务；④对客户状况能及时判断，做出决定。

八是安全性：①保证客户和员工人身安全；②保证客户和员工财物安全；③保护客户隐私性；④减少客户心理负担。

九是服务硬件好：①服务设施的整齐、清爽、安全；②提供服务的工具、设备卫生；③电脑化程度高。

十是了解客户需求：①了解个别客户的差异；②认识客户个人资料；③能深入了解客户的特殊要求；④对客户给予注意与关心。

简单——平息客户对服务抱怨的技巧

根据香港银行的规程，当遇到客户的抱怨时，银行经理必须听完员工对整个经过的介绍，协助他表达清楚和完整，鼓励他说出心里的话，找出双方共同利益与兴趣，注意肢体语言，适度回馈，勿尖刻批评，勿无礼打断，勿伤害对方自尊心、成就感及价值观。应该委婉安慰并且详细倾听其说明，告诉他们，你很了解他们的感受。当客户有话要说，希望有人听一听，接受抱怨即接受客户，而可合作长久；不理抱怨即漠视他的存在。

确认客户把所有事情都说出来。经理可以提出问题，把事情弄得更清楚。在交谈中，应注意以下几点：①不要怪罪别人，找人当替罪羔羊，承认你（或银行）错了，并负起责任来改正它。②不要推卸责任：不要说“这不是我的工作”、“我以为他说”、“她现在不在这里”、“这种事有其他人会负责”等话。③如果银行有错，举一个类似的情况来说明，告诉客户这种事也令你很生气。告诉客户同样的事情也曾发生在你身上，你会亲自处理这件事。同时提出可以令客户满意的做法。④立刻回应：事情出了错，就应该有人立即去修复。客户要求的是十全十美。⑤除了问题之外，找出共同话题来。让对方感受轻松，无压力。⑥如果可能的话，幽默一下，笑可以使人暂时放松下来。⑦给客户一个选择的机会。确认后，告诉他们你打算怎么做，然后就去做。⑧你代表银行的形象；“说明”并非借口或辩驳。不要强调本身正确的观点，妥善使用“非常抱歉”为开头语，了解客户的希望与目的。

但是，据有关资料，在 100 个客户中只有 4 人会向银行发出抱怨，其余

96 人都会向银行保持沉默。客户对银行不抱怨是因为：他们认为不值得花这个时间和精力；他们不知道如何以及向谁来抱怨；他们认为银行也不会因此采取任何有效措施。

在处理客户投诉时，如果员工待客态度不当，应教育下属或由主管陪同向客户道歉。顾客情绪激动时，要妥善处理，请当事人回避，改变谈话的时间、地点。一定要把眼光放远、放大，不可为了"近利"而伤了"根本"（客户的心）。应该尊重顾客立场。这里有十句常犯的禁语必须彻底根除：①这种问题连小孩子都知道；②绝对不可能有这种事发生；③我绝对没有说过这种话；④我不懂；⑤我不会；⑥这是香港银行的规定；⑦你看不懂中文吗；⑧我不清楚；⑨我们的服务就这样，你去投诉吧；⑩这只有我们内行明白。

欢迎——重视开发投诉资源

消费者投诉固然是一件令人头痛的事，但在一些精明的经营者看来，它同样是一种宝贵的资源。开展客户调查，了解客户信息和需求，进一步完善售后服务网络，把改善服务作为争夺市场份额的首要武器。客户是银行产品和服务最权威的评判者，对改进服务也最具发言权。他们在享受服务的过程中，会发现一些不方便、不完善和不尽如人意之处，甚至碰到种种难题，并由此产生投诉。因此，香港银行可以从这些投诉中，了解和发现银行服务中的不足之处，掌握客户的消费需求和隐含的市场信息，进而找准问题的关键，生发出开发新服务产品的灵感，有针对性地改进服务，提高服务质量。

16　让服务人员管理超越

在香港，银行的工作人员通常分为三个层次，即管理层由主管押汇业务的副行长或助理行长、高级经理及经理、副经理组成，督导层由高级主任以下负有业务复核责任的人员组成，经办层从服务员（负责接待客户，办理单据及文件交接，内部文件、单据传送）到一般的业务操作人员。具体的业务操作都由经办层办理。对各层次工作的管理，直接关系到银行的服务水准。

服务人员的选择与培养——不拘一格

在香港的企业中，有上千名员工的银行企业是人员密集型企业，面对日趋激烈的竞争和压力，银行要想不断壮大实力，求得生存和发展，关键是强化以人为中心的银行管理，重视运用各种激励手段，激发、调动和强化员工的积极性、主动性和创造性。"人是银行最珍贵的资本"已成为银行管理层的共识，员工管理因此成为银行实现其"人才战略"的主要手段。在一次管理培训课程上，讲师向学员们提出一个问题：员工管理的目的是什么？回答是各式各样的，但都围绕着有效运用人力资源去完成工作任务这样的答案。讲师笑笑说，我们的许多管理者都会偏离这一点，其实，除此之外，员工管理的目的还有两点：一是顾及下属的需求及感受；二是在机构内形成凝聚力，建立士气高昂的团队。

香港银行甄选优秀的服务人员的方法是：①在招聘人员过程中要识别应聘人员的态度和人际技巧。这有利于招聘到那些具有天赋的人，这种天赋对在以后工作中更好地为客户服务是十分必要的。②增加对服务人员的培训投资，保证服务人员知识和技能的不断增长。③培训员工在多个岗位上工作的能力，以创造出银行灵活的服务供给能力。④加大业务量，提高业务熟练程度通过工作经验积累减少可能出现的差错。

摆正服务人员的位置

以尊重人才为前提的人事管理可以说是服务管理的精髓，银行将"以人为本"、"事在人为"的思想始终贯彻在服务管理中，将其人才战略实施在具体工作上。银行行长欲以月薪 10 万港元的高价聘请一位高级助手，在他看来，一个月薪 10 万元的专业人才对于有数百亿元资产的银行来说是值得的。因为对银行来说服务人才是最宝贵的财富。

人才是银行最宝贵的财富，即使没有产品，没有 CI，只要有了人，就有了事业。但是有了人才不会使用，这个事业是不会建立起来的。对待人才最重要的是给员工一个发展的机会，将员工的个人发展与银行的发展紧密地结合起来。商业银行认为，把员工当做有真实感情要求，有正当需要和利益的劳动者来看待，他们就会在服务客户时表现出积极的态度和风貌。假如银行管理人员不知道把服务人员放在首要的位置上，在工作上支持鼓励他们，认真地选择和使用他们，那么对银行员工的职业培训是白费力气。

寻找人才，不拘一格

香港的一些大型银行内部设有四个业务咨询委员会，它们的成员集中了银行各方面的专家，每月定期对有关专题进行研讨，直接参与决策。在对人才的培训上，银行每年选派部分优秀人才去海外或大专院校培训，使他们更新知识，了解和掌握金融业的新管理方式和新技能，并在他们学成以后，在行内任教，带出一批学员，扩大学习效果。在人才的薪金待遇上，银行舍得投资，有的专业人员的薪金相当于助理行长的薪金。在工作责任上，银行敢于给他们压担子，有业务专长的人员都担负一定的管理责任，让他们用自己的学识带动起一个单位的工作，而且让他们在实际工作中增强各自管理能力。除了业务人才外，香港银行也积极招揽其他方面的人才，如体育人才、音乐人才、绘画书法人才等。由于体育、音乐等文化活动对社会影响力较大，银行利用"人才效益"来扩大银行影响。他们以优厚的条件吸纳了这几类专业人才，当这些员工在比赛中得奖，在绘画展中出名，在文艺演出中使该行的管弦乐队扬威时，银行的高层人员看到了他们的心血没有白费。招揽人才的渠道有许多，银行每年通过报刊广告、大中专毕业生毕业宣传册、私人就业代办处等渠道进行招聘，招聘选用十分严格，通常是 5 选 1，甚至 10 选 1。招聘的程序有书面陈述、面谈、测试、担保、核实、体检等。其中面谈和测试是最主要的环节，行长本人常常亲自参与面谈。通过有效的招聘，达到了选才的目的。

留住人才，知人善任

交流和沟通是稳住人才的最好办法，交流和沟通我们也可称为思想政治工作。管理人员要经常了解员工的需求，特别是人才的需求，解决他们的困难，了解他们的想法，更好地使用他们。银行高层人员每月都要举行早餐例会，由有关部门和人员通报有关信息。每周行长都要约见部分员工，了解一些单位的管理情况。每日，办公室都要通过全行的信息网络将全行的重要管理信息及时报告行长，为管理决策服务。全行各单位都有改善工作咨询小组，行长每季度都要同这些小组的代表对话，听取他们的意见，银行每季定期向这些小组就某些业务难点、管理环节征询看法和意见，并责成有关部门认真研究采纳，对那些向银行献计献策的员工给予奖金鼓励。

使用人才，尊重人才

恒生银行作为一家具有 70 多年历史的老牌优秀银行，它的组织文化也颇具特色。恒生银行的企业标语"恒生，开拓，超越"，就凸显该行"以客为尊"及不断致力超越客户期望的承诺。恒生银行的三大价值观是：服务至上，客户第一；视员工为本行最重要的资产；取诸社会，用诸社会。恒生银行的四项服务宣言是：我们的服务方便、快捷、可靠；我们的专业知识助你解决问题；我们的员工关怀及重视你的需要；我们是干劲十足、不断前进的银行。五个经营原则：提供优质服务，保持高效率运作，维持雄厚资金及流动资产，维持审慎借贷政策，有效成本管理。近几年，恒生银行多次获得国际权威机构评选的"香港最佳本地商业银行"、"亚洲实力最雄厚银行"等殊荣，其背后就有系统性的组织文化起到的坚强支撑作用。

在花旗银行 195 年的历史发展中，一直将"员工"放在第一位，认为员工是银行最重要的资产。在花旗银行内，不仅每个员工都得到尊重，而且鼓励创新精神和冒险精神，员工的价值有着广阔的展示空间。花旗银行通过股票期权计划（EPOS）、限制性股票计划以及股票购买计划等形式，已让超过 2/3 的员工持有花旗银行的股票，而且花旗银行的目标就是让花旗全体员工都持有银行的股票。这种股票持有计划，已经使花旗的员工有着企业主人的态度，他们的信念和价值观已与银行的整体利益紧密地结合在一起。

"疑人不用，用人不疑。"在香港银行，只要赋予管理者责任，就赋予他相应的权力，上一级主管在工作中对他全力支持，使他获得成功和满足。银行对服务人员的选择要尊重服务人员的选择，首先员工愿意做，其次是银行认为员工有能力做。银行对员工雇用和选拔是根据需要而定，银行从众多的应聘者中挑选出佼佼者。但所挑选的一线员工必须具备取得良好工作业绩所必需的基本素质，最重要的素质是忠实、勤奋和激情。忠实是挑选员工的首要条件，有欺骗恶迹的员工是难以谋到一份银行工作的。因此，在银行形成了一种诚实服务的氛围。勤奋和热情是考核员工的重要因素，只有勤奋的员工才可能为客户提供一流的服务。只有激情的员工才能工作上有冲劲、有干劲。此外，服务人员还要具备打动客户的基本素质。从外形到学历，不同的服务岗位安排不同的员工。大堂接待员都是一些长相靓丽的女员工，她们负责接待客户，帮助客户办理开户手续或填写取款单。柜员都是头脑清楚，手脚利索，性格温顺的员工，大堂主任是有一定学历并有一定阅历的员工。对内部服务员工又有不同的要求，有专门值夜班的员工，如会计部、资金部和电传部的员工，这些员工不一定有外形要求，有的员工甚至身体有缺陷，银行的主要标准是能安心每日值夜班，能向客户提供夜间服务。银行特别要求管理人员以身作则，管理人员必须是领导人（leader），即领头人，对于服务规程，管理人员必须首先做到。否则，他们就不能领导别人去做。有位经理的太太得了绝症，但他仍天天坚持早上班1小时，晚下班2小时，不要任何加班报酬，他认为完成经理担负的任务是自己的本分，他很快得到了升职。像这样努力工作的管理人员还有不少，行长、外勤副总与家人一起吃团圆饭都是难得的事，听起来似乎难以相信，可实际确实如此。

选拔人才，以才取人
选用人才不拘一格，不论资排辈。能力不凡的员工可以被破格提拔，甚至用几年的时间走过别人需十几年走过的路，而有些员工十几年却在一个职级上踏步。能力是选才的最主要标准。

香港银行在人才使用上，首先是以岗选人。在下属机构中，管理人员的岗位配备通常要考虑以下因素的搭配：①能力搭配，包括工作作风、组织能力、业务专长等，以便管理人员取长补短。②学历和阅历搭配，既有学识水平，又有工作经验。③年龄搭配，老、中、青最宜。④男女搭配，方便业务，方便管理。⑤性格搭配，柔刚兼有，使管理组合发挥最大能量。其次是知人善任。人事部将全行分为若干人事工作区，每个区由人事部的专人负责，及时了解和掌握员工情况，特别是主任级以上人员的状况，并对他们的晋升、使用掌握第一手资料。银行任命、使用员工都坚持尊重员工本人志愿，以激发员工奋发工作。人事部每年认真组织实施员工考核，以保证考核结果真实准确，对管理人员还要将考核结果同他们的工作业绩结合起来，根据考核结果，管理人员在例行的年底轮调中，或被派往更重要的部门委以重任，或被派往一个次要的岗位明调暗降。最后是选才的主方向是银行内部，但也不排除从外部引进。从银行内部提拔起来的员工对银行更为忠诚，有工作经验和员工基础，而且更为重要的是会在本行员工中起到激励作用，有利于增强员工凝聚力。

香港银行有各级的晋升条件和标准，只有达到标准才能获得晋升。提拔为主任以上的员工通常要有学历以及业务知识和处理问题能力，有拓展业务能力和表现。此外，还要有三个特点：首先，工作有创新，肯于动脑，善于钻研，因为循规蹈矩在竞争社会中是不会有作为的。其次，工作有责任感，职业道德和决心是管理人员成功的关键。最后，工作有效率，只有比别人干得快，才能胜人一筹。

为了科学地提拔人员，香港银行有一套严密的考核办法，其中的案卷式测试颇有特色。人事部组织应试人员在没有准备的前提下两小时内独自完成12项案例测评，内容有员工管理，如A员工一向操作粗心，虽经主管多次指出，但改进不大，问应如何处理；其他测试题还有当法院送来一份账户止付令，应如何处理；怎样看一个客户的资产负债表；如何批一笔信用证项下的押汇；如何评估一个投资项目；如何应付匪徒打劫等共12个案例。测试是对员工综合能力的很好检验，在银行选才中发挥了作用。

充实人才，备用人才　由于银行人才流动性较大，各级人员的自然淘汰迫使银行在平日要备用一些专业人才和管理人才，以保证银行运作的正常和连续性。人事部定期对后备人员进行岗位轮调，有计划地重点培养，使后备人员在理论和实践上获得提高，熟悉将要接替的工作环境，掌握必要的业务技巧和组织能力。

服务人员的组织——紧密一体

香港银行的机构分为上层机构和业务机构，上层机构是董事会、行长室，下设各政策委员会，负责银行管理的方向，制定业务、财务、人事、内外事务的政策，监督银行的整体运行。业务机构是指在行长领导下的各业务部门，业务部门根据市场需要分为客户服务部门和支援服务部门。客户服务部门有营业部、投资服务部、保险部、业务发展部等，支援服务部门有人事部、总务部、办公室、工作研究部等。机构的职能和主管的职权是他们进行职能管理的依据，是他们管理的范围权限。当我们认真地研究这些机构的职能和主管的职责时，我们对银行的管理结构就有了更深刻的了解。

在香港某银行行长明亮宽敞的办公室里，悬挂着一幅两米见方的全行管理组织结构图，上面标明了全行各级管理人员、主任以上的督导人员的职务及其相互关系、分工及内部组织体制。这张图经常吸引着行长和他的高级助手们在图前思考、研究，许多人员调动和使用的方案在图前拍板。这张图给了银行高层人员全行组织结构的直接感观，使全行的组织管理体制尽收眼底。银行的组织管理实用、高效。为了达到科学管理和经营的目的，他们首先明确权力与责任，他们的组织管理原则是：

行政主导的原则　在银行有两个系列管理，即行政系列管理和业务系列管理，以行政系列管理为主导，业务系列管理为辅助。行政管理是一个指挥系统，必须保持畅通无阻，不受干扰。业务系列管理的功能是业务指导和协调，在这一管理体系下，业务管理部门的主管对本管业务进行业务部署和指导，同时收集、分析业务数据和业务情况，向行长室提出有效的业务指导意见，对全行的本管业务实施管理。这两个系列管理使全行行政和业务管理成为一体，相互依赖，相互补充，相互推动。

单线管理的原则　每位员工仅向一位上司负责，以免向两人负责引致管理矛盾，拖慢管理效率。每位员工只接受直接上级的领导，并对他一人负责，即副理服从经理，经理服从主管，主管服从高级经理，高级经理服从行长室成员，全行实行行长负责制。行长在若干副总和助总的协助下，贯彻执行董事会和其所属银行集团的决策领导，并向董事会和集团报告业绩，提出有关建议，向董事会负责。行长在他所管辖范围内全权处理所有业务和工作。银行实现管理一体化，而且管理责任分明，每位管理人员的业绩一目了然，一位助理行长的业绩如何，只要看看他所管理的部门业绩就可知晓。

管理有限的原则　一个管理人员管理的范围和人数都有限度，这样可以避免管理人员负担过重，精力不足，同时可以对管理人员的权力予以制约，甚至行长的权力也受到董事会、集团的制约，受到本行行长室、稽核部等的制约。

阶梯管理的原则
将全行的管理分为督导层—部门—管理处—行长室四个层次，请示报告和指示下达都要按层次，不得越级，每一层有每一层的权力。在超越权限时，有关人员必须向上级请示，由上一层审定。层次管理不能太多，也不能太少，每层分工管理不同。

督导层，顾名思义是督导、组织和督促员工执行上级指示；部门管理层对本部门进行全面管理；管理处是指导和协调部门之间的管理和支援，如行政财务处对所属总务部的管理就是着眼于全行行政、财务工作全局，管理视野开阔，层次深入；行长室着眼于全行管理的总方略，有权威性、宏观性和统一性。

归口管理的原则
为了管理和协调，发挥整体作用，银行将同类或便于互相协助的部门归口管理。拓展一处将存款业务、放款业务、保险业务和业务发展部门归口统一管理。拓展二处将中国业务、海外华侨业务、中间业务等部门归口集中管理。业务管理处将全行业务操作归口一体管理，使全行的管理分工清晰可见。

职权相称的原则
副总有副总的权力，助总有助总的职责。在银行的管理中，副总比助总的权力大了许多，包括审批权、签署权、优惠权等，同时副总的责任也重了许多，他们都担任管理处主管的重任，关系着多个部门的业绩表现，稍有管理松懈，就有不可推卸的责任。

分权管理的原则
我们从管理的组织结构图上可以看到，行长的总授权被分权至各位副总，副总再分权给助总，行长通过分权将行长负责制有效地实施。

决策咨询的原则
要有科学的银行决策，必须建立科学的咨询系统，这个系统是组织管理的组成部分。银行的四个委员会是决策咨询性质的委员会，行长是四个委员会的主席，委员会定期召开会议，分析决策中的得与失，提出对银行决策的建议，由行长拍板，并在全行实施。

操作与控制分离的原则
稽核部是全行的总控制部门，不隶属任何管理处，会计处和业务部门分离，便于实行事后监督管理。操作与控制分离使控

制不受行政影响，提高监管的效力。

工作代理的原则

每个职位都有代理人，在某位管理人员因故离行时，他的工作代理人代他行使职责，防止管理出现灰色地带和空白，以保证银行管理体系的正常运转。

上述十项原则指导着银行的组织管理体系，但从管理的角度而言，要保证银行的方针、政策得到贯彻，必须经常根据实际情况和员工业绩，调整银行的组织机构和人员，以充分发挥机构的作用和人员的积极性。

服务领导人员——管理讲究全面

在香港银行的管理体系中，领导管理是其中一项重要功能。领导管理是通过激励手段，发挥银行管理人员的权威和影响力，带领下属完成任务的管理方式。行长室紧紧抓住全行近百位管理人员的领导管理这一关键，使每个管理者发挥领导者的作用。

做一个有权威的管理者

令行禁止是保证管理畅通的关键。香港银行在管理中树立管理者的权威，下属人员只有创造性地执行上级指示的责任，而没有对上级指示说三道四，甚至拒不执行的权力，除非他认为指示已违法或违规违纪。

为了给管理者以权威，银行在员工手册中将服从管理作为员工守则的一项重要内容，这意味着银行内任何人违抗管理就会丢掉在银行的饭碗。行长室认为，步调一致、齐心协力必须靠权威性的管理体系来保障。

香港银行实行行长负责制，行长对下属的任何指示，办公室都进行督办，下属单位对无法完成的工作必须提交报告。行长室制定了吸存措施，各单位认真研究，全力落实，因此存款业绩大升。行长下达加大业务拓展力度的指示，全行上下联动，形成合力，使业务出现良好的发展势头。权威性使管理一推就动。

做一个关注人事工作的管理者

人事部要求全行管理人员都做人事工作，各级主管既是业务主管，又是人事主管，要注重员工感受，注重创造和谐的员工关系，注重发挥团队精神。行长亲自抓人事工作，每周都要找几位员工调研谈话，了解情况，帮助和指导员工。行长关注员工感受，员工的每封来信行长都要亲自处理。在银行高层人员的带领下，各级主管注意调动员工的积极性，同时也注意发现员工的问题，采取措施，保障银行安全。一位经理注意到一位员工在工作时常常精神不振，并在这位员工停留过的休息室内闻到一种奇怪的气味，经过调查核实，这位员工已染上吸毒的恶习，及时给予了处理。一位主管注意到一位员工家境一般，却出手阔绰，原来他在行外从事投机生意，违反行规，立即予以辞退。

做一个作风细致的管理者　行长每周通过各位副总的工作安排表检查督促高层人员深入基层、深入客户的情况。这些高层人员依次督促下属，职能部门要经常深入支行指导工作，如支行管理部的管理人员几乎天天在各支行间穿梭，协调和解决支行存在的问题。香港银行要求各支行主管也要从办公室里走出来，走到员工中间，走到服务第一线，不能坐在办公室内指手画脚。银行在支行装修时将支行主管的办公桌移至面对柜台的地方，因为坐在与员工隔离的办公室里是了解不到员工对客户服务情况的，也不能及时出面处理服务过程中发生的问题，要实行"走动式"的管理。

各级主管的管理要细致，对主管业务的数据要了如指掌，对同业的现状也要心中有数。香港银行的科学管理是建立在数据基础之上的，行长室每日通过电脑掌握全行的数据，行长无论是对支行进行微服探访，还是进行工作视察，都非常关注数据。当个别主管对他的数据询问卡壳或支支吾吾时，这位主管就免不了受到一番教导。银行认为一个对主管业务数据掌握不清的人不是一个作风细致的管理者，也不是一个合格的管理者。

做一个敢于负责任的管理者　人事部通过岗位说明要求管理人员明了各自的责任。在信贷审批中，管理者按照权限规定敢于负责、敢于审批，但如审批不当时，必须各自负责。信贷部统计每位审批人员的审批"业绩"。一份业务报告均是逐级上报，一般情况下，不允许越级。在行长批阅之前，分管副总已批写具体意见，意见要有分析、有结论，显示出每级管理人员都尽职、尽责。

做一个作风民主的管理者　银行遇到重大问题，除非时间紧迫，行长都要交行长室讨论。信贷审批的大项目，都要交信贷管理委员会讨论。全行的方针政策，都要交全行工作改善咨询小组讨论。行长是这些会议的主席，在经过充分讨论之后，由行长拍板。同样，各个单位也都有决策辅助组织，以发扬员工民主管理的精神。

做一个明白的管理者　每一个管理者都知道他的工作重心，不以枝节干扰大局。如在处理银行与员工个人的关系上，各级管理人员既维护银行的利益，又尊重和不干涉员工的隐私，无论是员工家庭纠纷或变故，还是员工个人婚姻、感情变化，只要不影响银行整体利益和声誉，银行均淡然处之，尽可能不予干涉。有位管理人员生活上不够检点，应客户之邀，涉足一些不正当场所，由于不当决策给银行的资金安全造成一定影响，银行虽然对此很重视，但并不张扬，行长亲自处理，一方面对银行资金采取安全补救措施，另一方面对这位管理人员的违纪行为在人事正常调动中不知不觉地做了处理。

银行一方面尊重员工的私生活，另一方面也不排除对员工个人生活的掌握，如员工和员工的亲缘关系、婚姻情况等均掌握在人事部的档案之中，以便更好地管理员工。

服务人员的管理——强调团队

在对服务人员的管理方面，香港的银行力求从多种途径采用多种方式，既达到管理的目的，又使服务人员感到受尊重，自觉自愿地为本行更好地尽职尽力。

银行经理坐在开放式的办公室里，随时注意柜台服务的状况和来往客户，如果一位老客户来到银行，经理会出来和其打招呼，寒暄两句。以经理的身份带领员工为客户服务，实施现场管理，并现场进行调度。

按照服务管理的原则，在给客户办理业务时，员工一定全心全意，曾经发生一位员工边打电话边为客户办理业务的事情，经理走到她的身边，告诉说，在给客户办理业务时，尽可能专注，等办完业务后，再处理其他事情。银行经理的服务不仅仅是营销客户，他也必须成为营业厅合格的"调度员"，对客户进行疏导，对工作进行协调，他的工作做好了，大厅里纵使有许多客户，也能在他的热情服务中，有序地办理业务。

情感管理——构筑上下级的新型管理　如今，管理者们更注重服务中下属对上级管理的感受，注重发挥下属的能力。各级领导要争取做一个集编、导于一身的全才，不但要亲自编剧，而且要让每个同事当好演员，发挥其演技和能力。银行决意推行服务承诺，他们首先考虑的是承诺的主体——员工对服务承诺的接受程度、支持程度和参与程度，因为这是成败的关键。银行将服务承诺方案交给全体员工去讨论、去修订，由员工自己来核定服务承诺的标准，由此推出的服务承诺是建立在银行和员工互相支持的基础之上的，这也增加了员工对工作的热诚和满足感。

香港银行的管理者将严格服务管理和情感投资恰到好处地结合在一起，严中有情，情中有严，在银行内部形成上下一体的良好的人际管理。银行管理人员在制定各项规章时，都将员工的感情及人格放在第一位，在银行，尊重员工的人格及权益。所谓权益，就是员工有其各种不受侵犯的权利。如在未提前一月向员工警告的情况下，除非条件不允许，都不能任意开除员工；员工有上诉权，以保证自己受到公正的待遇，管理层人员十分重视员工的上诉，一位经理因为受到几位员工的投诉，在事实确凿的情况下，被免职。任何管理人员都要对员工礼貌相待，不能干涉员工的私生活。

团队精神——凝聚员工的旗帜

香港银行重视团队管理，并且有具体的团队管理模式。这种团队组织管理形式必须遵守四个原则：①确认核心原则。团队要能顺利达到工作目标，必须有强有力的核心领导者。领导者应具有较高的领导能力，在精通与营销相关的某类专业知识的同时，对其他方面的技能也要有一定造诣。由团队核心确定团队其他成员，再配以适当监控，以实现营销目标。②能力相配原则。团队内成员的能力应该相互补充、相互匹配，在整合营销执行中既可以发挥大于个体总和的能力，又可以使团队成员相互学习、取长补短。③协作原则。整合团队成员来自不同的部门，有不同的专业背景，要能发挥成数倍的整体能力，必须是富有协作精神的。④动态优化原则。团队形成后在目标达到前不是一成不变的，随着工作重点的转移，团队核心可以发生转移。

香港银行在服务人员管理中十分重视团队的作用，重视员工流失率的变化，行长亲自过问每个员工流失的原因，对管理人员不能关心和团结下属而影响整个集体凝聚力的立即予以调离，由此，在全行形成了具有良好团队精神的氛围，努力向"士为知己者死"的向心力靠拢。银行各单位组织各种活动来加强员工的团结，如利用周末和假期组织员工和家属进行春游和野炊等活动。另外，还经常组织员工在晚间聚餐、唱卡拉OK、做游戏。这时，严厉的管理人员将他们的另一面展现在下属员工面前，同员工一起笑、一起闹，在众员工的哄闹下，经理要常常掏腰包请员工吃饭、饮茶，给员工包春节的"开工"赏金。各级管理人员更重视员工的心理感受，非常关心员工，以使员工有愉快的一天，使银行洋溢着大家庭的温馨与和谐。人事部在员工生日时，代表行长送一张生日卡，主管和同事送上一个精美的蛋糕，在热闹的生日会上，过生日的员工感到了银行的温暖和同事之间的亲密；当员工生病时，管理人员到家中探望，当员工住院时，鲜花和果篮代表着银行和同事们的关心和问候；当员工家中有红白喜事时，部门的康乐小组收集员工的"赠金"，赶去道喜或吊唁；即使在员工辞职和离行时，银行或主管宴请，同事欢聚话别，惜别赠言，留影纪念，各种不同形式的欢送使员工永远留恋这个"大家庭"。退休员工是银行的宝贵财富，银行没有忘记退休员工为银行做出的贡献。凡银行举行的大型活动，聚餐、运动会、旅游，银行都邀请退休员工参加，并让他们以邀请嘉宾的身份出席，行长室成员作陪。每年行长室都要专门邀请退休员工共进午餐和做一次远途旅行。在银行看来，对退休员工的关心不仅温暖了退休员工的心，而且也温暖了全行员工的心。使员工看到了自己的将来。银行要使其对员工的管理成功离不开员工亲属的支持，当举行员工大型活动时，香港银行常常邀请员工家属一起参加，一同旅游、一同举杯、一同欢聚、一同游玩。当员工的家属融于银行生活之中时，银行的影响力也就深入到每个员工家庭之中。

压力管理——员工永恒的动力　压力管理对于银行的管理来说是必不可少的，银行在有压力时，才有竞争力和开创力；员工在有压力时，才有动力和活力。正像渔民远洋捕鱼返回时，往往要在鱼舱中放几条沙丁鱼，这几条沙丁鱼不停地攻击其他的鱼，使整个鱼舱里的鱼都在高度紧张之中，结果这些鱼都活着回来，如果缺少这些沙丁鱼，大部分鱼就会在舱中死去，压力和紧张使鱼赢得了生命，这就是压力的作用。

　　香港金融业的竞争是十分激烈的，优胜劣汰是竞争的规律和法则，银行在竞争中时刻提醒它的员工要有生存危机感，要从危机中激发自身的能量，从而向自己施加压力。压力管理体现在银行管理的各方面。

　　在一个大年三十，一位员工接受了一项草拟业务计划的任务，完成任务的时间是正月初四，这意味着在人们欢天喜地过大年的时候，他要与一些枯燥的数字和资料为伴。完成任务的时间是不可能改变的，他只能克服一切困难，在初四以前顶住时间的压力完成任务。这就是银行为提高工作效率向员工施加的时间压力，为了使这种压力发挥效用，银行就必须加强压力管理。压力管理包括施加压力和减轻压力，对员工的压力管理成为员工管理的一部分，银行通过开办施加和减轻压力培训班来提高压力管理的水平。

时间压力管理。银行的任何一项工作都有时间表，严格遵照时间表本身就是压力，银行不允许没有时间表的工作存在，以致使整家银行在一种无时间表的状态中运行。在银行管理者看来，时间就是效率，因此各级管理人员把时间压力作为完成一项工作的保证。当银行开办一家支行时，从选址、装修到人员培训、人员到位和开业都有详细的时间表，筹办者们将每一项开办工作都用日计算，在进程滞后时，需向银行报告，经批准才允许延期，否则，只能加班加点，或想其他办法赶上进度。时间压力给银行带来效益，给员工带来效率。

学习压力管理。在银行中，作为一个银行从业员必须具备相当的银行知识水平和能力，素质不高就必定被淘汰出局。作为一个股票交易员，他必须考取证券业务的专业文凭，不同的文凭适合于不同专业的级别；作为一个秘书，他必须考取秘书专业文凭；作为一项业务的督导人员，他必须去获取一定的学历资格；作为一名副经理以上的管理人员，他必须考取他所从事专业的大专以上文凭……否则，他们就要丢失各自的饭碗。除了学历文凭要求外，银行还有对每个员工的具体培训要求、读书要求以及素质要求，使学习压力变成员工的自觉行动。

利益压力管理。金钱是与员工切身利益最为相关的因素，银行在运用金钱这个杠杆时，并非直接以金钱为压力，而是通过年终考核影响员工的薪金、奖金及晋级提升。一个员工必须对他的上级负责，对工作负责，以便在年终考核中获得一等和二等业绩，否则，这位员工的利益就要受损，在奖金上受到惩罚。利益压力使员工努力工作，以得到优厚的利益回报。

解雇压力管理。银行以优厚的福利、稳定的工作吸引了众多员工，同时，银行也以其严格的纪律和规矩使每个员工好自为之，否则就有被"炒鱿鱼"的危险。大家都捧着"泥饭碗"，无论是一般员工，还是高层管理人员都清楚地认识到这一点。违反行规或给银行带来损失或利益伤害就有可能被解雇。每位想在银行工作的员工都有保住"饭碗"的压力，解雇压力使员工尽职、尽力、尽心。

职责压力管理。职务是与责任、薪金紧密相连的。在银行，担任经理并非荣誉，而是职责。他们要在职责的压力之下，履行经理的职责，工作做得不好在年底就可能让位，或在考核中受到上司的警告；工作做得好，在年底就可能被重用，或者得到晋升和上司的奖赏。

任务压力管理。每个员工都有各自的工作量，各级主管的责任就是要使其下属在一天的工作中满负荷，没有清闲的机会，人人如此，使全行没有一个闲人。这样既有效地使用了人力，也使员工养成自觉工作、自我施压的风气。员工要在一天中保质保量地完成任务，必须有高效率。香港银行对工作任务布置得非常细致，设定任务标准和时间。任务压力使每位员工尽己所能，完不成当日的任务就必须加班，而加班又须获得主管批准，主管会向所属员工施加压力，在规定时间内完成任务，激发员工的智慧和能力。主管经常巡视员工的工作，要让员工时刻感觉到主管的存在："老板在瞧你"，有时候可以让下属发奋一番。

减轻压力管理 尽管银行的压力管理很出色，银行的管理者仍认为仅靠压力是会事与愿违的，长久的压力会使员工厌倦而产生抵触情绪，一张一弛才能使员工长久不衰地努力工作下去。因此银行举办各种减轻压力讲座、研讨会和培训班，同时采取措施，以达到减轻压力的效果。

给员工以信心。"疑人不用，用人不疑。"在银行，只要赋予管理者责任，就赋予他相应的权力，上一级主管在工作中对他全力支持，使他获得成功和满足，从而减轻工作压力。

和员工共订目标和标准。银行在对员工提出工作标准时，要花相当多的时间与员工沟通，请员工参与，得到员工的支持，这样订出的标准更合乎员工的实际，而且容易让员工达标，最重要的是减轻员工压力，调动员工的积极性。

举办各种娱乐活动。为使员工得到适当的康乐休整，香港银行设有员工俱乐部，员工缴纳一定费用后都可成为会员。俱乐部内有适合员工活动的各种娱乐设施，还可以向会员提供聚餐、游玩的场所。银行还经常举办各种活动，活跃员工生活。

防止员工负荷过重。关心每位员工是否工作负荷过重或检查工作中有没有章法是管理人员的职责，员工流失率高有时是因为压力所致，因此，主管认真检讨每位员工所扮演的角色，使每一位员工的角色很合理，符合他的薪金、职务等要求，以减少员工的概念模糊状态。同时奖惩分明，树立宽容信赖的作风，使员工有健康的心态。当银行推行一项新业务时，由于时间紧，任务新，没有经验，员工压力很大，这时主管就担起责任，鼓起员工的信心和勇气，与员工一起研讨，共同参与，在工作、生活上支持和帮助他们，使员工的压力减轻，发挥潜能，完成任务。

冲突管理——解决员工矛盾的"良药" 缓冲服务。冲突是服务人员管理中的重要一环。银行要求管理者做到"三耐",即耐烦、耐心和耐怨。不少冲突占用管理和业务时间,打击员工士气,损害员工对银行管理层的信任,使员工怒火中烧,导致不负责的行为等。商业银行对冲突因势利导,加强冲突管理。行长室要求所有管理人员一旦怀疑有冲突将要发生,便要立刻处理,使冲突被化解在萌芽状态。银行将互相依赖的各部门员工尽可能安排在接近他们所依赖的部门,可有助于消除因部门分隔造成的障碍。银行有各部门的联席会议,定期召开各部门代表会议,讨论共同关心的问题,从而减少无谓的冲突。若某家支行的主管与副主管意见相左时,人事部立即将一方调离。每年末在大批人事的调动中,因解决冲突而调动的人员总占一小部分。同时,各级主管将冲突的问题和涉及冲突的人员分开,对事不对人。银行在解决专业部门与支行网点协作的矛盾冲突时,将这一大问题分为许多小问题,然后按逻辑顺序处理各项问题,当许多小问题逐项解决后,冲突的大矛盾就迎刃而解了。银行设有投诉程序处理各种冲突,在冲突无法调和时,员工可正式投诉,银行将对冲突做出有权威性、有约束性的处理决定,而不会含糊其辞、不分辨是非,以在员工中树立正气。

香港银行强调团队精神,但并不意味着排除或没有任何冲突。当银行要进行一项业务改革时,若处理不当,就会发生新事物与旧事物的冲突;当银行在每年末对员工加薪的幅度与员工的期望值相左时,也会发生银行与员工的矛盾冲突;当两个员工要求晋升同一职位、两个单位竞争同一资源时,又会发生员工之间和单位之间的冲突。冲突是指一种带有互相对抗性质的对立及不和的状态,冲突在银行内部无处不在,由于利益、个性、位置和关系的不同,冲突便出现了。

传统的观念认为,任何形式的冲突对银行来说都是坏事,但银行管理者认为,一定数量的冲突是正常的,存在一些冲突对银行也是有益的。如果没有冲突,员工因循守旧,不思进取,没有创意,工作犹如死水一潭。冲突能带来员工的批评,带进改革之风。一个经理在领受一项任务后,常常召集"核心小组"对他提出的方案提出质疑,寻找风险和漏洞,以便对可能发生的不测早有预防。冲突管理成为科学管理的一部分。银行在单位和单位之间鼓励竞争,这是行长室为应付激烈竞争的需要而进行改革所必需的,银行让处于冲突中的员工将不满情绪表达出来,而不是加以压抑,有利于改善银行的管理。当然并非所有的冲突都是有利的,不少冲突占用管理和业务时间,打击员工士气,损害员工对银行管理层的信任,使员工怒火中烧,导致不负责的行为等,迫使银行对冲突要因势利导,加强冲突管理。

香港的银行是从以下几个方面进行冲突管理的:①正视冲突行长室要求所

有管理人员一旦怀疑有冲突将要发生，便要立刻处理，使冲突被化解在萌芽状态。忽视冲突而任由其升级将损害银行的利益，管理人员一旦发现冲突，便勇于处理，往往能得到下属的尊敬和信任。②协调冲突各方。银行将互相依赖的各部门员工尽可能安排在接近他们所依赖的部门，可有助于消除因部门分隔造成的障碍，使员工在工作场所接近的基础上，不分部门地形成群体。如信贷部和放款部被安排在一层楼上，相互的接触可以增加联系，减少冲突，同时部门间的竞争又可提高整体效率。银行有各部门的联席会议，定期召开各部门代表会议，讨论共同关心的问题，从而减少无谓的冲突。银行为了避免冲突，浪费时间和精力，在下达一项任务的同时，也限定最后完成的时间，这将能促使可能发生冲突的各方摒弃小分歧，迅速达到一致。此外，银行高层管理人员在决策过程中遇到"争议点"时，应强调任务的迫切性，重申决策的时间表，使有关冲突人员能求大同存小异。③维护良好的人际关系。人事部在人员配备上应注意人员性格的搭配。当一个部门的和谐关系不断受到某人或多人的骚扰时，人事部就要认真考虑将构成冲突的人调离；同样，若某家支行的主管与副主管关系不合，人事部立即将一方调离。每年末在大批人事的调动中，因解决冲突而调动的人员总占一小部分。④使冲突非个人化。这一原则是银行在冲突管理中一直坚持遵循的。各级主管将冲突的问题和涉及冲突的人员分开，对事不对人。例如，用图表罗列各方目标，重申各方的立场，着重寻求目标解决办法，以突出问题本身及避免将人的因素介入。⑤将主要问题分解为多个小问题。银行在解决专业部门与支行网点协作的冲突矛盾时，将这一大问题分为许多小问题，然后按逻辑顺序处理各项问题，当许多小问题逐项解决后，冲突的大矛盾就迎刃而解了。⑥促使对话。银行鼓励冲突双方对话，让双方在不受为难的情况下表达各自立场，由双方的上一级人员进行调解或解决矛盾。银行设有投诉处理程序，在冲突无法调和时，员工可正式投诉，银行将对冲突做出有权威性、有约束性的处理决定，而不会含糊其辞、不分辨是非，以便在员工中树立正气。

服务授权管理——划定员工的权利范围

银行利润和回报的增长来自忠诚的客户，客户忠诚又源于客户满意，而客户满意受感知银行服务价值的影响，服务价值由那些具有积极工作态度的生产性员工创造，员工满意很大部分产生于员工授权的政策。

在香港，银行实行的是行长负责制，行长的权力是总行所给予的，由法律机构公证的授权书是行长在日常管理工作中行使权力的法律依据。银行给予各级管理人员一定优惠服务授权，服务必须让利，这是银行服务的一项原则。银行对存、放款优惠的掌握是松散型和集中型相结合，各支行经理按甲级、乙级、丙级支行分别被授予利率和费率优惠使用权，以便他们有更大的业务经营主动权和拓展能力。行长根据业务需要将自己的权力分授予各位副总和助总，副总和助总依次再分别授权予其下属，各级管理人员根据各自的授权实施管理。

授权管理是现代的经营管理方式，是银行组织形成的出发点。加强授权管理有利于统一经营管理，防止越权经营，实现政令的畅通，实现银行有序的管理。加强授权管理有利于使管理人员有效地利用时间，集中精力，理顺管理结构。如果有的经理分管工作太多，桌上堆满了待处理的文件，有些管理人员事事亲力亲为，甚至连应授权下属办理的杂务也一手包下，就会顾此失彼，影响效率。可见授权管理对银行管理十分重要。银行在加强授权管理中遵循以下六项原则：

● 授权必须有威严

在香港银行，权力代表着威严，各级员工对授权必须绝对服从，行长通过授权将他的指示在全行贯彻。虽然在工余游玩之时，各级管理人员同下属员工同娱乐，不分老板下属，但在银行管理中，等级观念显示在各个方面。由于授权不同，待遇就会有差异，连办公坐椅都不同。管理人员职高一级，其奖惩权、人事权及审批权不同，因此对员工的影响力也不同。当一位副总来到一个部门视察工作时，他受到的礼遇和尊敬是由他的权力威严所决定的，该部门主管认真地向他汇报情况，听取他的指示，并在落实后向副总反馈，权力的威严保证了行政管理的畅通。

● 授权必须合规

权力要防止被滥用，因此，银行在授权时坚持权力与责任相对应的原则，银行对任何一级人员的权力与职责都有文字规定，使其授权合规。为了同不适当地使用授权行为相抗衡，银行除了加强人事部对授权的管理以及会计部、稽核部对管理人员使用授权的监管外，还规定了各级管理人员未经行长室批准不得对业务规章进行任意改动。如会计运作程序任何人不经授权不得改动，信贷运作一定根据"游戏规则"进行，不受任何行政干预，所有运作必须按照贷款程序进行，信贷部门对审批有其独立性，不受任何干涉。如一级管理者有意通融授信，必须得到银行授权。

● 授权必须有限

授权不是万能的。在香港银行，权力都受到牵制和约束，这些牵制和约束来自于上级、同级、下级和规章制度。一级管理人员只能在授权范围内行使职权,该负责的必须负责,不能把责任推向上级或下级。凡由一个部门负责的工作,它的主管都能给你一个负责的回答,而不会推诿,但是在超越权限时,部门主管变得十分谨慎,必须向上级请示。请示不允许越级,主任只能向副经理请示,副经理提出意见,再向经理请示,经理再请示也不允许越位,只能向分管他的"老板"请示,而不能向其他"老板"请示,全行各级人员都要维护银行的行政主导。反过来讲,管理人员通常只对直属下级发号施令,行长对全行负责,可他从不对员工加以指责,他到各个部门走一走,发现问题,从不当场批评,而是对部门主管做出限期纠正的指示。部门送审文件,如有不妥,行长指示副总教育部属注意改正,而不是直接批评这个部门。这样一级管理一级,一级向一级负责,保证了全行管理的有条不紊,调动了各级人员认真使用授权的积极性。

● **授权必须适当**

银行规定被授权人必须有一定的资格和条件。①人事部必须决定哪些员工适合被授权。被授权人应真心愿意接受权力,明了与授权有关的工作说明和规范。银行有完善的考核制度,对被授权人的品德、能力、业绩有公正的、实实在在的考核,考核内容具体化、合理化、科学化,以确认下属能胜任所授权的工作。如按照银行规定,押汇部办理外汇买卖业务的人员需得到银行授权。一次,由于疏忽,一位未经授权的员工处理了外汇业务,而且还偏偏出了问题,这时受到惩处的不是这位员工,而是他的主管,因为主管授权不当。②人事部必须决定被授权人员是否有资格。这种决定权不能下放,人事部要清楚获得这个授权的人应具备的资历、技能、知识等,再选出合适的被授权人。当一位管理人员休假时,要由人事部指定他的工作代理人,这个代理人除了具备一定的资历、技能、知识以外,还要注意他是否有资格代职,要注意他的职务是否合乎代职人的资格。一家支行的经理休假了,另一位副经理又突然生病,不得已只好让一位督导人员代职,但从银行的管理体制看,督导人员没有经理级权力,也没有受过管理训练,自然是没有资格的,因此这样的工作代理人授权自然不能批准。

● **授权必须权和利相称**

一位支行经理有管理一家支行的权力,他也有很重的责任,同时,他还有相应的职务津贴,有相应的奖金,有相应的服装津贴,有相应的待遇等。这时银行的授权对这位主管压力就很大,他必须有很好的业绩才能保住优厚的利益。

● **授权必须给予管理**

上级对下级的授权不能放任不管,要对被授权的下属的行为担负责任,要实施管理：①坚持授权一定要有反馈。下属要经常向上级汇报权力行使情况，当主管发现部属的工作有问题、有困难时要协助解决，必要时可请示人事部收回授权或调整被授权人。如押汇部主管每日上班时，先听取各位副经理的汇报，适时地进行指导。②上级要将一些主要权力控制在手。银行建立了完善的请示报告制度，控制一些核心工作，任何一级管理人员疏漏请示报告，都被认为是越权。因此，各支行经理将请示报告记录列入专案，作为他有权处理的依据。③香港银行提供足够奖励。行长有专项奖金，奖励使用授权有力、成绩突出的个人和集体，完善授权管理，鼓励员工接受授权。④银行确立一套完善的授权评估系统，营造被授权人使用授权光荣的氛围，防止出现被授权越多越容易出错的员工抵触情绪，加强上下级沟通，合理评估差错，排除有效授权障碍。

服务人员的督导——着重日常

银行最基层的业务组织是业务小组，小组长及复核人员是小组的督导人员，这一层人员又被称为督导层。他们的主要职责是督导各个业务操作岗位，保证本组又快又好地完成银行所赋予的任务。

督导人员对员工的督导是银行管理的一部分，是一线管理的重要组成部分。银行十分重视这项管理，采取了一系列的措施来加强这项工作。①督导人员数量要符合业务发展的需要。为了有效发挥督导人员的作用，人事部制定了严格的用人比例及督导人员比例，以岗定人。②人事部每年对全行上百位主任以上督导人员进行考核，主任以下督导人员由各单位负责考核，人事部对全行督导人员考核进行平衡，评出各级别督导人员的前十位，作为奖励和晋升的依据。③每年开办各种督导人员培训班，如面谈技巧、压力管理、员工考核，等等，提高督导人员的素质。④发挥督导人员的才华和作用。在各项工作中，大胆使用督导人员，作为管理人员的有效补充。在银行的康乐委员会中，在全行和各单位的咨询工作小组中，督导人员都在挑大梁。⑤重点发挥组长以上督导人员的核心骨干作用，他们是各单位"核心小组"的当然成员，他们参与部门和支行管理，在管理中增长才干。

督导人员在实际工作中总结出一套行之有效的督导管理办法：

每日与员工沟通情况 督导人员每日上班时用几分钟提醒员工当日应处理的工作，询问员工工作中的困难，共同研究解决困难的办法，安排好本组的

工作任务。督导人员可直接向下属布置工作，超越权限时应向上一级请示。

每日对员工进行检查

督导人员经常走到组员身边，询问工作进度，督促完成各项工作任务，在发现员工积压工作过多时，及时在本组调整员工工作量，并安排其他员工协助。一位姓刘的高级主任，在向下属交办任务时，总是附上完成任务的时间表，对于组员全日的工作情况，他都有一个工作进度统计表，并定期公布每个员工工作表现，激发了员工努力工作的积极性。

组织下属员工执行上级指示

督导人员是管理者的最坚定支持者。管理措施的实施有赖于全行员工的支持，更有赖于督导人员。督导人员凭借其本身与员工的紧密联系和影响力，在发动员工和组织员工上发挥着重要作用。每逢银行举办活动，如星期日、假期参加公益活动或行方活动等，督导人员一方面积极参加，另一方面积极发动组员，使全行这类活动的参加率达到90％以上。当银行开始推行大堂主任制时，这些督导人员在柜前带头向客户推销产品，履行大堂主任职责，身体力行，身教重于言教，带动起这项工作。此外，在各项工作中，督导人员都起着带头作用，影响周围的员工。

为管理人员的决策提供帮助

督导人员在一线服务，可以听到员工的呼声，也可以听到客户的抱怨，他们最了解业务、最了解员工、最了解客户。他们平日为管理人员做各种调查研究，如市场调查、同业调查、客户来往统计等，为管理人员提供有价值的一手资料。一位主任利用休息时间，带领本组员工深入街区，一边发放宣传单，一边发放征询客户意见表，了解客户需求，得到了有价值的客户服务材料。

向组员提供服务协助和指导

督导人员办公时坐在下属的后排，能够随时观察到下属服务工作的情况，观察客户对银行服务的反应。当客户稍有不满情绪流露时，他们就走上前协助组员处理工作，安抚客户。当看到有过多客户时，他们就及时调配人力或亲自接待客户，并经常指导员工如何服务，增强员工服务的自觉性。

重视下属的情绪波动

督导人员容易成为员工的知心朋友，督导人员和管理人员有所不同，他们更接近员工，更容易发现员工的情绪变化。平日，他们对员工问寒问暖，开导员工解决好各种矛盾，降低员工流失率，防止员工产生抵触情绪和离心力。

组织组员在岗培训　督导人员都从事复核工作。他们资历较深，而且有较高的学历，他们有能力解决各种业务难点，为组员做示范，并且经常组织组员练业务基本功。由于督导人员责任重，银行要求所有主任以上的督导人员具有一定的文凭，由此推动了许多员工上夜校进修，以创造晋升为督导人员的条件。

17 让服务制度管理智慧

没有规矩不成方圆，没有制度不成银行。银行是技术密集型企业，员工的一点闪失都会给银行造成意想不到的经济损失。制度治行是银行的治行之本，银行内的任何操作和管理都应有章可循。一位高级经理担任资金外汇部主管，他精通资金业务，对工作负责，为银行创利不少。然而在一次银行自营外汇交易中，因市场突然变化，所买入的外汇急剧跌破止亏点——银行所允许的下跌幅度。这位主管欲想再"搏一搏"，置规章制度于不顾，结果多给银行造成近20万元的损失。行长室经过认真研究，决定此损失由这位高级经理一人承担，并以此次事故为例教育全行要高度重视规章制度的严肃性，对规章制度的执行必须一丝不苟。银行的规章制度分为两部分，一部分为银行的管理规章，另一部分为银行的办事细则。管理规章是指管理原则、注意事项、管理的次序及相互关系等。办事细则包括处理每项业务的程序、完成每项工作必须注意的事项、这些工作应由哪些职务的人员来完成、他们之间的关系如何等。

制度治行——香港银行管理的精髓

银行在健全规章制度后，加强对它的管理比什么都重要。办公室在对全行工作实施管理时，将规章制度的管理放在首位，经常对各单位执行规章情况进行监督和检查，每年对全行的规章制度条文进行重检。由工作研究部和有关部门负责对规章制度的可行性进行研究，以决定是否要做必要修改。规章制度有其滞后性，也就是说它落后于实际情况的变化，一个相对完善的规章一经建立就有一个相对稳定期，但实际情况日新月异，这就难免有不相适应的情况发生。因此，定期修订可以保持规章制度对业务发展的适应性。

规章制度不是纸上谈兵

制度要引导员工的具体行动，首先要让规章制度深入人心。人事部的培训课程中，规章制度学习培训是重要内容。从新员工入行开始，第一项培训内容就是学习银行的"员工手册"；当开始进入业务操作时，第一项学习的课目是操作办事细则；当经办人员提升为督导人员，督导人员晋升为管理人员时，第一课都是学习有关规章制度。规章制度不但要学，而且重要规定要牢记，因此人事部组织管理人员学习规章制度，并进行考试，从二十几岁的管理人员到五十多岁的老经理对重要规章都必须了如指掌，考试成绩作为个人政绩考核的依据之一。

规章制度一定要有其权威性

全行规章修订的权力归属行长室，由有关专业部门具体执行。各单位的操作细则修订权力归属有关部门，由行长室的有关分管人员审批。

各单位对规章制度的修改意见只能在规定的时间，通过规定的渠道向上级反映，其他时间必须严格执行。行长在一次管理会议上，批评一位主管向他请示是否可以将客户送的过年"利是"作为员工的活动费用，他说，作为一位主管，在规章修订之前，只能考虑如何严格地执行规章，而不能对规章说三道四，持怀疑的态度，这样的结果只能导致其下属对规章的执行不严肃，其危害性是显而易见的。

银行重视培养员工按章办事，教育员工正确处理规章制度与行政管理的关系。一群歹徒在电话中假冒行长，使一位支行经理上当受骗，这位支行经理不但被连降三级，而且他个人在经济上损失了近百万。银行借此事件，在管理人员中开展了在规章制度约束下的行政主导教育，开展了"假如真是行长"的讨论，使全行认识到：任何一级员工都必须置身于银行管理体制之中，任何员工都必须将规章摆在一切之上，如发现违规必须向上一级反映，否则负有连带责任。同时银行通过规章限制各级管理人员的权力，会计部加强了对各业务环节遵守规章的检查，稽核部通过实地和非实地的检查，监管全行执行规章的情况，且以规章作为稽核业务操作有否偏差的标准。一位主管将客户的付款通过本人账户转账，虽然并未给银行造成大的损失，但是已违背了银行的规章，照样被免去了主管的职务。

规章制度不可能包罗万象，如果无法依照规章作为判断是非的标准时，合理性判断、常理权衡就十分必要，但事前或事后（在时间不允许的情况下）必须向上级请示或报告，并尽可能在修改规章时加入有关条款。香港银行随着资金结构的多样化，派出投资企业担任董事的员工越来越多，这些员工权、责、利如何，银行的管理如何跟上，许多料想不到的新课题仍然会摆在这些担任着董事的员工面前，这时，处事能力和遵守规章显得同等重要，只有这样，才能更好地发挥出这些员工在董事会里的作用。

岗位责任制——管人的尺度和标准

在香港银行，任何一项管理都没有管人复杂，因为，管理人员认为管理必须要有标准，有尺度，才能管理准确。而人是变数最多，因人而异，最难以衡量。如何给人的管理以标准，有各种各样的途径，岗位责任制就是其中的一种。香港银行在服务人员管理中实施服务岗位责任制。王先生在银行已服务了近三十年，但仍是高级文员，这位几乎与行长有相同服务年资的员工是总务部的业务骨干，但是他没有得到提升，在谈到其缘故时，他很坦率地说："我文化水平低，要得到提升，需要有一定的文化。"他所指的就是银行推行的以工作标准及职务说明为主要内容的服务岗位责任制。服务岗位责任制包括了每个员工的服务工作职责和权利，是在确定岗位基础上的权、责、利一致，其核心在于人人有专长，事事有人管，办事有依据，工作有标准。从行长到普通员工都要根据工作标准及职务说明从事工作。银行从三个层次上推行岗位责任制。

第一个层次，非管理人员，通过岗位责任制，核定这一层员工的工作量，并向员工提出具体业务标准要求。一个新员工刚加入银行，他必须在试用期内，达到岗位说明的技能和知识要求，工作符合标准，否则，就可能被辞退。员工的晋级要通过岗位责任制中的职务说明和工作标准来考核，其内容分为工作态度、依据和内容、职务资格、权责以及技能水准（包括时限、数量、质量）等。

第二个层次，管理人员，人事部通过岗位责任制，有效地使用人力资源，有效地检查全行各级管理人员的人事工作。香港银行要求各级管理人员通过岗位责任制做到对下属工作心中有数。主管经理在向人事部要求增加员工之前，必须对所属人员的职务说明进行认真的分析研究，确认其部属岗位编制合理，人员作用发挥得当，从而对本单位人力做出正确评估。人事部据此决定能否批准主管经理的请示。岗位责任制将员工表现具体化，从而改变了以往各级管理人员对下属表现凭印象，对人数凭直观的状况，明确了考核的尺度、晋升员工的依据和有效使用人力资源的原则。

第三个层次，高层管理人员，岗位责任制可以有效地限制权力，分清职责，使管理工作一体化。有一位高层管理人员工作热情高，但许多不在他职权范围内的工作他也愿意发号施令；另有一位高层管理人员工作过于谨慎，在他职权范围内的工作他也常常不拍板或者推诿出去，在岗位责任制的约束下，这些问题都得到较好的解决，提高了高层管理人员的管理水平。

岗位责任制犹如一面镜子，使员工看到了各自应具备的素质和能力；犹如一把尺子，使管理人员可以衡量员工的表现；犹如一部推进器，使全体员工奋发向上，工作有创新。

服务纪律——严格分明的员工奖罚尺度

在香港，对于普通银行员工来说，乘出租车上班是奢侈的，然而每天早晨还是有些员工乘出租车匆匆赶来，因为对这些员工来说几十元的出租车费与一次迟到的损失相比是微不足道的。员工对出勤的重视源于银行严格的出勤制度，源于各级主管的以身作则。行长有时出席行内会议，因为公务迟到了几分钟，他会当场向与会者说声"对不起"。在他看来，迟到了，纵使有千条理由也是不对的。出勤制度的丝毫松懈都会影响着银行的正常运作，影响着银行的对外形象，影响着一家银行员工士气。为此，银行制定了各种考勤制度。

出勤制度 打卡制度。人事部以出勤卡统计、考核全行出勤情况，高级经理以下的员工上下班均要打卡，短暂外出也要做打卡记录，无论是公事、私事都必须打卡，银行不允许漏打卡或代打卡的行为。

请假制度。员工因公、因私外出都要办理请假手续，先由工作代理人签字，由主管批准，报人事部备案。病假还须提供医生证明。特殊性的请假由人事部特批，如银行为了避免员工利用公众假期连续休假造成人员紧张，一般不允许员工连带公众假期休假，特殊情况下请假人要提出书面申请，按级审批。每个月人事部通过电脑报表通报每个员工的出勤情况。

休假制度 员工根据不同年资和职务每年享有不同天数的年休假。员工可以分多次休假。根据劳工法,每位员工每年必须有一次超过 7 日的连续休假,以防止员工因工作紧张得不到适当的休息。员工确因工作原因不能在当年休完年假者,在员工自愿的前提下,香港银行给予酬金或第二年进行假期调整。

合理安排员工休假是出勤管理的重要工作。每年年初,从行长到普通员工都要对当年的假期进行安排,各级主管对所属员工休假安排进行平衡,以工作为重做出适当调整。在正常情况下,银行要保证员工按休假计划休假,如员工须临时变更休假计划,需由上一级主管批准。

服务纪律奖罚制度 高级经理以下员工每年有全勤奖,即不迟到、不早退、不旷工、不漏打卡、没有病事假。银行每年末通报表扬全勤员工。为了管理方便,员工的考勤,甚至考核都是以前一年 12 月至当年 11 月为一年,每位员工从 12 月开始,认认真真地执行出勤制度。全勤者每季度得 300 元,全年全勤者额外再得奖 1000 元。此外,对基本全勤者也给予适当奖励。在经办层人员的年终考核中,出勤作为专项考核,迟到、病事假都要酌情扣分,这项考核直接影响员工的下一年加薪和当年的奖金,对员工的促进作用很大。香港银行保证员工正常的休假,因此休假、病假均为有薪假期,而事假要扣除薪金,如有个别员工企图钻此空子,在请假中弄虚作假,银行会毫不手软。一位员工常请病假,经银行调查,这位员工利用"病假"干私活,被立即解雇。另一位员工偷改医生证明信,下场也同样。

加班制度 在每日下班半小时后或在公众假期,员工超时工作可以领取加班费。领取的手续是向人事部填报招致加班的原因和时间等,人事部根据出勤卡记录和各单位主管填写的加班表发放加班费。为了控制加班,任何加班必须得到主管批准,主管必须向行长负责,不得超出加班费预算,以合理地安排员工工作。加班分为超时加班和公众假期加班,领取不同的津贴。超时加班一律按小时计算,公众假期加班按员工的薪金级别领取加班费。高级经理及其以上各级人员免予出勤考核,故也不领取加班费。而在实际中,这些管理人员每日都需加班工作,但他们在职业道德的驱使下,对此从不计较。

检查制度 人事部统一负责全行的出勤制度实施,人事部会向迟到一定次数的员工发出书面警告,对漏打卡的员工,要求单位主管提供处理意见,以减少这种现象。人事部通过闭路摇摆摄像机检查员工打卡情况,防止出现代打卡现象。为促进各单位重视出勤工作，银行每季通报各单位的出勤情况，排出名次，作为单位考核评比的内容。

弹性工作制度　为适应不同工种的需要，以便降低经营成本，减少加班，方便工作和提高效率，一些专业部门实行弹性工作制。如营业部，早上提前25分钟上班，以保证准时开门营业；全行提前10分钟上班，以做班前的准备工作；会计部实行二班制，第二班中午上班，晚上进行平账及处理事后工作；电信部门、投资服务部门、资金部门都根据各自业务特点实行弹性工作制。全行中午实施轮流午餐制，以保证营业和工作不间断。

服务廉洁制度——以法律为支撑的管理屏障

春节到了，那些未成家的青年员工们个个兴高采烈。因为按照当地习俗，他们将得到那些成家同事、长辈、上司的压岁钱，俗称"利是"。"恭喜发财，利是到来"——他们四处去向家人、朋友、老板、同事等讨要"利是"，以图来年吉利。然而，在给"利是"的人中间有很多是客户，按照规定，因公务关系所得的"利是"，一是退回，二是上缴。大年刚过，员工纷纷自觉地将这些客户送的"利是"交到主管手中，虽然客户送"利是"都是放进小红包，在并不张扬的情况下给他们认为应给的员工，很多时候是旁无他人的，但是这家千人的银行仅春节后上缴的"利是"有时达十多万元之多。员工之所以能够这样做，是因为他们受到良好的廉洁教育，得益于良好的管理体制和他们良好的自律能力。

廉洁教育——员工教育的主题　从一个新员工入行的第一天起，廉洁自律教育就贯穿于员工工作和生活之中。人事部请廉政公署官员举办讲座，召开员工犯罪案例研讨会，经常发布通告提示员工注意遵守有关规定，提示员工不得以任何形式从事赌博，炒卖股票，从事黄金、外汇、房地产等投机活动，不得有任何收受贿赂行为，并列举贿赂行为，让员工分清正常行为与贿赂的界限，使每位员工明白当客户致送的礼品物值超过一定金额时，必须向人事部报告，否则，就可能触犯有关法律。受贿不仅仅是指收受礼品和金钱，可用一个很准确的词"收受利益"来界定，这里的利益是指"礼物、优待、服务、佣金、酬金和其他有价值的物品"。除了不能收受利益之外，也不允许保留利益，银行不允许员工因收受利益而影响正当地履行职责。当客户有求于银行，邀请员工参加一些联谊活动时，香港银行就会提醒员工慎言、慎行，因为这类活动可能会影响到他们公正地履行职责。行长这样说："我们在与客户交往中一定要以银行利益为重，不要因为参与客户的某些活动，使我们的授信业务陷于被动。"

对敢于以身试法者绝不姑息迁就　银行在处理受贿案件时，对于敢于以身试法者，绝不姑息迁就。处理手段以报警为主，依靠司法部门处理。根据当地法律，经公诉定受贿罪者可判罚款 10 万元或被监禁 5 年，经简易程序审讯定罪者，可判罚款 5 万元及监禁 2 年。香港银行将银行与员工，员工与员工之间的关系用法律承认的合约形式固定下来，谁有违背，以法律解决，使银行的制度明了简单化，又有权威。一位员工因为影响了银行的业务运作，被罚款 5 万元，银行限令他两天内付款，否则就报案。一位管理人员上了诈骗集团的圈套，将银行资金拱手送给了坏人，银行立即报案，交警方处置。银行为了惩一儆百，将各种金融司法判例经常印发所属员工，提示员工好自为之。对个别员工利用职权，谋取个人利益不果，有意刁难客户的，也给予严肃处理。有位员工，要求客户给其购物优惠未能如愿，即在业务上向客户出难题，后受到客户投诉，银行了解澄清事实后，对这位员工做出开除处理的决定。

廉洁之风从一个信封抓起　香港银行廉洁之风源于银行上层管理人员的以身作则。每年全行员工聚餐时，以顾问、行长为首的高层管理人员将客户致送他们的礼品拿出作为抽奖奖品，为聚餐会助兴。而且每年中秋节和春节，行长室成员都将客户送给他们的食品、水果分送给各单位员工，向他们致以节日的祝福。平日，香港银行的顾问、行长将公与私分得清清楚楚，就是私人写信用的信纸、信封、邮票全是自己购买。他们从小事做起，影响着全行。有一位经理，在参加客户的联谊活动中，在幸运大抽奖中得了一台三十多英寸大彩电，她根据规定，将奖品交银行处理。这样的事例很多，员工捡到钱上交的从几千元到几万元，一位员工在出租车上捡到 6 万元巨款交给警方，在社会和银行产生了良好的影响。员工收到客户的礼品超过三百元之上就要上报审批，一个管理人员误将客户送给的书桌上摆物，因超过三百元钱没有上报而受到处理，在银行是万能的资本主义商业社会中，员工能这样做，反映出银行员工良好的教养和素质。

　　摆正个人与银行的关系是银行教育员工必须遵守的原则。按照规定，员工之间请客吃饭必须自费，主管请下属员工吃饭也得自己"买单"。支行网点主管来银行总部开会，尽管总部有职工饭堂，但因为他们的午餐补贴不在总部，他们也都出外吃饭，"不能占银行的便宜"成为员工的共识。曾经听说有位员工用银行信纸申请私人假期，被主管指出公私不分而受罚的事，使人们对银行的廉洁管理感触颇深。

18 让服务激励机制发力

员工奖惩管理是建立在一套行之有效的奖励和惩罚制度之上的，应奖则奖，当罚则罚，奖罚分明，公事公办，不因人而异，也不因地位高低而有所区别。员工的奖励和惩罚并非随意性的，奖多少、罚多少都有具体规定。香港银行制定的各种奖励规定和处罚规定，对奖罚标准、由哪些部门核定事实、哪些部门做出处理和批准都有详细规定，使员工明白奖惩的意义和度量，以保证全行管理的一致性和连续性，减少员工不必要的互相猜疑和误解。

效果——实行有效的服务考核

在香港某银行员工的春节联欢宴上，押汇部主管从行长手中接过了全行先进管理单位奖牌和奖金，全场掌声四起，欢声雷动，祝贺押汇部在过去一年中取得的佳绩。押汇部为表彰本部员工的努力和贡献，随后在市内一家著名大酒楼设宴庆功，不少行长室成员到场，给宴会增色不少。在举杯欢庆之中，押汇部向优秀员工颁发奖金，押汇部高级经理还当场宣布，押汇部将择日组织全部员工和家属赴港外二日游，以再次感谢全部员工和家属对押汇部工作的支持。押汇部对年终考核结果的重视充分显示出考核在管理中的地位，它不但关系到一个部门在一年中的业绩表现，而且还关系到银行对该部门管理优劣的评价。伴随着单位年终考核的结束，一些单位的主管得到升迁和重用，一些单位的主管被降职或调离，先进单位再接再厉，落后单位快马加鞭，迎头赶上，考核真正发挥了效用。

香港银行的单位考核是以经济效益、业务指标及履行职责的考核为主，以安全及服务考核为辅的，是以促进各单位加强内部管理为目标的。行长室制定的单位考核原则是：从实际出发、计算简便、合情合理、激励为主、与奖金挂钩、多劳多得，全行单位考核实行百分制。

银行对员工服务的考核评价是基于具体的数据，当询问某位员工服务水平如何，某个单位服务水准如何时，不会仅以"不错"、"挺好"、"还行"的词句来做结论，银行科学的管理基于准确的考核，当行长视察网点听取服务状况汇报时，服务营销市场、服务水准的市场定位及银行服务的安排配套都必须有精确的数据。一位经理这样说：跟数据打交道是他每日、每月、每年和终身的工作，没有对数据很好地记忆和把握就无法当这个经理。这正如一个新员工要度过他的服务试用期时一样，他的试用期评估直接决定着他是否能被录用。香港银行在试用期开始时，就定出具体的业务和服务标准，试用期考核时能达到标准他就可以通过，而不是以通常所采用的以人际关系和业务及服务水平印象的方式来决定。

同样，服务检查评比机制（包括服务承诺检查）已不再注重形式，而更重视效果。每月不定期私访检查成功地驱动银行服务竞争机制，银行定期公布结果，有评分，有说明，任何扣分都列出具体原因。一个员工因制服上衣第一个纽扣未扣被扣分，一个柜员因未向客户说谢谢被扣分，一个大堂主任因未向客人递名片也被扣分……严格的要求，细致的考核，培养出一支高素质的服务队伍。各单位通过竞赛，弥补本单位不足。香港银行要考核每间支行的服务，服务考核的目的是评估各单位的服务管理，以便提高全行的服务水平。当人事部对一家支行进行服务考核时，评估的方式是：人事部派出检查人员以顾客身份对这家支行的外墙、门面、大堂环境进行服务考核，发现其服务标识用电脑打印在纸上而对其扣分，一份通告未用框架镶装也予以扣分，从而共扣 4 分。还统计该支行被投诉的情况，业务技术比赛和培训情况，其中该支行每年组织两次以上技术比赛，人均成绩提高了一个等级，特给予加分。接着，人事部对该支行进行服务管理考核，服务管理考核是检验管理人员的服务管理水平，只有达到该项评分的 80% 以上得分才算合格。服务管理以定岗为主，与定人、定级、定责、定量相结合，实行量化管理，检查的依据是服务管理效果、实际运作、员工反映、服务检查、具体事例等。

除此之外，人事部的服务考核还包括员工流失率、劳动纪律（以人事部统计为依据）、业务差错（业务差错率在 0.15‰ 以下者不扣分，否则，每超一个万分点扣一分）。还有改善工作、改善管理、改善服务考核等。人事部在该支行自评的基础上，给这家支行总评 75 分，这就是对该支行服务考核评分的过程。

对部门和中心与支行服务考核最大的不同是部门和中心要将服务承诺考核作为一个重点，各单位每季将本部门或中心服务承诺的履行情况报告送交人事部，人事部对各单位进行抽查，各单位完成服务承诺 80％以下者不给分，80％以上按比率给分。

在服务考核管理中，人事部认真抓好以下几个结合点：①把重点考核与全面考核结合起来。支行和营业单位以大堂服务、环境、培训、服务管理为考核重点，部门和中心以环境、培训、服务承诺、服务管理为考核重点。②把自查、自评和考核相结合。人事部要求各单位按照服务的各方面统计自查，自查建立在资料的基础上，人事部依据自查进行检查。③把考核和数据结合起来。每项服务考核都有具体标准，分四个等级，每个等级有具体分数和要求。④把表面服务考核和深层服务考核结合起来。在深层次服务改善中，有效使用人力资源、执行规章、实行规范化管理、降低成本、推行多元化服务等都在考核之列。⑤把具体考核同整体考核结合起来。对整体进步显著者给予特殊加分，对使银行声誉受损、整体落后者给予特别减分，考核使一个单位的整体服务水平表现出来。

员工考核是奖惩的依据，是在客观公正和充分尊重员工的自尊心基础上进行的，考核的内容包括员工所掌握的知识和工作态度、服务和管理能力、责任感和纪律性、业务熟练程度和能力、公关能力和人际关系等。考核经过多级人员，以确保公正。考核结果并不公开，甚至也不告诉员工本人，员工只是从奖金、加薪、面谈中知晓一二，但考核对工作效率和质量的提高起到很好的推动作用，鼓励了先进，鞭策了后进。

张小姐是位高级文员，担任复核员，并有签字权。在年终考核中，她依据督导层考核评分标准，认真自评。她的上司李先生是位高级主任，根据张小姐的自评，他给予张小姐初评评分 85 分，列为一等。王副经理为考核复审，按银行规定，一个部门一等不能超过总考核人数的 20％，二、三等为大多数，四、五等为少数，他对所属员工进行平衡，仍然给予张小姐考核一等，其后再经过主管及人事部二道审核关，张小姐的最后考核评分被输入电脑。

由于张小姐名列全行同职级考核前三名，银行在晋升、使用上将给予其优先考虑，并且在加薪和奖金发放上，给予其优厚的待遇。

各层次考核的标准不同，管理水平、督导能力、业务技能分别是对管理人员、督导人员、经办人员不同的考核侧重点。香港银行通过年终考核来引导奖惩管理，他们将员工年终考核作为一种竞争机制来激励员工，取优汰劣。按照银行规定，督导和管理人员的晋升，首要条件是考核必须连续两年为一等。而得到不佳考核业绩的员工会受到处罚，如较少的加薪，较少的奖金，推迟或取消晋升。连续两年年终考核为四等以下者，人事部就要约见这位员工，限其在一定时间内检讨他的行为，改变其状况，如在限期内未能奏效，这位员工将会被调职，甚至可能被解雇。

激励——实行有效的服务奖励

银行的奖励是定期和例行的，每年有半年奖、年终奖，还有行长对优秀管理人员和员工的特别奖。此外还有分项工作奖共达几十项，如为推介信用卡业务设立的个人推介奖，为社会福利基金代售慈善卡设立的个人出售最多奖，为争取存款设立的员工吸存奖，等等。这些奖项通常分专业部门和非专业部门，专业部门奖项的要求远远高于非专业部门，这样既调动了员工干好本职工作，又鼓励全行员工群策群力，发挥了奖励的作用，减低了其副作用。同时，银行会为奖惩的负面影响做准备，采取适当措施。

香港银行每年都根据考核评比优秀服务员，优秀大堂主任。每当银行举行大型员工聚餐活动时，向员工颁奖是一项重要内容。受奖员工在全行上千名员工欢呼声中上台领奖，与领导合影。为了颁发这类奖项的奖金，银行每年拨出数十万元，不仅如此，银行还组织优秀服务员、优秀大堂主任出港旅游，由行长邀请先进员工共进午餐，在银行的员工刊物上宣扬这些员工的事迹，以弘扬正气。每位优秀员工都会获得精致的银制奖牌，可以摆放在办公桌上，让所有员工向他们看齐。对于连续三年获得优秀服务员和优秀大堂主任的员工银行除给予奖励以外，还在加薪和提职上给予考虑，并在本行获得这项终身荣誉。

利益——实行有效的利益驱动

香港银行在服务管理上发挥利益驱动的作用，利益驱动主要依靠合理的薪酬（工资）制度，所有员工以其能力、学历、岗位和年资得到相应的工薪，在员工认为他的收入不足以补偿他的付出时可以提交辞呈。银行认为员工表现突出或不佳都可通过金钱给予奖赏或惩罚。为显示银行优厚的待遇，员工全年工资以 14 个月付给，另外，每年还有奖金和加薪。银行的高薪、高待遇调动了员工积极性。

薪酬驱动主要依靠合理的工资制度，银行把每项工作按其价值分成等级，再给每个等级的工作规定工资等级，他们按每个职务所要求的专业知识、责任、难度、经验、管理能力、记忆力、工作速度、准确度、分析能力、人际关系、工作方法等不同因素予以评定分数，评定每个职务的起薪点和顶薪点。有了这样的工资等级以后，可以根据员工的经历、学历、经验等，给予规定的薪金，再加上职务津贴，使他的付出得到应有的回报。职务津贴体现不同职务的重要性和难度，是为了分出管理等级的需要而设立的。

薪酬驱动的另一种形式是奖金。银行管理人员的奖金以其所管辖的单位业绩而定，其中，行长室成员的奖金 100％与本行挂钩，银行各级主管的奖金以一定的百分比与本行业绩挂钩，而普通员工则不与本行业绩挂钩。银行将所有人员的考核都分出优秀、良好和差，优秀占 20％、良好占 70％、差占 10％。不同考核等级的员工拿不同等级的奖金，而且考核还将影响员工第二年的升职及加薪。行长室和各级主管每年对员工论功行赏，鼓励了一大批优秀员工，但奖励的重心是管理人员，他们是银行业务发展的主力，也是失败的根源。他们可以拿到多于本人每月薪金几倍的奖金，而非管理人员的奖金仅是薪金的补偿，最多只有本人两个月薪金的奖金，一般仅仅是一个月薪金的奖金，然而，即使如此，也按考核等级发放。平日，各级管理人员对下属严格要求，满负荷工作，从不轻易地给予褒奖，一直到发放奖金和加薪时，这些管理人员才做出真正感谢下属员工的表示。这种管理方式简单明了，省去了人事管理中许多不必要的工作。薪酬成为衡量员工付出大小的标准，也成为员工表现的最好评定。然而银行也不得不设法降低金钱的副作用，过多地强调金钱作用、大张旗鼓地宣扬金钱的作用将使员工误入歧途，导致员工内部不和，削弱整体合作性，产生许多不利管理的因素。同时，由于价值观和员工个人背景的不同，随着员工物质水平的提高，一些员工更多地追求事业的满足感，追求学习的机会，追求生活的轻松，而致使薪金驱动的作用降低。为此，人事部对员工的薪金实行严格的保密制度，每月将薪金直接拨入员工各自的账户。香港银行在发放奖金和加薪时，各级主管对员工每人的金额及增长比率闭口不谈，员工之间互相对各自金额守口如瓶，员工只是从整个奖金发放和加薪总体安排以及过往的经验中明白了个人的受奖程度以及在本部门中所处的位置。这样，减少员工互相比较的机会，既发挥了薪酬的作用，又降低了薪酬的副作用。

处罚——实行有效的服务惩罚

香港银行的处罚是严厉和坚决的，每个季度行长室都要专门研究全行业务差错和事故的处罚事项。他们以金钱惩罚为主，以通报批评为辅，凡受到银行行政处分的员工在当年加薪和奖金上都受到不同程度的影响。银行将开除员工公职的权力授予人事部，人事部可根据有关规定随时解雇员工。凡被银行处罚的员工，如认为处理有失公正，可在接到处分一个月内向行长室或上一级机构提出申诉，并要求复议，行长室或上一级机构的裁定为最终裁决。

员工奖罚管理对员工影响很大，既要公正合理，又要触动员工，奖要奖得像样，罚要罚得服人。银行的决策者们在管理会议上反复强调：不让人羡慕等于没有奖，不痛不痒等于没有罚。一位高级经理平日工作突出，但在一次处理业务中严重失误，给银行造成不小损失，为此，受到赔款十几万元的处罚。行长室认为，不能因他过去工作有功，而对他犯了错误也不罚，否则，再有才能的人也会躺在功劳簿上沉沦下去。一次行长自己驾车，将银行配给的车碰坏了一点，行长主动认罚，自己支付修理费用。银行严格执行奖罚规定，扶植正气，打击和震慑邪气，全行员工人人有动力，人人有压力，充分调动了员工的积极性，弘扬了企业文化精神。

在香港银行里，常常有某员工被"炒鱿鱼"，某管理人员被降职使用。银行要有朝气，就必须吐故纳新，开除一些员工，可以整肃纪律，维持正常工作秩序。将竞争机制引入人事工作是银行管理的一大特色，每个员工都必须努力，不但要勤奋，而且要精心，因工作粗心而给银行带来损失，不仅个人要负赔偿责任，严重者还要被银行解雇。

竞争机制在鞭策着每一个人，实施这个机制，银行通常采用三种方式：第一种方式是在个人利益上给予处罚，如少加薪、少发奖金等。第二种方式是采取严厉手段，如降职降级和全行点名通报，迫使员工辞职。第三种方式是开除。一位主管经理工作中缺乏冲劲，业绩差，年底银行将其调往一家较小支行，可他仍然我行我素，连续两年的考核成绩劣等，人事部一方面在奖金、加薪上再给他以警告；另一方面限其在一定时间内改进工作，并撤去其主管职务，改任第二经理。这位经理依然如故，限期一到，他被连降三级，同时，人事部请其另谋高就。香港银行即使要开除一个员工，也不会一开了事，在一般情况下，要在开除前一个月给予警告，先礼后兵。

19 让服务时间管理控制

　　在商业社会中，时间对银行来说比什么都重要。银行的任何工作、任何计划都有时间控制，偶尔有一些部门的业务方案和报告被退回，原因是无时间表。在长期的管理中，香港银行的决策层达成一个共识：没有时间表的计划是不完整的计划。时间管理的意义正像一位管理界的权威所说："除非时间被妥善管理，否则任何事物皆无法被妥善管理。"

　　香港一家支行经理受客户的委托要以当时 7.35 港元兑 1 美元的汇价卖出 100 万美元，在他正要办理这笔代客交易时，一件紧要的业务临时插入，他一忙碌，几小时过去了，等他着手为客户办理这笔业务时，美元已下跌了，港元比美元牌价已成为 7.30 港元兑 1 美元，时间的延误给客户带来了损失，并引致客户的投诉，几小时的延误葬送了与客户十多年建立的良好关系，这样的教训非常深刻。

　　时间管理是指最有效地运用时间的办法，所谓有效就是要产生经济效益。香港某银行曾有一个统计，行长室每开一次会，每小时成本是 2000 港元（按参加会议的人员薪金计算），2 小时就是 4000 港元，相当于一个普通员工一个月的薪金。因此，对于这种高层会议的时间管理的重任就落在了办公室肩上。办公室对每次行长室办公会议进行精心筹备，会前有议案材料传阅，会议有会议材料，会议有时间控制，会后有决议落实时间表。时间管理体现在管理的各方面，时间管理的好坏体现了管理水平的高低。

　　在香港，银行对时间管理的重点为：

人员——有效使用人力资源

银行职员各负其责，按工取酬，不同薪酬的人干不同的工作。有位经理不重视时间管理，没有把主要精力放在管理工作上，而是用一些时间帮下属做事，如自己打印文件、自己送文件，成为银行失败管理的典型。

因为一个管理者月薪上万元到几万元，而一个事务员月薪才几千元，银行必须考虑用人成本，应该让下级员工干的工作，高级职员绝不应该花时间去做。为此行长配备了事务秘书和行政秘书，行长室成员配备了秘书和助手，这都是从有利于时间管理的角度出发的。

效率——有效利用工作时间

在办公时间内，管理人员对员工的时间使用进行有效的监督。工作时间是神圣的，是银行以金钱雇用员工为银行创效益的时间，不允许任何人占用工作时间干私事或与工作无关的事，甚至不允许以任何理由影响员工完成工作任务。各单位员工会议和管理会议均在工余时间进行，而且银行不为这类会议支付加班费，员工本着团队精神自愿牺牲休息时间支持主管的工作。

银行良好的工作秩序使员工人人都在工作时间中紧张地工作着，看不见一个人闲着，也看不见一个人在串岗或干私事。人们经常看到的一个现象是，多数员工在接打电话时，一边接电话、一边工作，反映了员工在有效地利用时间。

各级督导人员和管理人员按规定均坐在所管辖员工的后面，员工的工作情况全在他们的视线之内。人事部的监视电视屏幕又将全行各单位的工作情况展示出来——全行到处是一派繁忙景象。当我们在探求这种良好工作风气的奥秘时，一位管理人员这样解释：良好的教育＋管理人员的自律和监督＋合理的工作和人员配置＝良好的工作环境。

成功的关键——树立时间观念

管理人员必须有很强的时间观念，无论是一次会议或一项工作安排都有一

个预计开始的时间和结束的时间。时间一到，立即开始，一切按时间表进行，即使是参加会议领导的讲话也有时间限制，时间控制的好坏成为评价一个会议或一个活动的重要标准。

管理——合理使用支行经理的时间

一名支行经理的时间大致可以这样分解：60％的时间用于行政管理，40％的时间用于销售管理。行政管理包括会议、处理信函、书写报告和计划、参加培训、内部稽核、人事管理、督导员工、监察逾期账款和透支款项、处理账务等。销售管理包括访问客户、接触客户、服务客户、跟踪服务、调查资信、市场分析、业务推介和员工销售培训等。销售管理所用的时间虽然占小部分，但它对于银行的作用则是非常大的。对一家支行的经理来说，小支行有十几个人，大支行有七八十位员工，事务性工作非常繁忙，如何有效利用时间，从事务性工作中解放出来，他们总结出了许多有效办法：①要确定每日的工作计划，按照优先缓急，依次序完成。②把精力放在少数最重要的工作上，而不是放在琐碎事项上，可以收到事半功倍的效果。③制定工作时限，对自己有激励作用。④下属要各尽其责，在授权范围内，必须自行解决，不得请示，不得推诿。⑤制定一些例行事务处理办法，将这些公事变得公式化，将诸如文件、信件、报表、账目等工作让属下员工去完成。⑥约见客户要事先安排，控制见客时间。⑦减少电话干扰，打来的电话由下属接听，无急事通常集中在一个时间内回复，如上午下班前半小时和下午下班前半小时。⑧避免过多社交应酬，将主要精力集中在拓展工作上。⑨发挥副手的作用。⑩减少报表、减少会议、减少文件、减少不必要的出差、减少不必要的工作程序、减少文字、多用电话。⑪多方了解客户的需求，以将有限的工作时间用在客户最需要的工作上。⑫授权下属处理客户投诉及咨询服务，授权必须与权责相称。

20 让服务效率管理制胜

香港某家银行，办公室仅 4 人，负责行长室和全行办公室的工作；信贷部仅 10 人，负责全行每日近百件信贷审批；人事部共 10 人负责全行 1000 员工的人事、"三防"、培训、职工康乐委员会等工作；总务部 60 人负责全行 41 个单位的后勤保障工作。他们开展工作靠的是什么，靠的是管理，靠的是效率。

在人事部，一面墙上装着十几个小电视屏幕，跳跃式地显示着全行各单位的工作情况：只见员工们在紧张地工作着，没有一个人在聊闲天，没有一个人在看报纸，没有一个人在无所事事，从早上九点至下午六时，整间银行都在高效地运转着。

行长室将工作效率作为评核每一位管理人员能力的重要尺度。高效率的管理人员在人才竞争中往往占据上风，只要是银行认为有能力的管理人员，都有很高的工作效率。全行从行长做起，只要是决定下来的事就立即干，绝不观望等待。而且按照规定，行长室会议决议要在两周内落实，行长室交办的事宜必须立即办理。银行的管理体制要求每个管理人员在接受一项工作任务时，不能提任何借口和理由不承担任务。各级主管都有这样的观念，作为下属，不是讨论上级提出的目标能否实现的问题，而是如何实现的问题。

今日事今日毕——银行对每个员工的基本要求

一家银行如果做不到"今日事今日毕"，就会违背银行的承诺，就会失去客户的信任，银行不守诺言将使顾客回头光顾的机会越来越少。在员工看来，

诺言是靠效率保障的，而效率和效益是银行的生命。各级主管对每个员工的工作分配都要做到合情合理，员工必须在当日完成本职工作，如果一时工作量过大，不能完成，他必须向主管申请超时工作。主管将视情况调整员工工作量或要求员工提高工作效率。每日下午下班后，银行各部门仍然灯火通明，不少人在加紧完成手头的工作，下班后半小时是不计加班的，那些没完成当日工作的员工在利用这段时间加紧完成当日的工作。

快人一拍——银行加快管理节奏的标准

在同业竞争越来越激烈的今日，只有比别人早走一步才能争取竞争的优势。随着个人理财服务的兴起，银行抓住时机，比许多银行快了一拍推出本行个人理财服务，产生了良好的社会效益和经济效益；随着进出口业务的快速发展，客户对押汇业务的效率要求越来越高，银行抢在许多同业之先，放弃押汇部的传统管理模式，组建押汇业务中心，全力抓效率、抓服务，使其押汇业务增长速度远高于同业平均水平。

实用高效——银行效率管理中的原则

只有实用，才能高效。文件必须实用，印发必须高效，"时过三日废纸一张"，香港银行的各级管理人员都明白这个道理。会议必须减少，会议必须实用，会议以精简高效、有议有决为准则，空谈的会议在银行无土壤。实用就不能搞花架子、摆排场。当一个行长去一个部门或一个支行视察时，只需一个经理陪同，在调查清楚之后，当即拍板，干脆利落，带动全行提高工作效率。

敢于向传统挑战——银行向全体管理人员
提出的要求

每个管理人员都必须经常深入一线，看一看、查一查所管辖业务程序能否再简化，工作效率可否再提高。虽然银行简化工作程序须经过许多审批（银行不允许任意简化工作，以保证业务的统一、协调和安全），但银行鼓励员工改革，提高工作效率。

同舟共济——减少部门之间摩擦、提高整体效率

效率低下常常出在各单位工作交接处，一份客户的贷款申请至少要经过外勤部门—信贷部门—放款部门多个环节。在外勤部门急办的业务，到了信贷部门可能就要按部就班，到了放款部门就要按顺序排队。银行为加速这一运作，信贷部门向外勤部门承诺，保证在规定时间内完成，放款部门向外勤部门和信贷部门做出承诺，保证在规定时间完成放款手续。同时，划分出急办业务和正常业务，明显的加急标签使急办业务在各部门通行无阻，在第一时间内完成。有时为了一笔急办业务，信贷审批委员会临时召集会议，他们的目的只有一个：同舟共济，为客户提供快捷服务。

有所侧重——在提高效率中事半功倍

香港银行不可能保证大业务、小业务都是高效率，抓住重点，抓住有影响的业务可以产生良好的影响，用70％的努力去取得80％的效果。

一个客户急需资金，银行在加急审理他的申请后，数小时就使资金到位，使这个客户非常感动，他在许多公开场合盛赞银行的工作，为银行做了免费广告。

21 让服务质量管理为核心

　　客户在选择银行的因素中，服务质量被列为首位，一笔 5 万元的差错可能丢失一个 10 亿元的大客户。因此，银行研究表明，服务质量低下和未能与客户进行有效沟通的成本合计 1/3，即服务不足或不得不纠正差错和解决客户异议造成的。如果可以一开始就更加小心，把事情做对，哪怕是将差错降低一点点，都会大幅度地降低成本。如果一家银行的服务好得出名，它就用不着到处打广告，这样一来，可以节省不少广告支出。

　　服务品质管理实际上就是我们所说的服务质量管理，它是一种对质量过程进行监管的体系。银行的管理模式随着社会的进步在逐渐现代化，质量管理和目标管理被有机地结合为一体。因为在银行的管理者看来，目标管理仅是提出工作目标，指定人员和时间，提供必要设备和条件；而品质管理除具备以上优点以外，更注重动态监管，不仅仅是看重结果。品质管理更使用许多"感应器"来检验计划在运行中的情况，及时发现偏差，找出原因，以品质小组的参与，集思广益，按时完成目标计划。

　　香港银行各部门通过服务承诺来实施质量管理，银行所属的各单位都制定了服务承诺，二线单位向一线单位承诺，全行向客户承诺。服务承诺是以银行的信誉做保证，涉及服务的方方面面，从标准的开户时间、发放贷款时间到标准的接听电话时间，大大小小的承诺数百项，极大地提高了银行的工作效率。承诺还抓住了客户对时间重视的心理，将服务时间告诉客户，得到了客户的理解和支持，巩固和扩大了客户群。各单位的服务管理没有停留在简单的服务承诺上，而是狠抓服务落实、服务管理、服务培训，通过服务带动效益提高。营业部制定了一套客户服务标准，包括账户管理、环境、保安、硬件服务及软件服务。营业部有一个定期评估客户满意程度的检验系统，定期评估服务情况，如通过问卷调查、客户茶叙、不定期检查、相互观摩等形式，掌握客户的满意程度及与同业服务的差距，进而提高服务水平，达到和保持服务标准。

服务质量管理的实施——从七个阶段做起

香港某银行的 A 支行在推行品质管理时，积累了宝贵的经验，他们将品质管理的实施分为七个阶段：

第一阶段：制定支行策略，按以下四个步骤进行：其一，找出能为支行带来盈利的客户，辨认支行的基本客户，并编排优先服务次序。其二，找出主要客户选择银行时考虑的条件，衡量各条件的重要性，并估计有关选择银行条件的变化。其三，对主要客户而言，支行较同业具备什么优点，哪些地方较同业逊色。其四，找出哪些条件是支行主要客户甚为关注的，其中哪些地方是支行较同业最大的弱点，针对这些项目制定支行策略。

第二阶段：配合支行策略，订定"一年目标"。定出一年内多个需改善的项目，并尽可能结合具体表现情况定出数据目标。

第三阶段：上报品质管理计划。

第四阶段：把"一年目标"传达至本支行有关部门，同时定出部门需开展的行动计划，以配合"一年目标"计划。具体为：其一，先向管理人员，继而向员工传达有关计划，并传达及解释做出改善的迫切需要。其二，让支行内改善工作小组分析"一年目标"，小组分析本支行现时的能力，辨认最需要改善的方面，修订测试有关程序的方法，设立"感应器"以进行动态检查。其三，预备行动计划，指出需改善的步骤、方法及目标。其四，由小组检查各自的计划，以确定综合计划能够达成目标，并关注及增添人力和物资资源给不能达到目标的单位。

第五阶段：组织实践小组，各小组负责执行上述行动计划确立的目标，并发挥协作精神，互补不足。

第六阶段：编排每月进度检查表，支行主管与执行计划小组按计划检查进度，查看整个过程有无问题，以便一年后订出改善计划。

第七阶段：编排年度检查表及重新开始整个过程计划表，并与制订计划的人员召开会议，对明年需改善的地方提出意见。

服务品质管理的成效——影响银行的各个方面

　　品质管理在银行实施后，产生了良好的实效。押汇部实施品质管理后，将开出信用证的时间标准和质量精确定出，每日通过电脑的开证时间和质量统计进行控制，当主管发现工作未能达到标准时，品质小组就会认真研究其原因，并且采取改进措施，保证整个计划的完成。营业部制定了一套客户服务标准，包括账户管理、环境、保安、硬件服务及软件服务，并定期评估服务情况。营业部有一个定期评估客户满意程度的检验系统，如通过问卷调查、客户茶叙、不定期检查、相互观摩等形式，掌握客户的满意程度及与同业服务的差距，进而提高服务水平，达到和保持服务标准。人事部对全行超时工作以品质管理的方式进行控制，以减少加班费用的支出。人事部制定了全行的加班标准、全行各单位加班费用预算和加班控制比例，同时，加强检查，每月统计各单位加班情况，分析加班过多单位加班费用的使用分配情况，研究重要岗位的职务说明及员工的每日工作量，并且严格加班审批，有针对性地培训员工。行长室通过每月全行加班报表掌握管理进度，使银行加班费用的控制达到预期的目标。

22 让效益管理丰收

银行的效益围绕着经济效益，经济效益的好坏成为衡量一家银行成功与否的首要标志，这是从行长到所有的管理人员向全行员工灌输的观念。然而，效益在银行管理人员的眼中，也是一把"双刃剑"，银行必须以效益为中心，但同时又必须将安全放在首位，必须很好地处理效益和安全的关系，处理近期利益与长远利益的关系。一位 80 多岁的香港老银行家这样说：银行没有好的效益不行，但是效益增长得过快，风险也增长得快，从某种意义上说，效益增长最快的银行，也是风险最大的银行。因此，在我们强调效益的同时，我们一定要按照经济规律办事，不能只求效益的高速增长，放松对安全的管理工作。

我们这样说，绝不是否定效益的增长，只是我们认为效益的增长一定要适度，否则，我们将顾此失彼。随着香港银行近几年存款成本上升，利差缩窄，银行的决策者清楚地认识到效益决定着银行的发展，决定着银行的决策。同时，效益又反过来被管理所左右，被决策所支配。银行的效益管理体现在以下几个方面。

主业务——增加贷款的收益

香港银行的贷款业务由一个信贷管理委员会负责管理。贷款的效益主要体现在利率和费率，它们给银行带来了巨大的收益。

银行抓住客户的四种心理，达到提高利率和费率的目的。客户的第一种心理是宁要高价的优质服务，不要低价的劣质服务。提高服务水平是增加收入的重要渠道。在押汇业务中，银行提高押汇业务效率，增加押汇业务服务品种，如咨询、代理、催收等，从而吸引客户，达到增加押汇放款收益的目的。客户的第二种心理是宁要高价系列服务，不要低价零星服务。银行通过系列服务节省客户奔波的时间，赢得客户同时也赢得收益。银行在办理房地产抵押放款时，同时提供保险、查价、存契等系列服务赚取费用，深受客户的欢迎。客户的第三种心理是只要银行愿意提供救急贷款，不在意银行的高收费。贷款市场的供求关系一直是银行信贷部门注视的要点，在贷款供不应求时，银行提高本行的平均贷款利率，在银根抽紧，银行存贷比率临近警戒线时，银行抬高贷款利率。当客户急需银行资金支持时，客户对此会全然不顾。客户的第四种心理是愿意接受银行的特别服务，而不理会高价收费。当客户要求中长期贷款时，当客户要求延期放款或在额度外申请放款时，当客户在信贷审查中存在某种劣势或缺陷时，当客户因某种原因享受了额度利率优惠时，银行提高利率和费率客户都乐意接受。

精打细算——增加非优惠业务收益

银行对存、放款优惠的掌握是松散型和集中型相结合，各支行经理按甲级、乙级、丙级支行分别被授予利率和费率优惠使用权，以便他们有更大的业务经营主动权和拓展能力。同时不同金额的优惠由不同级别人员审批，在银行规定的范围内，最大金额的优惠由总行行长批准。银行通过优惠控制全行吸存力度和放款规模。在存款成本高和放款量过大时，适时将部分基层的优惠权收回，由行长室控制。一位信贷部的主管这样说：优惠的控制十分重要，如果全行存款利率轻易地放宽 0.5 个百分点的优惠幅度，全行就要多支付上千万元的利息。信贷部定期检讨业务操作过程，对优惠收费根据银行的收益和成本进行调整，并且定期对每笔授信转期进行检讨，增加转期费收入，适时降低优惠。

效果——增加利润的使用效益

银行提倡的效益回报银行的经营思想，有效地指导了银行的经营和管理。他们将利润的使用分为三部分：一部分扩大银行的资本，增强银行的实力；一部分交给了员工，提高了员工的待遇，改善了员工工作条件；一部分用来改善银行自身条件，增加机器设备，增加固定资产，发展银行网点。行长室认为只有不断扩大实力，施惠于员工，回报于银行，银行才能取得成功。发展是永恒的。要在银行和员工中间建立起一个相互依存的关系，要使银行发展与员工利益相一致，不仅要不断促进银行发展，而且还要使资本适度增长，而不急功近利。在银行的高层看来，利润迅速增长的银行也是高风险的银行，因为没有打实基础或加大发展费用支出，一时得来的高利润也是长久不了的。银行每年都将利润增长定在一个适中的比例，以便有更大的成本增长用于发展。

一家支行申请对本支行大厦进行大规模装修，理由是大厦的内外装饰设计已逐渐落伍，不能同支行在该地区的地位相匹配，装修的依据是：这样大规模的装修所需费用仅为该支行上缴利润的 1/10。很快支行的申请得到了批准，因为效益在其中起了关键的作用。

推动——发挥利润指标的作用

银行根据利润预算定出各单位指标，会计部负责对各单位完成利润指标的情况进行监察，定期通报利润指标的完成情况。每季完成利润好的前三名会获得行长的嘉奖，三个单位的主管在行长室举办的嘉奖午餐会上介绍各自的经验和体会，银行以此推动全行各单位的工作。银行认真考虑到各单位的现实情况，让其利润在过去的业务基础上合理增长。利润指标的制定关键在于对业务量的预测。当一家支行利润计划完成不好时，行长室会考虑对其的业务量预测是否符合实际。完成指标不理想的单位是否全力以赴从其现有资源中获取尽可能大的收益？银行在做出实事求是的分析后，会做出派员增援的决定，如外勤支援组、宣传支援组、柜员支援组，或改善其管理，如由专业人员和高层人员蹲点，解决业务难题，更换调整支行主管，注入领导活力，采取措施改变业务被动状况等。其目的只有一个，使其迅速赶上全行利润指标完成进度，不拖全行后腿。

23 让服务成本管理结果

勤俭办企业是香港银行企业文化的管理概念，从银行接客待人的风格中，这种概念得到了很好的诠释。节约每一张纸、每一支笔、每一元钱，这就是银行的价值观和企业精神，也是成本管理的精髓。

标准——服务预算的制定

年末岁首，是香港银行最繁忙的季节，也是银行高层人员外出活动最频繁的时期。他们除了应酬众多客户的年终欢宴外，还频频参加各研究机构举办的新年经济发展研讨会，以便找到对新一年金融经济发展的感觉，为制定新的年预算做准备。

预算是全行管理的重要工作，预算为新一年工作提供一套完整的运营计划，有助于加强对业务的控制，有助于对竞争成功所必需的资源控制，有助于对达到运营目标而采取措施进行控制。如果没有预算，就如同一条船没有航向，一辆汽车没有方向盘一样。银行的预算制定则是抓住市场这个银行生存和发展的关键，盯住市场，因为市场是银行的出发点，也是银行行为的检验剂。用倒推的方式，即以市场的经济为起点，从后向前，直到业务必需的数量和质量，测算出各单位的指标，然后逐层分解，落实到每一岗位，这就从根本上把市场与银行的管理结合在了一起。

香港银行在预算制定上，第一步是根据经济学者、专家的分析和预测，从业务的市场定位开始的。他们对新一年经济增长率做出判断，扣除通货膨胀率，算出人均收入增长，当考虑利率和投资市场发展等因素后，计算出金融业存款的增量，由此根据本行存款的市场定位，核定本行存款的增长幅度。存款是银行业务发展的基础，有了存款的增长幅度就可以凭存贷比率计算出贷款的增长幅度，从而依据市场对贷款的需求程度、利率走势和同业的竞争强度预测贷款利差。

预算制定的第二步是效益预计。银行主要效益是利息收入，即利差收入，但非利息收入比重也在逐渐增加，从 20％正向 30％迈进。银行根据对市场证券和股票市场的预测，预测本行代客股票买卖业务量；从当地进出口发展的展望，预测进出口押汇业务量，等等。经过会计部门的认真核算，有了新一年既不夸张又不保守的毛利润。

预算制定的第三步是成本预测。成本和利润一样必须有适度的增长，银行不增加成本预算，不增加资金投入，人才留不住，设备逐渐落后，发展没有动力。银行要舍得在设备和人员上花钱，既要会赚也要会花，才能在竞争中立于不败之地。成本预算的增长率在银行中有时甚至高过利润增长率。人事费用要年年增，业务费用不断上涨。因此，制定费用核算是一件十分困难的工作，银行在完成对新一年的业务方针制定以后，成本预算的增长要向重点项目倾斜，例如购买房地产的预算、电脑设备的预算、宣传预算、银行内部设备更新的预算、人员的总薪金预算等，这样才能使成本预算发挥更大的效用。

预算制定的第四步是分解成本预算。预算的使用者是全行的各单位，因此，除了行长室对全行总体发展设想制定预算外，各单位主管都要对新一年本单位的预算认真、仔细地考虑，包括增加什么设备、是否需要对行产进行装修、人事费用、办公费用，以至于应酬费需多少、一年本单位书报费、出差费、电话费是多少，等等。主管对每项开支都精打细算，因为开支不论是对盈利指标单位、成本中心，还是专业管理单位都影响本单位的业绩，特别是影响人均利润率和人均成本率。在各单位报上各自预算计划后，总务部和会计部分别把关，最后由行长室对全行预算进行统筹分配。总务部负责研究成本的有效性，会计部负责研究预算的合理性，凡列入预算的就铁板钉钉——跑不了，凡未列入预算计划的项目只有再等下一年考虑。

预算制定的第五步是分解业务量指标。当行长室有了纯利润指标以后，按不同业务增长幅度核定全行各项业务增长幅度。行长室将业务指标下发各单位，要求各单位保证完成指标。行长室将指标的增长点放在新建网点、新开办业务和新设备的运用上，同时对老的网点挖潜，对老设备充分使用，对传统业务进行包装和改进，以保证指标的完成。当一家支行拿到指标后，办公室奉行长的指示要求各指标单位对利润、存款、放款、多种经营、信用卡等指标分解，制定人力分配方案、设备使用方案，使指标分解到各有关业务组，并要有可行的措施保证。对分解方案不合理、措施不得力的单位，办公室在行长室成员的亲自指导下，在各专业部门的协助下，限期改进，以符合行长室的要求。

银行如此制定的预算将市场与银行的发展紧密结合起来，将效益和成本增长紧密结合起来，将银行的总体指标和各单位的具体指标紧密结合起来，将制定和完成预算紧密结合起来，更重要的是将制定计划和管理工作紧密结合起来，使预算有了很强的实用性。

预算是有权威的，是经行长室研究核定的，预算的执行关系到全年的任务完成，一年要赚多少钱，要花多少钱，怎样花等均有预算。全年工作必须紧紧围绕预算进行，而且由于银行筹划精密不会顾此失彼，每年末的预算均能非常满意地实现。预算是严肃的，是有强制性的，如确因实际情况变化，而且预算内的可通用细目已无法周转调节，增加预算必须报请行长室审批。

预算的严格实施使银行管理简洁有力，减少了许多不必要的请示和研究。当有关部门需要支付一笔设备费用时，如在预算之列是不需要特别请示，如超过预算或未列预算，首先要会计部门填写关于解决预算问题的意见，然后报行长审批。预算的严格执行是管理者必须时刻牢记的。为了适应情况变化，在制定预算时留有余地、在下达内部指标时适当加码都为预算不折不扣地得到执行创造了有利条件。

措施——服务成本控制

香港寸土寸金，特别是银行为争揽业务，彰显形象，网点设在繁华市口，在这样的情况下，香港银行更将成本作为一切工作的出发点和落脚点，每一笔资产业务都讲求效益，每一笔负债业务都计算成本，每一个产品推出都考虑产出，每一次管理活动都厉行节约。因此，营业部非常重视成本核算，核算这个网点是否赚钱。每天有多少业务量（客户光顾才能赚钱）。

一位客户到银行要求存入1000美元的一个月定期，银行职员回答说：不可以。他改存3个月的定期，职员回答说：3个月内取款没有利息，还要收取规定比例的管理费。这位客户大感不解，存款不给利息还要收费，真是闻所未闻！然而，银行的专业性解释令他对银行的成本管理的精明另眼相待。美元现钞最终的清算地仍是美国境内，从理论上讲，美元产生利息必须是在美国境内成为贷款，短期的美元存款，银行不但不能获取放款利息，反而要支付利息、运钞费和保费，从成本管理的角度讲，当然是亏本的生意不能做。一家支行坐落在一个居民区，由于老城区改造，许多居民已迁往他区，银行经过测定，收支如下：

　　每年支出每年收入，房租 144 万元，中间业务收入 40 万元，工资 238 万元，汇差 14 万元，其他费用 40 万元，利差 600 万元，呆账准备金支出 56 万元，总收入 654 万元，税收 36 万元，该支行盈利 83 万元，房屋折旧 45 万元，设备折旧 12 万元，总支出 571 万元。

　　盈利大大低于全行的平均水平，银行决定撤并这家支行。

　　成本管理是建立在量化基础之上的，数据是最有说服力的依据，数据化的成本管理在银行决策中起着关键作用。然而，银行的成本管理并非一般意义上的削减费用支出、削减成本，它是科学地安排成本结构，合理地花钱，有效地投资，每一元钱都发挥每一元的效用。因此，这种成本管理必须有适当的评价方式，通过成本管理的实践，银行在成本管理中采用非利息费用收入与人事费用支出比例参数来评价成本管理水平。用非利息费用收入替代总收入，用人事费用支出代替总支出，反映了银行经营管理模式的重点。当非利息费用收入与人事费用支出之比由 110～100 增加到 120～100 时，表明成本管理水平提高了。

　　加强成本管理是银行竞争的需要，是银行管理的主要内容，是提高银行效益的有效途径。成本管理和效益管理一样对银行发展至关重要，银行加强成本管理历来都是从多方面着手的。

实施小会计制度

小会计是以部门为单位进行核算的制度，是银行加强成本管理的有效手段。会计部门是小会计制的操作部门，各单位主管对本单位的小会计核算都要做到心中有数，并且要担负责任。小会计制是考核各单位的依据，是将全行的效益、成本、指标分解给各单位，对每个单位开立费用账户和效益账户的科学方式。小会计制实施的关键是统一会计测算标准，对每个部门的所有财物都要给予统一、可比、可测的标准，甚至费用率也必须核定标准，如借入港币的费用率为 0.5%，由此，划分总行和分支机构互拆资金的成本支出。小会计制的测算标准不能用简单的计算定出。一家支行处在商业闹区，房租就不能只算房屋成本，而应加上该支行所在区的楼宇增值，当这家支行在赚取利润后，必须扣除高昂的房租费交给总行，才能计算它上缴总行的净利润。

　　小会计制是将全部成本在全行各单位摊分，以此衡量每个单位的成本和效益，各单位内部许多是以人平均方式核算的，如行政费用开支、办公家具、设备折旧等，甚至支行内部各单位房屋费也由人均平摊。成本高而效益差的支行逐渐被淘汰，而对成本低和效益好的支行则加大投入力度，重点发展。

　　小会计制也是为分清内部利益和成本而专设的。两个单位在尽可能公平的基础上各自算各自的账。资金是业务单位之间交往的最重要财产，总行和分支机构要核定资金的存差利率和贷差利率，以分清成本和利润。小会计制确实调动了各单位的积极性，各个单位为控制支出、降低成本、有效利用资源，采取各种积极措施，以使单位小会计核算达到银行的要求。

　　小会计制也并非单纯、片面地要求降低成本，合理的成本增长是银行稳步发展的保证。在银行成本指标内，各单位合理分配资源，合理增加支出，提高投资的回报率，从而适应业务发展的需要。

加强人事费用控制　　香港银行在人事费用管理上内涵挖潜的实践引起了

行内外的肯定。近几年，银行建立了五家支行和两个业务中心，按管理模式，至少要配备上百人，银行本着内部挖潜的精神，合理调配人员，简化工作程序，引入先进电子设备，用最小的投入换来最大的收益。不但未增加人员，反而还减少了人员。

　　一个银行员工每年平均的人事费用是 17 万元。人事支出必须精打细算，人事部重视用人成本，一方面努力提高员工素质，因事设人，量才录用；另一方面又控制大学生的比例，按岗位招录大学生，因为大学生的薪金高，银行要合理使用，减少不经济地占用大学生。各单位的不同工作由不同职级的员工担负，经理干经理的工作，事务员干事务员的活，银行的杂务由杂务人员承担，有些干了几十年的事务员，薪金水平总是在一定的范围内浮动。银行的一些技术工种，如打字，由专门招收的从事打字职业的员工担任，对这类人员招聘都控制在一定的指标之内，薪金支出也控制在一定的范围之内。银行还专门招聘一些上夜班的员工，如电传操作员，银行不需再付给他们额外的夜班报酬。

　　行长室对员工提升坚持以岗定位，有一个岗位提升一个，包括督导人员。银行的薪金管理观念是：以岗定薪，持不同薪金的员工干不同的工作。

　　加强人事成本管理并不否定有效地增加人事支出，人事费用每年都要合理增长，提高所有员工的薪金，以使薪金增长速度超过通货膨胀的增长速度，保障员工的稳定生活，稳定员工队伍。

香港银行每年根据效益增长，提高员工年终奖金，增强员工的凝聚力。

加强对业务、行政费用的控制
银行在费用的控制上实施精细管理，精细管理首先体现在"严"上，这种"严"以严密完备的制度作为保障。报销制度、预算制度、费用支出和控制制度、行产管理和维修制度、报纸、电话管理等制度长年坚持，随时对照检查，并通过严格的考核办法保证它的实施。精细管理还体现在"细"上，经营上精打细算，许多员工有一个小笔套，以便铅笔用短了，套上笔套再使用；所有银行的信封都用上五六次，多的可达十几次；复印纸都是正反两面用，不能浪费一张。涓涓细流终能汇成效益大河。

总务部通过银行费用预算和有关规定控制各项业务和行政费用支出，坚持全行统一购物、统一施工、统一报销。会计部控制全行预算的执行情况，各单位均实行"一支笔"审批，主管负全责。而主管的任何开支由上一级主管审批。降低业务费用开支的关键一项是简化工作程序。各单位都设有工作改善小组，对工作程序进行定期研究，各单位都有每项工作的工作流程图，清楚地显示这项工作有多少个操作步骤，多少趟文件交接传送，多少次复核检查，各需花多少时间，最后需多少个部门存档，等等。过多的操作、过多的复核、过多的传递、过多的档案……增加了业务成本。由于各部门工作相互分离，重复劳动时常发生，一个部门的工作简化可能造成对其他部门的影响，银行为此成立了业务协调委员会，对各部门之间的配合、协调以及工作简化进行研究和协调。

近几年来，香港银行业务成本的增长点主要在电子设备的更新换代上，但是随着电脑的普及使用，电子化建设开始产生回报，减少了手工工作的繁杂，简化了工作程序。银行仅减去会计操作人员一项就给全行节省了数十名员工，带来了丰厚的经济效益。

加强对成本管理的考核
成本控制必须引入竞争机制，人均成本是成本考核的重要指标，它同人均效益、人均传票量一样成为各部门、各网点业绩表现的重要标志。各级主管压缩人员、压缩开支为的是降低人均成本，增加人均效益。一位支行经理拒绝了人事部给他增加人员的安排，虽然他的支行人均传票量长期居高位，但增加一位员工，就减少他人均利润上万元，他宁愿在员工一专多能、最大限度使用员工上再加一倍努力，也不愿增加人均成本，影响

支行的个人利润在全行的位次。

许多经理们认识到庞大员工队伍所赚取的收入未必能支付其庞大的经营成本。向同业先进看齐是银行一种时兴的口号。以前有不少经理拿现在的成本同过去的成本相比，拿现在的利润同过去的利润相比，拿现在的传票量与过去的传票量相比，越比越觉得委屈，而如今，银行要求他们与同业先进相比，与世界的大银行相比。银行各级管理人员引进先进的管理机制和先进的技术设备，开办电子化的自助银行，节约人力、控制成本、增加人均利润。总之，当一家支行经理要求增加人员时，他必须算清两笔账，即人均利润和人均传票量。当他要求增加设备或增加对支行的投资时，他又得考虑两个因素：本支行的成本预算计划是否允许、本支行的利润计划是否允许。

各级主管对本单位成本核算都做到明明白白，胸中有数。当开办一项新业务时，要计算出所需员工的数量，所需设备的投入，宣传、开拓、公关等费用，继而核算出收费标准，利差、汇差等收入标准，最后得出要开展多大规模的业务才能使收支平衡，即找到盈亏平衡点。放款部经理在计算私人贷款业务的成本时，算出每发放一笔贷款的具体成本金额，包括每个步骤的费用，不同级别人员所需时间及费用。他将资金成本、人员成本和各种费用计算在内，还将设备损耗、时间消耗等因素全部计算在成本之中，为银行的决策提供了可靠的依据。押汇中心在计算与各委托业务网点的利润分成时，将其不同业务的操作成本以小时为单位进行计算，由此，加强了押汇中心与各委办网点的成本核算，也推动了各业务网点的科学化成本管理。

有效途径——降低服务成本的有效途径

香港银行在市场上站稳脚跟的重要保障是保护产品价格，主要取决于成本管理和控制的成败。商业银行在服务成本管理中，注重两方面工作：

一是服务预算是控制服务成本的最佳办法。如果没有服务预算，服务的投入就如同一条船没有航向，一辆汽车没有方向盘一样。银行服务预算制定则是抓住市场这个银行生存和发展的关键，盯住市场，因为市场是银行的出发点，也是银行服务行为的检验剂。银行用倒推的方式，即以市场为起点，从后向前，直到测算出服务必需的数量和质量，测算出各单位服务硬件投入的指标，这就从根本上把市场与银行的管理结合在了一起。

二是重点成本管理是科学管理。成本管理不是片面地削减支出，忽视成本创造价值的作用，而是有效地降低不合理的费用支出，增加合理的费用支出，即如何合理地花钱。例如，银行电子化的投入已超过利润增长的速度。但是，电子化的发展应减轻员工的劳动强度、减少人员。因此，伴随电子化的发展，银行上下有统一认识，人事成本降低是大有潜力可挖的。他们每年将人事支出和非利息收入相比，即考核人事费用占非利息收入之比的变化，对比的结果是降低了人事费用，提高了非利息收入。

除此之外，在服务成本的控制管理上，银行还注重职业道德教育，职业道德教育最根本的是教育员工对股东的忠诚，为股东服务，为股东赚钱，为股东省钱。在境外商业银行，员工利用工作时间开会，要计算与会人员的小时工资，一次会议参加人员如果十几人，开2~3小时，按小时工资计算，银行要支付上千元，甚至几千元。因此，为有效利用时间，节约费用，会议准备十分必要，会议开得紧凑而有成果，会议有纪要，会后决议有督办。同样，在用人上，银行根据员工成本使用员工，银行对每一个服务员工的年平均投入是17万元。银行柜员的薪金较低，会被安排做一些机械性或又简单的工作，银行雇一个大学生，就不会让他去当柜员。一定会给他相应的薪金待遇，而且会分配他干一些技术性和专业性的服务工作，如市场营销等。曾经有一位经理在工作上事必躬亲，自己打字，自己送文件，他却成为不懂成本控制的典型。银行认为一个经理应该去做与他薪金相适应的工作，这才是服务成本管理中最重要的管理之一。

服务成本的降低就是要算细账，选择良好的服务场所必须考虑投资回报，银行的营业环境都是好中选好、优中选优，但如果银行网点难以吸引较大的客户群就无法降低成本，因此，每一个储蓄网点配备多少员工、投资多少、效益如何及效益和费用之比是银行决策的重要因素。利润费用率是考核各营业单位的重要指标。

在香港银行有这样的价值观，浪费是可耻的，使用银行的物品做私事更是可耻的。曾经有位员工使用银行公文纸写请假条，受到银行的通报批评，香港银行廉洁之风源于银行高层管理人员以身作则，平日，银行顾问、行长私人写信用的信纸、信封、邮票全是自己购买，他们从小事做起，营造节约气氛。他们并非看重了节省几元钱，而是看重了一种精神，一种风气。因为，银行努力降低成本的目的是让利于客户，更好地服务客户。

24 让服务操作管理系统化

在银行有成百上千套操作程序，却只有一套操作管理体系，操作管理将不同的操作统一在共同的原则和共同的管理方式之下，使其能经受住各种考验。一次银行收到一封客户投诉函，抱怨银行操作效率低下，延误客户收款。人事部对此投诉案进行了认真的调查核实。调查资料表明：银行有关业务部门从接到客户的票据到收款都有详细的业务记载，任何交接都有记录，甚至一些收件的时间是以分钟计算的。银行没有过错。当人事部将投诉的整套处理件送给客户时，客户在对错怪银行表示歉意之余，不禁发出感叹，这么详尽，真不愧是家有声誉的银行！

银行对操作管理非常严格，经过 70 多年的经验积累，他们这套适应商业银行运作的操作管理得到了客户的认可、同业的赞许。

组织严密——井然有序

在银行内部，操作以小组为单位，小组分为三级制，即小组长、复核和经办。小组长担任全组操作的总复核，对重点业务进行复审。在会计操作中，操作也分为三级制，即会计主管、会计组长和会计；出纳同样也分为三级制：出纳主管、大出纳和出纳柜员，出纳主管负责本单位的资金头寸调拨、库房现金管理等工作，大出纳负责各柜员之间的现金调度等工作，出纳柜员负责对客户收付。

不同操作级别人员享受不同的业务授权等级，也享受不同档次的薪金和奖金，一些特殊操作岗位还享受岗位津贴，如资金交易员等。

为了调动员工的积极性，银行在一些支行试行操作二级制，以减少工作环节，提高工作效率。一些部门推行高级柜员制，如押汇部的高级柜员，在一定金额内可以"一手出"，这既是一种技术职务，又是对操作组织形态的一种改革尝试。

职责分明——层次清晰

每项操作都有书面的操作规程和工作细则，清楚地列明规章、注意事项和操作程序，包括金额权限，操作要点、易发生差错处、有关法律及法规等，每一级操作人员都必须履行职责。在信贷审批的操作中，各级人员在填写审批意见时，都必须清楚表明各自意见，不允许模棱两可，并要注明意见根据，列明利和弊，效益和风险。在会计操作中，每张传票由经办者和复核人员签名，以明职责。一位会计部副经理每日需要在许多传票上签字，他说他不怕签字多，只怕签一张传票就多担负一份责任。

全行在业务操作中坚持下级服从上级的原则，各级员工切实执行主管的指示，服从操作指挥。但在下列情况下可以例外：一是上级指示违反当地法律，在一个法制社会中，员工从本身利益考虑不会因为尊重上级而去犯法；二是上级指示违反本行规定，或可能损害本行利益，这一点做起来就较难。一位会计主管听信支行主管的话，误将歹徒的电话当成行长的电话而违规操作，和主管一起受到银行的处分，银行借此教育全行，使员工引以为戒。

操作细致——一丝不苟

在操作管理中，银行抓住以下几项要点：

文件完整 文件记录要全面、准确，与客户电话联系要有记录，重要电话要有录音，签收客户文件要有具体时间，与客户商谈要有会谈备忘录。无论是和同业谈往来，还是同客户谈业务，均要以字为凭。银行的一本信贷审批卷宗常常有几百页之厚，因为银行外勤人员、信贷人员做的大量调查、审核工作都有文字记录在案。如果客户说他是当地最大的玩具进口商，银行请他出具实据；客户声称与某财团有良好关系，银行会要求他提供有关协议、合同或文件；一位与银行关系良好的客户来电话说，他公司的伙计盗走了公司的印章和账户密码，要求银行立即冻结他的户口，银行照办，但先决条件是该客户立即用传真给银行授权，并随后补办有关文字手续。

核对印鉴 银行的印鉴由专人负责管理，双人监管、互相牵制。印鉴核对经初作、复核、再核，由于印鉴核对有误而给银行造成损失的事例很多。核对印鉴是项专业技术，要经过专业训练，银行举办印鉴培训班，人事部编有印鉴本，各业务单位也保存有业务联系的客户和同业的印鉴册。业务人员特别注意印鉴册上的有关规定，如签字人签字样式、签字人数、甲乙级别、金额授权等的规定。

支付准确 银行在支付一笔款项时要经多道关卡，有时部门或支行主管都要亲自把关，因为支付有误、入错账会给银行和客户造成重大损失。同业一位经理接到一位老客户的电话，要求将一笔款项存入到这位客户弟弟的账户中，这位经理仅凭他弟弟的姓名办理，而未核对身份证号及账号，结果误将款项存入另一个同名同姓的人的账户中，这个人拿着这笔"天上掉下的馅饼"上了赌场，输个精光，为此，这位经理也丢掉了自己的"乌纱帽"。

防止漏收 银行每笔业务都要收费，任何员工无授权不能免收，每位柜员坚持先收款后入账，先记账后支款。柜员因多支付、少收款、收伪钞等造成损失的均由本人负担。

归档有序 各种业务文件和传票经微缩处理后归档，银行的微缩中心每日将传票影印入档。除此之外，银行有三个档案系统：一是全行客户中央档案系统，全行几十个营业机构的几千个客户档案都归信贷部管理，档案内容规范、完整。中央档案的建立使集中审批成为可能。二是客户电脑档案系统，客户的重要资料均输入电脑，以方便业务中随时使用，这个系统用以防范客户的各种风险，便于业务单位采取应急措施。以上两个客户档案系统不允许无授权人查询，更不能任意改动。三是全行内部文件档案系统，这个文件档案系统由总务部管理，保证银行内部文件、行务文件完整，管理有序。

控制得当　业务操作风险是银行主要风险之一，因此香港银行在业务操作中坚持如下原则：

第一，坚持任何一项操作不能"一脚踢"的原则。即一项业务不能一个人全包，如股票业务一人接盘、落盘、覆盘，容易发生员工滥用权力现象。

第二，坚持业务操作必须独立的原则。即一人负责一项操作，不互相交叉。押汇业务审单员一人从审单到账务干到底，柜员在各自电脑作业，不可使用他人电脑。这样，责任清楚，风险自负。

第三，坚持业务操作必须有业务依据的原则。银行特别重视业务凭证，它是业务监管的依据，在付款时，必须认真验明付款凭证，凭证必须符合银行的规定。在股票交易中，每笔业务必须详列交易内容，不能按一日买卖数、按差额扣账或收账，这很容易被不法分子钻空子。

第四，坚持业务操作要依靠内部监控系统的原则。在业务操作中，内部复核制度一定要健全，即使单人临柜，也离不开事后复核。各级主管还要加强对空白有价凭证的保管，采取双人保管，有权签字人无权保管有价证券等措施，使不法分子无可乘之机。此外，稽核部定期或不定期检查各个操作岗位，对各级主管不定期抽查监控情况，对员工不定期检查执行操作规章情况。稽核部每日对前一日全行重要业务报表进行审查，监督不正常业务，防范风险。会计部每日根据电脑统计对业务进行检查，对各种传票或入账进行核对。

25 让服务网点管理专业

　　香港的银行根据其零售业务的特点，设置本行的网点管理体系。他们将支行分为甲类支行、乙类支行和丙类支行，不同类的支行分类以业务开办种类和业务授权为依据，业务种类和业务授权又以该网点所处区域和业务量来决定。一般来讲，商业区网点以甲、乙类支行为多，住宅区网点以丙类支行为主，银行通过不同规模的网点达到充分发挥整体网点效益的目的。

　　香港银行建立一个网点要考虑到三个因素：

　　第一，分析市场供求因素，确定网点是否适应公众对银行服务的需求，分析网点的业务发展潜力和拥有的客户量。

　　第二，分析银行同业的竞争因素，了解同一地区银行同业网点的分布以及对本行网点的影响，确定新网点是否有利于与同业竞争。

　　第三，分析设立新支行网点的利与弊，确定网点是否有利于加强网络之间的协调和配合，是否有利于提高银行的服务效率，是否交通便利，方便储户，而最重要的是建立网点能否盈利。按照银行标准，一家新支行应在三年之内达到扭亏为盈，即三年之内赚一家新支行。在进行支行网点设立的可行性研究中，根据银行投入、业务预测和效益预测，定出三年止亏计划。

　　香港银行将新网点作为扶植的重点，在筹备小组和新网点的人员配备上，选用最得力的管理人员和督导人员，他们将新网点比做一个新生婴儿，刚出世就要让他茁壮成长，这样在将来长大以后才能成为健康的人。因此，银行对新网点的人员、设备都从最优处着手，全行各单位尽力支持，一些业务尖子确因需要不能久留新支行网点的，也要在新支行创业期内给新支行助上一臂之力，尽上一份努力。

新支行的筹建是一项复杂的工程，包括员工队伍建设、管理建设和行址建设。他们要培训员工，使来自各单位的员工适应新的环境，而且经过磨合，配合得默契。他们要将银行的现有规章和操作规程移植到新支行，他们还要办理开办网点的各种审批手续和法律手续，要联系代理行索取控制文件。在支行的购置、租用和装修上，从项目投标到装修方案，包括办理各种房屋等审批手续，精心策划、认真组织、科学施工，保证按期开业。开业的准备工作是件细致工作，从在新闻媒介上做宣传到在各商户散发宣传单，从在各网点贴出宣传画到在所有客户的月对账单上印上新网点开业的日期，新网点的业务拓展首先从宣传上拉开序幕。在开业当日，银行都要举行两个仪式，一个为内部的开业仪式，在行长的主持下，切乳猪，致开业辞，庆贺新支行的诞生。另一个为开业酒会，银行所有高层人员排列在由鲜花簇拥起的新支行大门两旁，欢迎前来道贺的嘉宾，这些嘉宾包括社区、警署、区议会、同业、商会的头面人物，而且还有许多客户。有时银行邀请舞狮队或其他演出队到场助兴，令不少街坊和过路人士驻足观看，场面甚为壮观。往往开业酒会是同正式对外营业一起进行的，当日，就有许多客户开户，开业大吉果真名副其实。

香港的银行在网点服务管理主要着眼于以下几个方面：

中心化管理——网点的核心

随着先进的资讯科技的发展，香港银行相继引入了押汇中心、放款中心、汇款中心、后勤中心、外汇中心、电脑中心等管理模式。中心化逐渐成为一种潮流和趋势，带动着银行管理的专业化发展，成为现代银行管理模式的一个显著特点。通过中心化的实施，银行实现了四个集中，即专业人员集中、技术设备集中、业务操作集中和业务管理集中。

中心化管理模式

● 押汇中心

香港银行将国际结算和贸易融资业务泛指为押汇业务。由于押汇点多，各网点专业操作及管理已难以适应业务发展的需要。押汇中心成立以后，银行以中心提供押汇操作服务，解决了各网点技术力量不足、人力不足、设备不足等问题，同时，使各网点成为"全能网点"，有力地推动押汇业务的发展。

● 放款中心

信贷业务是银行的中心业务，贷审分离使银行的风险管理逐步走向科学化，然而信贷业务的复杂性和专业性要求信贷放款的操作更加严谨、更加科学。放款中心集中处理放款业务手续，处理各种抵押、评估；处理各种法律事务，如处理和管理契约、办理放款业务中的法律事务等；保管全行的信贷业务档案；控制各种额度的使用，办理各种还款手续等。放款中心有一批熟悉法律，特别是公司法和银行法的银行专业人员，提高了放款业务操作效率，有效地监督信贷业务操作，并且使各网点能集中力量做好市场营销。

● 汇款中心

汇款中心集中了专业人员，配备了先进的电脑设备，制定了科学的规章制度，过去各自为战的状况由于操作的中心化而得到改变。汇款中心由于是操作中心化，在业务流程上进行了科学的简化，产生了规模效益，堵住了经营和管理的漏洞。

● 外汇中心

外汇资金业务是银行专业性较强的业务，也是风险较高的业务，外汇交易员所负责任较大，薪酬也较高。外汇中心集中了资金专业人员，有利于专业管理。同时，外汇中心每日内部进行平盘，资金内部调拨，从而降低经营和管理成本，减轻了分支行对专业性很强的业务的管理压力，促进了业务专业化。

● 后勤中心

银行从事后勤工作的人员一般占全行人员的 10%～20%，随着网点的发展，对后勤工作的要求越来越高，银行设立后勤中心可以加强对后勤工作的集中管理，减少后勤部门用地，这在寸土寸金的今日香港有着十分重要的意义。后勤中心将后勤工作制度化，后勤采购投标式运作，大大降低了行政费用和人事费用，可杜绝腐败现象。后勤中心化能减轻各支行网点的负担，使他们能腾出人力来加强推销及客户服务工作，使主管有更多的精力用于业务拓展。

● 电脑中心

电脑中心分软件中心和硬件中心，电脑工作的统一管理，统一开发，统一运作能使庞大的电脑系统运作有条不紊，大大节约分散投资费用，提高需求工作准备，开发工作，试机工作的效率。

● 缩影中心

银行的账务档案需要保存多年，大量的库房用地使各网点不堪重负，而且管理工作十分复杂，为此，缩影中心应运而生。现代化的缩影技术使档案成为胶卷，十几人的缩影中心将四五百家网点的会计档案统一保存、统一管理，从一定程度上缓解了各网点业务发展与办公地点有限的矛盾，腾出地方开办中间业务，如保管箱业务、代客股票买卖业务等，使营业用地发挥更好的效用。

● 保安中心

保安中心是无形中心，各网点将本行的保安工作交给电子保安系统，这个系统连接着警察局，全行不设保安员，电子化的保安工作使银行的保安社会化。

香港银行的中心还有许多，从以上不难看出，在中心化的管理中，银行重视效率，注重成本，将安全放在了首位，将效益摆在了中心位置，从而产生良好的效益。

电子化投入——中心化操作的平台

业务操作中心化有赖于高科技。电脑、传真机等设备的广泛使用，代替了员工复杂的手工操作，使信息传递简便快捷。客户无须到中心交接文件，只须到分支机构交妥文件，发达的交通和通信连接着中心和各网点，中心处理完客户的单据和文件后，输入电脑，资讯传递全部自动化，方便了客户，提高了效率。

分清权责，调动中心和分支机构的积极性

根据行长室的授权，中心负责业务技术操作，提高专业化水平和承担技术操作风险。分支机构负责争取客户和对客户的资信进行调研分析，承担市场风险和信用风险。信贷部负责分析客户资信，审核对客户的信用额度，承担信贷风险。信贷部对中心和分支机构进行制约，控制风险。银行对各单位在考核中有所侧重，发挥各自作用。

经济效益带动中心服务

业务中心化除了降低办公场地租金和其他费用外，将业务操作真正量化，以小时核算成本，制定出开一个信用证需几个工时，办一笔授信金额需要多少成本，由此来计算人均效益。

中心与分支网点的利差以中心的小时成本和赚取利差、费用来核定。中心收取分支机构成本费，同时又付给分支机构每笔业务所有利差和费用收入作为其委托业务的盈利。中心随着效率的提高使成本率逐渐地下降，使其效益不断增长，分支机构随着委办的业务质量的改善，赚取的利差和费用不断增加，从而带动了效益和服务的双提高。

银行在推行一项专业操作中心化之前，须经过反复论证，认真平衡经营环境、专业水平、市场情况、同业实力等项因素，权衡利弊，否则其效益可能适得其反。

专业管理——网点的中轴

专业管理辅助行政管理，各专业部门负责制定各网点的规章和操作规程，根据业务变化，随时修订有关制度和操作规程。各专业部门根据会计部提供的每日业务数据，密切注视各支行网点的业务变化，向支行经理提供有效的市场拓展协助、业务技术协助和人力、物力等协助。各业务专业部门并非只是网点管理，他们也是为各网点服务的专业操作中心，如信贷部、保险部、业务拓展部等专业部门担负着全行的主要专业经营。全行的大户也都由这些部门直接服务，而网点的任务则是联系客户，巩固客户，增加业务来源，提高业务质量。

人事专业管理——网点的一体化

人事部通过支管部和支行的管理层对支行进行人事管理，他们指派人事部的管理人员、督导人员作为支行区的联络员，经常了解支行网点的人事需求，指导支行网点的人事工作。支行主管同时也是支行的人事主管，为了保证支行主管的权责相统一，全行都尊重支行主管的人事管理。各专业部门对支行下达指令和任务，必须通过行长室，减少对支行主管管理的干扰和影响。支行主管对本支行的人员分工、调动和安排有自主权，对人员晋升、降职和开除有起决定作用的建议权。

分支机构是银行伸向市场的触角，是银行的创利来源，但分支机构由于分散，管理起来比较困难，如何统一管理，发挥银行的整体优势，是银行管理中的重点，也是难点。香港银行的做法是：

人力资源的统一管理——省人又省力　第一，由支管部组建支援小分队，以解决各支行网点因员工临时病、事假（正常休假因事先有计划，不会影响工作）而造成人员不足的困难，支管部统一调配全支行网点的人力，发挥了整体优势，节省了每家支行需留有后备人员的人事开支。

第二，几家支行网点共用杂务人员、会计人员或其他业务人员，甚至管理人员。业务授权人员也可共用或兼职，钟点工（一日只干几个钟点）已被一些网点使用。各支行网点之间互相支持，互相协作，共享资源。

第三，全能柜员。全能员工在各支行网点里越来越多，大大方便了统一调配。整个支行网络根据业务需要调动和轮调人员，着力培养更多的业务能手，一人多面，一员多用，最大限度地发挥员工的潜能。

物质资源的统一管理——省钱又省地

第一，统一使用宣传费用。银行抓住宣传重点，总体投入，集中几家支行的力量，甚至全行的力量，在一个网点进行一项大规模宣传活动，如支行开放日、宣传日、街坊同乐活动等，发挥规模效应，尽量避免零打碎敲。在宣传硬件和软件上，几家支行共用一套大型宣传设备或软件，互相交换，既节省费用，又使支行宣传形式多样化。

第二，统一购买办公用具和机器设备。银行发挥总务部专业人才的作用和批量购买优惠的便利，统筹全行的办公用品采购。全行支行网络定期上报计划，总务部负责全行平衡，统一管理，对有效使用资源的单位予以鼓励，对使用不善的单位予以警告和限制。当总务部大批量购置时，货比三家，价廉物美，并有专门地点储藏，减少各支行网点的仓库占用，降低网点的各项开支，方便一线服务。

第三，统一管理房产。尽管房产成本由各网点自摊，管理仍由总务部统一实施。购置、装修、维护、电话使用都由总务部统一安排，费用由各网点自付。管理统一的模式有利于调动各方积极性，有利于降低管理成本，有利于统一银行标识，防止各成体系，有碍银行形象一体化。

重点管理——网点的"弹钢琴"

银行对网点的管理重点在网点的两头，一头是大型支行网点，另一头是弱小支行网点（包括新建支行）。大型支行网点实力强，是支行网络的主要效益来源，在管理人员配备上，大型支行主管往往由高级经理出任，他同时担任该支行区的区长。在业务投入和资源分配上，银行适当向这些大支行倾斜，全行各单位在业务优先上向这些大支行开"绿灯"，行长室成员经常参与这些支行的业务推广等活动。弱小支行网点是银行发展的"颈口"，银行用"箍桶理论"来说明弱小支行的作用，一个木桶能装多少水，是由木桶箍上方最低的木板长度决定的，其他木板再高也是无济于事的。同样，银行的整体表现通常也不以其最优秀的支行网点为标准，而是以其最差支行为标准，他们拖了全行发展的后腿。银行对这些弱小支行"特别关照"。首先，加大投入，对这些支行分批进行整体装修，使他们改头换面，从根本上改变他们"老、旧、差"的外观形象，使他们成为银行最靓的支行网点，令街坊和老客户们惊讶不已。其次，各专业部门在实地调查的基础上，派出人员对这些网点的经营和管理进行指导，业务拓展部派出拓展小组赴这些支行的居民区、商业区进行协助拓展，行长室成员亲自率队拜访当地社团、工商大户，人事部在人力上进行适当调配。此时的弱小支行焕发了青春，业务迅速发展，效益逐步增加，使全行的经营和管理整体水平有了进一步提高。

吉利——建网点也要看风水

在香港，银行决定建立一个新网点以后，银行的主要负责人都会亲临现场查看是否适合，包括风水都是观看的内容，看似有些迷信，但也充分反映出银行对设立一家支行的重视。银行为投入一家支行要花费大量的资金和人力，只准成功，不允许失败，因此，各种不利因素都考虑在内，曾经有家银行效益一直不好，后来有人提议，让风水先生看看，发现有一过街天桥正插入银行的大楼中间，好比一把匕首，银行只好花巨资拆掉了天桥，可见银行对效益的重视，已到了不遗余力的地步。

照顾——新网点不寻常的待遇

香港银行将新网点作为扶植的重点，在筹备小组和新网点的人员配备上，选用最得力的管理人员和督导人员，他们将新网点比做一个新生婴儿，刚出世就要让他茁壮成长，这样在将来长大以后才能成为健康的人。因此，银行对新网点的人员、设备都从最优处着手，全行各单位尽全力支持，一些业务尖子确因需要不能久留新支行网点的，也要在新支行创业期内给新支行助上一臂之力，尽上一份努力。

为了树立良好的外观形象，银行不惜重金，聘请专业企业形象顾问和设计公司对网点门面和对内部进行设计，运用计算机模型进行各种设计比较，从美中选美，特中选特。虽然每个网点不可能千篇一律，但都必须充分利用具体环境，显示出本银行的独特个性。从设计到布局，从装修材料到规格和标准都反映银行的别具匠心，虽然银行为此投入了大量资金，但它为银行赢得的效益是不可估量的。

集中——支行的总务集成

银行统一购买办公用具和机器设备。银行发挥总务部专业人才的作用和批量购买优惠的便利，统筹全行的办公用品采购。全行支行网络定期上报计划，总务部负责全行平衡，统一管理，对有效使用资源的单位予以鼓励，对使用不善的单位予以警告和限制。

鞭策——支行等级管理

银行将所属支行分为甲乙丙丁支行，分类管理，他们分类的标准是按照不同的规模和盈利能力，对不同支行进行不同的授权，有不同的管理人员担任主管，这样区分的目的是为了控制风险，也为了推动支行发展，不同的支行会加大力发展业务，以尽快提高等级。支行管理是通过业务授权，控制风险，同时，也在激励支行上台阶，从保守的角度上讲，是在保证银行的资金安全，从进取的角度讲，是在推动支行想方设法来提高管理能力，加快发展。在全行的协作下，弱支行很快地改变面貌，逐渐地成为成熟支行。

领导——支行班子合理配置

A 支行是一家重点支行，配备的管理人员也非常强，行长是由高级经理担任，副行长由一位曾经担任过一家小支行行长的管理人员担任，这二人都十分刚性，也都很有主见，工作中火花不断，矛盾很多，人事部经过分析，认为工作不协调，原因是银行的调配有问题，将他们二人调开，分别担任两家支行的行长，而且那位副行长任行长的支行是亏损行，有人猜测这家亏损的支行再经他这样一番的折腾后，一定非垮不可了。没想到在他和全体员工的齐心努力下，竟然发挥了最大的生产力，在短期内就使存款额和贷款额都有了相当大幅度的增长，经过两年的努力，不但改变了亏损，并且连连创造相当高的利润。而那位行长，自原先的副行长离开后，反而更能充分发挥他的实力，表现了他

经营的才能，也创造了不错的业绩。

负面影响——抵消银行机构撤销后的影响

由于机构网点调整、香港银行需裁减一些效益不好的网点，将其并入其他网点，或将其移到一个较好的地理位置，除了其他工作外，银行特别注意抵消调整带来的负面影响，他们贴出布告，在网点周围散发传单，向该行客户发送通知书，同时，举办活动，感谢当地居民对银行的长期支持，并告之银行由于一些原因，前往附近地区，在客户同意的前提下，银行会将客户的账户移至新行，银行一再告诉市民，银行不是退缩，而是在调整中前进。在银行的内部管理中，特别重视对客户的影响，银行十分珍视她的招牌和形象。而且处处以大银行的姿态出现在社会公众面前，绝不会随随便便参与社团活动，以示银行为金融企业，非政治团体，防止给银行带上政治色彩。在外部形象上，为了银行的声誉，在众多企业参与中，有时花几万元、十几万元争得一个好的排名次，正像该行老总所说："我们银行的声誉是无价的，是最珍贵的。"

统一——支行管理也有规定动作

一家支行刚成立，所有的员工都在支行行长的带动下，忙得团团转，但效果不大，业绩不好，这时，支行行长发火了，认为员工还不够努力，于是，所有员工更忙得不亦乐乎，结果发现，都在向不同的方向跑，要么兜圈子，要么撞车，越跑越乱。行长更急了，批评员工缺乏执行力，所以专门安排一个执行力的培训课程。课程完后，大家动起来了，可还是"乱"。这时，分行督导组来到支行，一起检讨，并指出，执行力是高效有序的执行系统，是一系列管理规则的环环相扣，必须包括战略制定、计划预算、绩效管理、薪酬奖赏和管理报告等。支行接受了督导组的指引，规定了在什么时间，什么地点，按照什么标准，一定要完成什么任务，如月计划、月管理报告、绩效考核、绩效沟通等。许多工作由行长发动或推动，有各部门到点报告，很快工作有了起色。

26 让服务安全管理放心

　　银行的工作充满着风险，安全管理的目的就是增强银行人员、资产、信誉以及所有经营生存发展条件免遭风险损失的可靠性，就是尽可能地减少风险。安全管理涉及银行的方方面面。

　　一家支行将一个客户的印鉴缩影胶片丢失了，引起了银行高层的极大关注，当事人分别受到严厉处分，主管也因此被降职使用。除此之外，行长室举一反三，在全行进行了广泛的有价证券和重要资料安全管理检查。因为这类有价证券和重要资料的丢失可能会给银行带来难以估量的损失，银行所要承担的风险也是巨大的。

　　香港银行历来将安全管理放在一切工作的首位，把安全管理的重点摆在正确防范风险上，并且引导各级管理人员通过安全管理正确地发现风险、衡量风险、降低风险、预防风险，因为银行只有在这样的前提下谋求盈利才是可靠的盈利。

危机管理——风险测算和应急方案

　　信贷部有一项客户风险测算统计，这项统计包括每笔贷款抵押品所占的比重、担保所占的比重、信用所占的比重等，由此定出该笔贷款的风险度，并按风险度高低将全部授信排队，定出高风险客户、低风险客户，按不同要求予以监控。银行的风险不仅存在于信贷业务中，在内部管理上，作业本身的风险也十分突出。

银行将作业风险分为三类：

高风险：外汇买卖、证券买卖、押汇、电讯；

中等风险：联行往来、放款、存款；

低风险：汇款、保险和其他代理业务。

这些业务风险的划定是以作业风险为基础的。如押汇业务，从银行信用、货物抵押、法律保证、额度控制等角度讲，它并非高风险业务，而从业务操作、员工水平、电讯作业、不同地区掌握尺度不同方面来说，又是高风险业务。

风险是突如其来的，银行的业务活动可能因意外事件而受到干扰，甚至可能因意外事件使银行丧失全部或大部分的业务运作能力。银行对意外事件按其影响程度分别定级：一级是指普通事故，即影响存款、押汇、证券和外汇买卖业务，时间在 2 小时至半天；二级是指严重事故，即影响存款、押汇、证券和外汇买卖、电讯业务，时间在半天至 1 天；三级是指轻微灾难，影响达 1 个工作日以上，涉及全部业务；四级是指严重灾难，影响 5 个工作日以上，涉及全部业务。

专业管理——内控机制和专业部门"双控制"

香港银行的安全监管是以相互制约为主要机制的，相互制约机制是在银行管理中与激励机制同等重要的管理机制，相互制约的监管就形成了内部控制，其基本功能是防错、防弊，保证安全。银行通过长期实践，不断总结积累，形成了一套行之有效的内部控制管理体系。

以部门间相互制约为主导 部门间相互制约的目的是保证各部门能规范地履行各自职责，防止部门为小团体利益走向偏差。如信贷业务分别由信贷部、放款部和业展部承担，他们在同一性质业务中相互制约，互相配合。业展部将客户的情况全面、客观地反映给信贷部；信贷部根据业展部提供的动态和静态资料进行财务分析，并按金额和级别逐级进行审批；放款部是信贷业务的操作部门，他们办理抵押、估价和放款等工作，这三个部门的相互制约关系是：①信贷部的分析和审批制约着业展部的业务拓展。由于银行给予业展部一定的拓展客户指标，业展部在与客户频繁接触中有可能产生感情偏向，所以就要求信贷部对业务部必须给予限制，以保证信贷质量。②放款部对信贷部、业展部进行制约。作为放款业务的操作部门，在具体操作中，从文件的全面性、要素的齐备到各单位执行规章的严肃性，放款部都要进行监督和制约。③信贷部对放款部进行制约。放款部没有业务量指标，他们是以操作质量为考核依据的。没有量的指标，只有质的指标可以促使放款部更注重操作的安全性。信贷部负责贷后监督，当他们在进行催收时，对放款部操作的严密性和安全性进行检查和监督，从而促使放款部改进工作。

人员之间相互制约和控制

相互制约机制是以防止员工舞弊为目的的。香港银行安全管理的原则是：银行不可能保证每个员工都有良好的道德品行，但银行有能力保证任何员工都没有违规操作的条件和土壤。银行内的任何员工都受到这个机制的约束，甚至行长负责制管理体系下的行长也自觉将自己的权力纳入这个机制之下。银行的钢印和图章由行长亲自把握，但是行长在使用的同时，由另外的人员给予登记备案，以达到安全管理的目的。

相互制约是一个重要的防范手段。一家支行，有价空白凭证存放在一间防火库房内，库房钥匙由一高级文员持有，这就为员工作案提供了可能，在稽核部的督促下，支行将库房更换成双重锁，改用两人管理，相互制约，增强了安全性。

银行在一切业务中防止员工"一手清"或"一脚踢"，如资金交易员由后勤清算人员制约，业务操作员由复核员制约，复核员由电脑操作员制约，管理有价证券的员工没有签字权，有签字权的无业务操作权。夫妻在同一银行的，丈夫有签字权的，妻子就不能有签字权，以免夫妻双签作弊。在管理金库的人员中，掌握密码的没有钥匙，有钥匙的没有密码。在营业部，柜员由大出纳制约，大出纳由出纳主管制约，出纳主管由会计主管制约。即使是一个单位主管，他也受到各方制约，有下属的制约、上司的制约、其他部门的制约，最重要的是受到稽核部和会计部的制约。

专业部门的内部监管和制约

稽核部是直接隶属行长的监察部门，同时又是银行唯一直属集团的部门，它要向行长和集团双向负责。稽核部主管的任命必须得到三方许可，即行长、集团稽核部、香港金融管理局。稽核部的人员占全行总人数的1%。稽核部在安全管理中的主要任务是检查制度遵循情况和评价各单位安全控制的足够性和有效性，制约各单位和各位员工的行为。人事部发现一位柜员支出超出本人经济能力，稽核部遂对其进行突击检查，发现她早上将银行的钱款送给亲戚去炒股票，下午下班前再送回银行，以为神不知鬼不觉，不想在稽核部人员的严厉追查下露出了马脚。

在制约机制中，会计部也扮演着重要角色。会计部是隶属于行长领导的另一个监管部门，会计人员遍布全行各网点，他们在行政上隶属各支行主管，但在业务上，特别是业务监管上直属银行财会总监的领导。全行会计人员的考核、任命、调动都必须得到财务总监的批准。由于稽核部同样负责对会计部的监管，因此按照规定，会计部和稽核部不能隶属同一位行长室成员（行长除外）。

会计部对各单位的制约主要是通过其会计人员的监督和报表的监管。会计人员一方面握紧金库的钥匙，守住资金的安全防线，一方面密切注视各种传票、凭证和报表，对总账进行控制。一旦发现异常，立即向上级反映，特别是要制约主管的行为，检查其是否越权，是否有违规行为。一位会计主管在支行主管的压力下违规操作，结果被撤职，会计人员在其他人员违规情况下，负有连带责任。这一事件再一次给会计人员敲响了警钟，大大提高了会计人员的责任心。

香港银行实行管理会计和财务会计双重体系，管理会计部不仅要承担业务数据的处理与核算，而且要承担全行安全控制的职能，他们每月通过报表向行长室做出对全行各单位实施制约监管的报告。这一类的报表包括：长短款业务事故统计分析、过渡性科目检查情况及结果、存款业务再复核工作情况、放款业务再复核工作情况、未能按工作规定进行工作的项目、传票编制的执行情况。

会计部在报表中不但做出分析，而且还有针对性地提出建议和措施。他们不但按日、按周、按月、按季、按年上报各种报表，而且还每季通过全行的行务会议向全行管理人员作财务报告，增加了财务工作的透明度，提高了全行对安全管理的认识。

制度建设——管理制度覆盖安全的方方面面

银行在安全管理中实行了一系列有效的安全制度，从根本上保证了安全管理的实施。

银行是企业，一切按照法律办事，香港银行与员工的联系都以合同方式规定下来，并经过法律公证。当一位管理人员没有按照合同履行职责时，银行解决问题的方式是通过法律，因为在聘用合同上已经讲明；当一位员工违反行规，营私舞弊时，银行不用通过内部解决，通过法律解决，一切都以员工跟银行签署的合同为根据。一位经理在处理一位员工盗用银行资金时，没有及时报警，而必须承担失职的责任；在银行内部，维系各方面关系的是合同，合同使员工的责任清楚明了，这样的银行管理使很多问题的解决简单了很多。

员工教育考核制度 一是对全体员工进行爱行、职业道德以及遵纪守法教育，提高每一位员工，尤其是新入行员工自觉抵制腐化、堕落思想侵蚀的能力；二是坚持向员工开展定期或不定期的"三防"教育，从而使员工树立防范意识，提高警觉性，并通过相互的监督与必要的考核，及时发现和杜绝事故隐患和不良苗头；三是各部门、各支行中层管理人员，积极发挥自身的管理作用，不但管好业务，也持之以恒地做好人的工作，以防患于未然。

一位员工休假，他的工作代理人在代理工作期间发现他有违规行为，便向上级做了汇报，稽核部立即进入，发现这位员工与客户勾结，骗取银行的资金。在香港银行员工的放假是有诸多规定的，首先必须每年休一次长假（至少7天以上），这个长假在年初就应做出计划，以便银行合理地安排工作，每次休假必须由其工作代理人签字，表示责任的移交，工作代理人必须要求休假者将工作交接清楚，休假者也应将工作的未结问题一单一单移交，不允许有遗漏。在休假期间，休假者没有领导批准，不允许返回银行，更不允许半途接手工作，以防止休假者将重要的工作不交接，从中作弊。工作代理人除了代理工作外，还应有合理的谨慎，检查休假者的工作，如发现有任何违规，必须报告，否则，负有同等责任。

惩戒制度 稽核部定期和不定期地检查安全规章的执行情况，重点检查违章、越权、超权限事件，并追究有关人员的责任。一位副经理超权限擅自偷用主管授权磁卡处理业务被免职，一位主管违规放出一笔贷款，银行对其要进行处理，这位主管提出辞职，但银行批准辞职的条件是收回该笔贷款，否则银行给予惩罚。

● **任何损失都有人买单**

一位客户来银行丢失了电脑，银行作为主人，坚持给客户赔偿一部电脑，但银行绝不就此作罢，它在支付了费用后，一定要找人埋单，尽管出于员工收入的考虑，银行会让有关责任人支付一定百分比的费用，但这个责任是一定有归属的。如果不这样做,对银行不公平,对员工也不公平。银行在发生任何人为损失时,都会考虑埋单的问题。员工也有很好的心理素质,负责任的员工都认真地无怨言地埋单,同时采取措施,亡羊补牢,防止类似的事情再次发生。

● 只要欺骗银行,必定会被开除

香港银行一直慎用处分,因为员工对于奖励比较容易接受,对于处分,如果不当,就可能在员工中引起反弹,给工作中带来很多麻烦,惩罚员工一定要起到杀一儆百的作用,而不能滥用。银行注意到,一段时期内员工对工作纪律有所放松,一些员工在工作时间用较长时间打私人电话,一些员工工作效率不高,银行要求各级主管一方面加强管理,在员工中间树立严格的工作纪律观念,另一方面,抓住典型,教育全行。一名员工一直表现散漫,在银行管理人员的一次事后检查中,发现他有欺骗银行的行为,银行立即将其开除,同时,通报全行。银行将严肃各项纪律,请各位员工严格要求自己。这一决定在员工中引起强烈反响,员工重温《员工手册》,理解银行对员工道德和纪律的一贯要求,全行员工的精神面貌焕然一新。

● 不给违规留有土壤

一位主管将客户的付款通过本人账户转账,虽然并未给银行造成大的损失,但是已违背了银行的规章,照样被免去了主管的职务。规章制度不是纸上谈兵,它要引导员工的具体行动,首先要让规章制度深入人心。规章制度一定要有其权威性,全行规章修订的权力归属总经理室,由有关专业部门具体执行。各单位的操作细则修订权力归属有关部门,由总经理室的有关分管人员审批。稽核部对业务的检查也是从对制度的遵循着手,各级人员的管理依据也是各项制度,为了防止员工利用制度的漏洞违规,银行要求在每项制度实施前,都要由专业小组进行审议,将那些风险和漏洞找出来,然后再制定一定的制度进行约束,不给违规留有土壤,不在业务中人为地相信员工,而是用制度去相信员工,保证员工遵纪守法。任何一级员工都必须置身于银行管理体制之中,任何员工的行为都受到其他员工的约束,任何员工都有授权,而任何授权都是有限的,任何员工都必须将规章摆在一切之上,如发现违规必须向上一级反映,否则负有连带责任。同时银行通过规章限制各级管理人员的权力,会计部加强对各业务环节遵守规章的检查,稽核部通过实地和非实地的检查,监管全行执行规章的情况,而且以规章作为稽核业务操作有否偏差的标准。

● 抽查的概率为20%

一位员工利用工作的时间,去办私事,被银行发现,银行将其开除。在银行，为了管理员工，管理人员对员工负有监督管理的权力，每位员工外出，都必须进行登记，也必须打考勤卡，并非只有上下班才打卡，回来后又必须写出访日志。为了防止员工不按规办事，银行管理人员会不定期地进行检查，概率在 20％。当一个员工外出企业调查，他的管理人员会以其他借口进行核查，以督促银行员工遵纪守法。

● 不让客户在银行摔倒

外面下雨了，一位客户不小心在行内大厅滑倒了，这位客户起诉银行赔偿他看病和误工的损失，尽管银行胜诉，但银行从此事中，得出教训，并采取措施，保证银行服务中能在保护客户权益的前提下，保护银行的合法权益。银行所做的是，当下雨或因为清洁的缘故，地板发潮，立即在大门口出示指示牌："路滑，请小心摔倒"，以告诉客户应该小心。同时，加强雨水的清理，以保证不再发生此类事故。只要发生一次，就要采取措施，保证不再发生，这是银行的做事方式。

● 向客户讲清合同

在业务中，香港银行非常重视客户来银行后的权益和银行服务的合法化，当客户取出一笔存款，员工总会善意地提示，请再点一遍；当员工和客户签订合约，面对数页写得密密麻麻，法律文稿颇浓的合约，客户总会望而却步，有的客户嫌麻烦就会不顾一切地签字，这时员工就会说服客户，再耐心地坐一会儿，他会主动地将那些重要的条款向客户解释，以使客户了解和遵循。

应变制度

银行设有应变领导小组，下设前线操作组、技术支援组、后勤服务组和公共关系组，确保一旦发生意外事件，能迅速有效地发挥功能。应变领导小组制订了全行应变计划，根据各项业务运作情况，考虑意外事件的各种因素，按风险程度制定了应变措施。措施包括通信联系、技术支援、保卫工作、重要资料的安全检查、员工撤离、对外公关、技术服务等。

● 危机处理比危机还重要

一家有名望的香港银行发生了一件让当地社会震惊的事：一位员工的丈夫由于和这位员工有矛盾，竟将这家银行点着，当场烧死 8 位员工。对于这样的突发事件，该银行启动应急方案，有银行发言人专门回答各界的询问，有机构负责事故后的各项业务和人员事务，而且从此当地金融管理局规定银行必须为银行开后门，以保证银行的安全。作为商业银行必须引入危机管理，要像军队一样，对危机有预案，不但对重大事件有预案，就是面对停电、停机、着火、打劫等一些突发事件也要有预先的处置办法，如香港商业银行将档案每日存放在防火柜中，统一宣传口径等做法反映出他们在管理中也采用银行机会成本的管理，银行常常在问它的管理人员，我行到底能经历多大的风险，在服务管理上，要未雨绸缪，以对可能产生的服务危机早做准备。

● 危机后的时限管理

香港银行遇到这种情况都有危机预案——要求必须在 20 分钟之内进行营业；因为所有的客户都认为柜台就是银行，柜员都代表银行。当出现问题之后，客户不管你有多少个部门以及多少个部门进行内部协调，他们要的是及时准确的服务。除了停电，还有计算机停机，柜员马上求助计算机部门应急小组，最多在 2 小时内排除故障，同时员工还必须耐心做好客户工作。正是有了这些时限，危机来临时，银行内部才能高效应对。

安全培训制度

为确保应变计划和措施得以顺利实施，香港银行向员工派发安全指引小册子，使员工能镇静自如地处理意外事件，同时教导员工使用灭火器、关闭电源等，并定期做模拟演习。除此类演习外，各单位还组织紧急事故疏散演习、档案和重要资料的转移演习等。银行还进行各种业务操作测试，如电脑模拟脱机测试、网络切换测试等，提高了员工的应变能力，保证了银行员工有能力保护其人身安全和银行重要资产安全，培养了员工处事不惊的能力。

重要资料的备份制度

银行将重要资料分为五类：①文件；②电脑档案资料和软件；③契约文件；④业务档案资料；⑤人事档案。备份的方式有三种：一是备份，电脑软件都做备份，并存于其他地方，定期做资料安排和检查。二是制作副本，如将授权书、法律文件等重要文件影印，放于另外之处。三是微缩，将重要的会计账目、资料入库保管，同时做微缩处理，存于其他地方。

文件交收制度

香港银行的文件交收制度非常严密。每一环节的传递都记录在案，以保证文件的安全，并随时可以查到文件的下落，同时稽核部随时检查文件阅读的范围，如银行的密件只有一定级别的管理人员才能有权接触。严密的文件交收制度使银行增加了一层保护。支行在将客户要沽售的股票送交分行投资服务部交收时，事先已将股票影印留存，以免在运送过程中遗失。押汇部在将信用证项下出口单据寄出时，同样也要复制所有单据，一是防止丢失，二是以备查询。尽管这样增加了工作量和成本，但加大了银行安全的保护性。

附录1 境外银行特种银行服务

由于社会制度的不同和银行管理制度的差异，一些境外银行业务新品种在中国内地还没有开展或刚刚开展，将这些业务介绍给读者，无疑对国内金融事业的发展有着重要的现实意义。

遗产管理服务——将关爱延续到客户的身后

业务周全的银行提供客户由出生到死亡所需的一切金融服务。担任遗嘱执行人及受托人，是银行业内的两种最古老，或者也是最破格的非本职服务。无疑，银行既然照顾生者的财务，理应一视同仁，进而也照顾死者的财务。客户生前的友好——银行经理，在其死后成为友好客户遗嘱执行人。银行于客户生前，曾协助其解决许许多多的困难；客户去世后，留下来未清理的问题，由银行一方承办，有始有终。事实上，以往银行对受托人业务的投入，比较近年来对新兴业务的投入还要积极。银行的职责是代客户照管资金，而遗嘱执行人则是接受整份遗产而代为管理；银行是以代理人的地位代客户办事，但遗嘱执行人必须以当事人的地位办事，银行通常不会在客户生时代其照管全部财产，但遗嘱执行人对此则是义不容辞的。再者，银行业者的传统技能及训练，并不专注于信托职务。

遗嘱执行及遗产管理　遗嘱执行一词是包括遗产管理而言的。遗嘱执行人是遗嘱内指定负责管理死者遗产的人。遗产管理人则是由法庭所任命，原因是（甲）没有遗嘱；或（乙）遗嘱未有指定执行人；或（丙）遗嘱执行人比立遗嘱人更早逝世或不愿执行该遗嘱。实务上，遗嘱执行人与遗产管理人的职责是大致相同的。公司受托人有时会担任遗嘱执行人的代理人，履行类似的职责。在此等情况下，遗嘱执行人或其他适当地位的人士会申领遗产承办书，而银行或保险公司则协助处理文件往还、簿记以及遗嘱执行人或遗产管理人应做的一切工作。

遗嘱执行人的工作可大致归纳为：①料理殡葬事宜；②汇集资产；③支付债项及开销；④安排资产估值以便付税或分发；⑤支付各种在死亡时应付的税项；⑥向遗产受益人做交代。

如果银行获委托为遗嘱执行人，通常会先察看遗嘱草稿的内容，并向立遗嘱人或其律师提供所需的协助。由于银行经办信托的职员经验丰富，往往能够在早期阶段提供有用的意见，免除日后不必要的困难障碍。

任何心理健全的成年人都可以担任遗嘱执行人或遗产管理人。事实上，有许多全无财务或律师专业知识的普通人士，被亲友委以此任。不过，他们不知道如何着手进行工作，有需要依赖正确的指导及协助。代已故亲友处理其个人事务是一项繁重的责任。一般人对自己的财务亦未必能够妥善管理，更谈不上代人筹谋了！在今天个人财务日益复杂的环境下，遗嘱执行再不能如往昔日以业务方式处理。一位知名的法律界人士曾经这样描述理想的遗嘱执行人及遗产管理人：

"我的受托人，或者我的遗嘱执行人，必须是可靠的本地人士；他不会偷财违法；他要长生不老，家肥屋润，以本身财货保证会正常履行信托职责；他必须公正不阿，不受任何政治或个人因素影响；他处事不能出错，要巨细不遗，永远依照指示办事；他必须将所做事情完整记录，而收费必须合理；他本人须有学识，有经验，有判断力，具备社会各业成功人士的优秀条件。"

选择遗嘱执行人

可供选择的有：①亲友；②专业人士；③公共受托人办事处；④公司受托人如银行或保险公司。银行作为具备优越条件担任遗嘱执行人，最明显的是其经营持续属性，其资力使客户有信心和保障，其办事人员有丰富经验，不少是大半生时间从事信托工作者。

然而为什么并非所有人都委托银行为遗嘱执行人呢？首先，目前有很多人虽然已在银行开立账户，但其在银行的关系不深，未至于考虑委托银行为其遗嘱执行人，而且他们大部分都不是银行信托业务的目标客户。除此以外，另有两个原因可解释为什么银行未能雄居有关的市场。第一个原因是银行服务往往被认为欠缺对个人的关注。在订立遗嘱时，银行信托公司须以超然地位行事，信托机构要做到客观公正，并与客户的家人紧密合作。第二个原因是遗嘱管理事务的收费较高，主要是为富有的客户而设。就实情而言，财产越少，所需的服务越简单。而且，大部分人是没有家庭律师的，也鲜有与法律专业人士经常接触。在过去，委任银行为遗嘱执行人收费有限，不少资力平平的人都选择或委聘银行为遗嘱执行人。在不久前，银行管理的遗产及信托基金中，约有70％是低于10万元以下的。近年来，客观环境使银行不得不提高此方面的收费，将客户目标定在较高的水平上。

一般规模的遗产由有相当经验和知识的银行职员处理，收费不太高而有利可图。

银行方面是力图节约成本的，它们设法精简组织及工作程序，但这本身也属于一项昂贵的运作，尤以引用电脑为然。不过，电脑准确可以快速而经济地处理数量庞大的工作。

聘用律师服务　遗产管理业务范围内，属于法律性质或与律师职务有关的地方，牵涉到很多问题。其中有两项工作目前必须是由律师办理的。在最高法院规定下，公司组织不能以"个人"身份申领遗嘱检证书的。私人身份的遗嘱执行人可以这样做，但公司就必须透过律师办理。在这个前提下，信托公司既无法定权力申领遗嘱检证书或遗产管理书，亦无权出席法院聆讯，必须依靠法律代表行事。另一个规定只有执业律师才可以对代办遗嘱检证书及遗产管理书，或拟写有关的申请。

尽管有不少客户希望银行能为其订立遗嘱，大多银行不视为正常业务的一部分；而且在惯例上，凡委任银行为执行人的遗嘱，银行都会交由律师草拟，这是为了让客户有机会得到律师提供的法律意见。但近年来，部分银行已经开始为那些不愿聘用律师的客户拟订遗嘱。

利润收入　以现行的银行收费而言，管理一份比较小额的遗产，并不能为公司受托人带来利润，曾经有一时期，一度是以补贴性质办理信托业务的。信托业务无法提供合理利润，因为无利可图。许多银行都不承办信托业务，在少数经营信托业务的银行中，能在此方面取得利润的实在没有几家。

在无利可图的情况下，银行为什么仍然要提供此项服务呢？原因主要是银行已接受了许多客户委任为遗嘱执行人，到了无法自定的地步。另一原因是银

行认为信托服务是全面性金融管理服务的一部分。

附加利益　为什么在不赚钱的情况下，银行还在做这些业务，除了业务周全外，重要的是它有附连业务——引发其他业务。其一是可增加银行的存款；其二是开办此业务的最大附连业务是提供推销其他银行服务的机会，例如，投资组合管理、入息税管理、保险服务等。同样重要的一项无形利益是与信托受益人及其他有关人士建立良好关系。

收费制度　世界各地的信托公司，大多采取从价制收费，通常是以逐级递减百分率按遗产的所值计算收费。管理遗产所涉责任，基本上与遗产的多少成正比，从价制收费正是反映了这一点。但从价制收费也有一个缺点，就是无法反映处理不同遗产的难度。有时一笔很大的遗产，可以是非常容易处理的，使得收费似乎不合比例；反之，有时处理小额的遗产，却既伤神又费时，结果所收费用不足以补偿所担负的工作。如果要改用另一种收费方式，明显可以考虑的是按耗用时间收费。信托管理是一项专业服务，自有理由如其他业务一样按所耗时间收费。但缺点是客户无法预知收费金额，而且会有任由宰割之感。现行的从价收费制度，有简单明确的好处。

关于遗产管理服务，可归纳出下列几点：

此项服务将继续是银行服务的一部分，因为银行在已接办的遗嘱下，对现有的客户负有重责。而且银行在此方面业务的人力资源投资很大，主要是专责信托的职员。

此项服务是一般认为昂贵及专供少数富人享用的。

要赚取利润并不容易，此项服务是复杂而具有个性化的，须由专业人士负责。而且所涉既定工作程序的成分不大，很难提高生产效率。

此项服务大大有助于巩固及发展银行与客户的关系，以及开拓其他业务。

信托业务服务——真正走入客户生活中的服务

信托部门的业务主要是资产管理，包括各种各样的可由私人拥有的资产。大体而言，业务种类有管理死者遗产，依遗嘱或由授权与文据而设立私人信托基金、担任养老金基金、慈善基金、债券基金、单位信托基金受托人，为私人客户或机构管理投资组合等。信托业务服务分为公司信托业务服务和私人信托业务服务。

公司信托

公司信托大致可分为五类，即养老金信托、资产保管信托、债券信托、财团信托和单位信托基金信托。

养老金信托中，需着重点考虑两个方面：养老金计划可分为两大类，即自行管理资金的计划和交由人寿保险公司管理的计划。在前一类养老金计划下，必须委任一受托人以持控养老金的资产。至于受保的养老金计划，亦须有受托人负责行政事宜。养老金是一门很大的生意，在推动养老金计划方面，银行及保险公司颇有值得称道之处。养老金安排可以划分为两大类，即国营养老金计划和私营养老金计划。投资管理，这是养老基金业务最重要的一环。尽管银行所提供的养老金服务十分全面，包括受托人服务、管理服务、各种形式的投资管理和不同的保险服务，银行在开拓这一市场方面未尽全力。其实，养老金业务市场宏大，而且对于银行发展与客户的长远关系有莫大裨益。银行或者可在这个市场的三个环节取得较佳发展，即养老金基金的投资管理、养老金计划的行政管理及以经纪身份提供保险计划顾问服务。

基金管理无论如何，银行肯定仍会以投资管理为服务重点。在现今的市场环境下，一般公司要自行管理投资款是非常困难的，而且这类人才并不多，其服务亦非常昂贵。再者，投资经理人参与国际性的市场活动，须有后勤资源提供研究及资料分析等辅助。一般公司内部委任的投资经理人，可能与市场疏隔而捉摸不到市场趋势。聘任一名专业职员管理金额不太大的基金，例如说50万英镑，每年需费约为5万英镑，这包括该职员的薪金、养老金、办公室辅助人员及设施等。如果委托银行管理上述规模较大的基金，例如有500万英镑资产者，银行的管理收费或许是25000英镑（实际上通常远低于此）。但若公司自行管理此规模的基金，所需资源成本极可能是按比例增加的。

私人信托服务

私人信托服务具体包括以下数种：生前所立信托在生时所做的财产授予，必须由契约确定。传统上这类财产授予行为的原因有多种。最常见者为婚姻关系授予。有些信托是为未婚女儿或残疾子女而设立的；也有一些保障式信托，是为保障受益人使其不致破产而设的。在信托契约中明文规定。大体而言，授予人通常是希望拨出一笔款项，用做保障家人的未来幸福。同时，也可将应付税项减低。最方便及普遍的莫如成立全权代管信托。

全权代管信托体现了信任性及适应性。授产人必须信任受托人为忠诚可靠的个人或机构，而受托人即应能适应世变，并以其意见决策行事。全权代管信托有三个主要优点：第一是具有最大的灵活性，因为受托人可随时因应环境转变而灵活应对。第二是授产人可对信托的管理表示意见，虽然其对有关的资金已失去法定控制权，但受托人通常不会违背授产人意愿的。但须指出一点，受托人的责任是为受益人（而非授产人）的最佳利益行事。第三是提供一有效的减低税项途径。

银行作为代管人能够以专业而无微不至的态度做管理，疏忽或出差错的事例很少。其实，作为受托人的职责，无论是否属于全权代管信托，都是十分繁重的。银行必须履行下列职责：以付款项于受益人；为年幼的受益人提供生活所需及教育；维护信托产业；处理分析信托的要求。

若受益人向法庭申请更改信托条款，则需做有关的相应行动。

此外，在信托存在期间，受益人可能死亡，到达成年岁数，甚或有新的受益人诞生。信托工作并不只是一生一世的，所以受托人的延续性非常重要。

信托投资受托人最重要的职责是看管信托产业，不论其为投资产品、土地、房屋或是一般动产。受托人在分派信托收益或应用法律规定时，如果出现技术上的失误，受益人还是能够谅解的，但如果管理信托资产时疏忽职责，则难以得到宽恕。目前，银行的信托部门充分利用其资源，发挥投资管理的专长，以投资机构见长，并以此地位管理养老金基金及私人投资组合。其对于信托的管理，也越来越看重投资成绩。投资成绩的良好可为受托人带来较多的收益，因为信托管理是按投资回报取酬的。

在私人信托业务减少的趋势下，慈善信托占有很重要的地位。慈善信托如果是由私人设立的，自然也属于私人信托，但在法律上，它们却算做公共信托，因为可以对其行使权力的不是受益人，而是司法机构。慈善信托享有一些优待，例如免税、不受永久性产权规定的限制和不受正常信托有关规定的限制等。

在生信托这是在美国非常盛行的一种私人信托。人们可以将本身的财产以可撤销或不可撤销方式授予指定的受益人，同时仍可在受托人决定下继续使用及享受信托资产的利益。在生信托具有灵活性，可按家庭状况转变而随时修改，同时也具有明确性，因为授产人可于生前目睹信托契约的执行，不致有文约歧解的问题，也不致有以遗嘱授予产业而引起法律纷争之虞。此外，隐私的保密程度也比较高。

信托保单这种信托业务是人寿保险单的信托，保单的邀保人或被保人可将保额以简单形式的信托，授予妻子或子女或其他受益人，这样可免死时所得保款列入遗产计算。

代理服务——为客户打理事务和排忧解难的业务

银行与客户之间存在着债务人与债权人的关系。银行与客户之间还有另一种关系，当事人与代理人的关系，即银行以代理人身份代客户办事。例如，银行为客户托收支票、银行代客户寄出不记名债券的息单以收取利息、银行代客户购买股票等。银行从事保险经纪业务时，也是作为客户的代理人的，虽然保险经纪是从保险公司而非其客户处得到酬金。此外，银行亦会以代理人身份为客户管理投资、安排旅行事宜、向税局申报所得税等。

这方面发展最具挑战性之处，是银行的分行可发挥重要的功能，为大众人士提供多项零售服务。银行在楼宇代理业务上颇占优势，其一是银行的位置好，其二是客户基础好。地产代理业务之所以吸引，并非在于其佣金收入，主要还是因为透过此业的经营，银行可以增购地点好的铺位，并为客户提供一系列与地产有关的金融服务。

代客保管不记名证券及收取息。金银行代客户保管不记名证券，按时将息单寄往有关的公司取息，这种业务操作已有一个多世纪的历史。在实施外汇管制规定时期，凡外国证券必须由银行、股票经纪人或其他检定代理人以"检定寄存人"身份代为存放，因此代收息金自属必然。开办这项服务为客户带来了方便，他们可无须记挂派息时间，也不用费神理会有关公司的通告。

担任股票客户的代理人。所有银行以及许多金融机构都设有代理人公司为客户服务。银行提供此项服务，是为了方便股票经纪、慈善基金、其他团体以及居于海外的客户。这项服务可免除客户处理与客户有关的许多工作。银行不会故意让客户利用代理人服务，以达到逃税或规避财务法例等不当目的。

估值服务。大多数银行均可为客户提供上市证券估值，这属于银行电脑服务的其中一项，收费并不算高。另一项投资服务是由基本银行功能延伸而来的，这涉及存放流动资金于银行的一些可行途径。有关的资金数字会列在银行的资产负债表中。

代购股市证券根据一项调查显示，持有股份及股票的人，53％是透过其往来银行而购买的。其后多项调查，均显示票据交换银行非常积极代客户在股票市场进行投资活动。在此方面，各银行的实务程序各不相同，但最终都会透过选定的附属的股票经纪行而代客买卖。传统上，银行是免费为客户提供此项服

务的，因为可由股票经纪处获得佣金。客户无须理会有关的文件工作，一切手续银行均会代其办妥。

代理投资业务——当好客户的管家

各银行都有代表客户将资金投资于地方政府，年期通常为一年以上，投资对象可以是按揭或债券。

银行可代客户购买国库券，只收取少许佣金费用。但一般限定国债的面额，并可向银行贴现或在市场上转让出售。

银行以中介人地位，将投资款项用于购买保险合约，包括年金、一次付足保费的保险及养老金计划等。

调查显示，大多数人都会视其往来银行的经理为个人的财务顾问。事实上，许多认股书及其他类似文件，均有建议当事人于需要时，应向专业人士，包括银行经理在内，请教有关意见。据一项调查，在被调查者中，45％的人表示如需投资意见，会先询洽银行经理。但这些人大多为储蓄额比较小的中低层人士，据此，分行的经理在投资业务方面的职责，似乎只限于应付不太富裕而对金融事务知识有限的社会阶层。在现在的业务中，银行经理只是提供投资意见及信息的一个渠道，如果具体到如何投资一笔款项？是否认购某一股权？或者应该买入或者卖出某些证券？银行经理会向其分行的特约股票经纪或银行的附属证券公司索取意见，再将意见完整的传达给客户。这个做法可令有关的各方面都感到满意。

代理投资管理。在遗产管理及信托的业务基础上，银行的投资管理能力有了很大发展。在一项遗产或信托结清时，取得有关资产绝对拥有权的受益人，往往不懂得怎么样去管理该项资产。有的父母也不希望子女对遗产有直接的控制权。在此情况下，银行会同意继续持控有关的资产或投资，并签订《信托声明书》，定明是代受益人持控的，而后者可随时指示转移投资。这样，银行便进入了为客户管理资产的业务领域。信托声明书辖下的资产，80％～90％是上市证券，而通常有关的投资，是银行根据股票经纪的建议，得到受益人同意后才做出的。银行的投资管理由此而展开，逐渐推广到以"信托声明书"的同一形式，为广大客户提供服务，而不论是否与其有信托业务的联系。

全权代管账户。银行摆脱传统成见束缚，开始发展投资管理业务的初期，仍是没有准备担负起投资决策的全责。在大多数情况下，银行都先征得客户同

· 252 ·

意，才进行投资买卖。但有些客户却希望银行能酌情做主决定投资，事后才向他们交代。基此，全权代管账户逐渐发展，目前一半以上的新投资账户属于全权代管性质的——即由银行做主进行投资，事后向客户汇报。

代理机构客户投资。银行除管理个人的投资组合外，也有代公司企业、养老金基金、慈善基金及其他机构投资者管理组合。银行对这类业务非常重视，因为所涉及投资金额通常都十分庞大，而且投资指示明确，没有主观偏好的成分，又可以集中在银行的投资部门处理。过去由于银行没有积极争取这方面的业务，故商人银行得以占有很高的市场份额。在机构客户中，以养老金基金最为重要；而商人银行管理的资金，约占总数的 40%。

为客户制定投资政策。通常投资政策是在三方面的因素支配下产生的：①管理中的投资组合，整体资金流动性要维持适当；②投资组合内的各类投资，如票据、股票、地产等，应该分配平衡；③个别投资须归属得宜，这是从买卖双方而着眼考虑的。在这三个方面因素中，第一个因素是最重要的。有人说，投资管理的决策原则只有一个，就是低买高卖。这要求负责投资者能伺机而进，适时而退。另一方面，眼光独到的投资转换，也大大有助于投资表现。但是一个管理数以万计投资组合的银行，一下子全盘落实某项投资决策，会受制于许多因素。有时为某客户做了某项交易，便无法为另一客户做同样的交易，这中间的取舍是颇费思量的。银行的投资部门会经常分析种种股票的走势，为之评等级及开列清单，建议购入某些股票和沽出某些股票。这份清单会分发到各分支行去，作为一般投资指导。比较理想的是，银行所管理的投资，最好集中在一处，这样，投资决策可以迅速付诸实行，并且可以统一处理。一般商业银行及投资公司由于并非通过分行网络经营，所以大多是采取这种投资管理方式的。然而投资组合管理是一项牵涉很大程度主观偏好的业务，许多客户都希望能够就近商洽及参与投资决策。有人认为投资管理是一成技术九成沟通的工作，虽然有些夸大，但也可见人际沟通在投资管理业务方面的重要性。

代理投资管理中的困难。第一，是处理小额投资组合的困难。银行设立专业的投资部门花费成本很高，如果安排投资经理处理大量小额投资组合，则成本会更高。然而，银行管理的投资组合很大部分是相当细小金额的，一是很难做到高效益，因为细小的投资组合只能包括有限的几种股票，决策稍一失误，代价将会很大，而且足以影响整个投资组合。二是经营成本较高，在收费水平比较固定的情况下，管理金额低的投资组合，很难有利可图。三是投资组合所持股票种类太多，花费管理时间和研究精力很大。第二，在投资的操作和执行上的困难。一些比较热门的股票，会出现在银行管理的大多数投资组合中，而该等投资组合可能由银行的几十家分支行管理，如果银行的投资决策要出售或减少持有某一种热门股票，很难做到时间上的完全统一。目前，银行已采取步骤去解决投资组合及持有太多种类股票的问题。如为客户提供一项"管理投资组合服务"，使客户可选择参加两个主体投资组合：一个是偏重高入息，另一个是偏重高资本增值。这个投资计划可发挥单位信托基金多元化持股的长处，同时又可免除个人自行管理投资的麻烦，在银行立场而言，上述两个主体投资组合，取代了数目众多的小额投资组合，因而更加便于管理。第三，银行作为投资管理业务与附属投资公司的角色冲突与协调的困难。

银行并不是投资管理者的唯一经营者，其主要竞争对手有股票经纪行、商业银行以及规模大小不一的投资顾问公司。但银行由于有广泛的基层分支行基础，在吸纳零售业务方面占尽了优势。越来越多人在遇到投资管理困难时，会首先想到向银行求助。

投资服务的市场是有限的。当前，极具发展潜力的：一个是养老金基金，另一个是单位信托。这也是银行投资管理业务发展的重点。

租赁及消费者信贷服务——为客户进行融资的个人服务

租赁是分期付款信贷的一种特别形式，由一方提供融资，另一方按照合约所定分期付款安排而做的归属。消费者信贷一如其他所有信贷，可以划分为"放款人"信贷或"卖主"信贷两大类。前者是贷出款项供某种需要使用，例如银行透支及私人贷款；后者是与商品或财物的卖主所做的一种安排，以议定方式在一段时间内缴付交易价款。

严格的租赁商品租予客户某一段时间，其所有权并不转移，甚至租用期满商品才视为客户购得。

信贷销售协议购买商品的价款可分期缴付。这是"卖主"信贷而非"放债人"信贷，因为实际上并未续做贷款，只是协议价款可摊延在某段时间内付清而已。

有条件销售，卖主同意将商品售予客户，但商品之所有权须待最后一期付款缴付后开始转移。在此协议下，价款由财务公司贷出垫付，并收取贷款利息。

提供消费者信贷，通常是透过与商品的制造商或供应商签订一总协议而进行。以租赁方式购物者会以为本身是与供应商签订协议。实则不然，通常涉及的是一项三角关系的协议，有银行介入其间。租赁协议是由银行与购物者签订的。有些供应商会同时与多家银行往来合作，但这样供应商可能会感到不便，因为它要熟悉不同银行的不同条款和表格。

虽然租购合约是由银行与购物者签订，但银行必须倚重供应商的商务眼光和经验，以及其整体经营的素质。尽管银行会对购物者的资信做一般性的查询，并且有商品抵押作为保障，其贷放业务之成败，很大程度上仍要视其所联系供应商的资力和信誉。

消费者租赁交易有一特色，就是有关的银行很少与客户接触。如果说银行的贷放偏重个人及主观因素，那么消费者租赁则是超然的，纯粹依据文件所列数字而计算决定。正因这个原因，消费者租赁对于押品非常重视，而且收取的利息比较高。事实上，银行心目中的"客户"，通常是售出商品的店户，而非消费者。

顾问服务——金融专家的"专利"

以前，银行对于提供顾问意见采取暧昧的态度。一方面，银行广泛宣传银行的经理可协助客户及准客户，为他们提供财务顾问意见。另一方面，银行却又不愿意名正言顺地担当财务顾问的角色，许多时候经理们只以"转达顾问意见"的一个专业人士自居。即使银行有时明确地担任顾问的角色，但也不打算收取顾问费用。原因是不可不顾及缴付此项服务费。第三方面是银行有一错误的假设，以为免费提供意见，其法律责任较收费而提供意见者为低。

近年来，银行向客户提供顾问意见，已不再是一个尴尬的论题。在某些业务领域，银行定明收费标准，以提供高度专业化的顾问服务。但大多数情形下，提供顾问意见的并非银行经理，他们只是转达顾问意见而已。银行内有越来越多的业务部门成立，担当顾问的角色，因而一般经理个人为客户提供财务意见，可能要较往日为少。

向客户提供的顾问服务可分两大类：一是以个别人士为对象的个人顾问服务，二是以个别人士或公司团体为对象的商业顾问服务。向个别人士提供的个人顾问服务，主要内容包括投资顾问服务、保险顾问服务、税务顾问服务、个人财务策划和特殊类别的客户顾问服务。

有关投资和保险的顾问服务，在此不多叙述。现在且谈银行作为税务顾

问、个人财务策划、特殊类别的客户的角色。

税务顾问服务　银行所提供的税务服务，并不限于咨询意见，而是相当全面的代理服务，以客户代理的地位，代其填写报税表、计算税项、并向税务局结付。在大多数情况下，这种服务是持续性的，银行按实际环境而随时向客户提供有关税务事项的顾问意见。

个人税项包括以下几种：

所得税——一切赚取及非赚取的收入，减去法定免税额后，其余均须缴付所得税。

高税率所得税——较高收入的部分，将按累进税率缴付税项。

资本增值税——出售资本性资产（某些可获免）而有获利，须缴付此税项。

继承税（取代资本转让税）——于死亡时间或之前7年内，转让于另一方的资产须缴付继承税，唯亦定有免减办法。

虽然政府希望尽量简化税务，但历年税务结构仍是日趋复杂，各行各业人士均有需要专业机构协助处理其税务问题。即使本身有时间及基本的税务知识，可以自行处理税务，但不一定能洞悉税务法以及实务上的许多窍门，尤其难于跟进税务制度及规例的更改，这些制度及规例是少有维持两年以上不变的。

由于税制日益复杂，税务顾问服务的需求亦趋于殷切。培训税务专长的成本越来越重，税务顾问服务的收费自然水涨船高。寻找税务顾问意见者，可由三个途径取得服务：其一是会计师，他们为客户提供税务服务，可以说是顺理成章的，而且居重要地位；其二是律师，所占地位稍次，不少律师都为客户处理税务事项，因为这很大程度上涉及法律问题，虽然实际税项的计算及税例的援用，乃属财务问题的范畴；其三是银行，它们从事税务顾问服务已有多年历史。

银行一般都没有向商业客户提供税务服务工作，原因是商业经营必须妥当的造账，而这是会计师的专业范围。但近年来，有些银行设立了专职部门，为商业客户处理税务事项，并包括造账工作。对于急需税务顾问意见而并不要求持续性税务服务的客户，大多数银行都可以为其提供一次性的服务。客户可在分行办理，即时得到协助（例如代为填写报税表），费用按钟点计算。相对于综合性的税务服务来说，这样一次性的税务服务收费是相当便宜的。

有时，银行会免费为客户提供税务服务，条件是客户须在银行的无息账户

存有若干存款。在银行看来，税务服务提供一个机会使银行与客户接触，借以
建立长远的友好关系。透过税务服务部门而接触客户，效果可能更佳。许多时
候税务服务部门对客户财务状况更了解，因而可以从较广阔的财务范围向客户
提供顾问意见。事实上，税务服务部门与客户的接触，往往是推介银行服务的
大好机会。

个人财务策划
富裕客户的财务策划，特别是遗产策划方面，主要是依照
客户个人的原则及意愿而组织安排其财务事宜。一般地说，遗产策划的目标是
保护现有资本，尽量减低税务。

银行的信托部门不时为信托受益人，偶尔亦有为银行的客户，安排遗产税
储蓄计划，帮助了不少家庭省下许多遗产税款项。此项服务所涉金额非常大。

真正的遗产策划必须全面周详，要考虑到客户的基本想法及需要，也要考
虑到其财务的各方面问题。所以有关的顾问意见书通常会长达二三十页，清楚
列明客户的财务现况和几种可行的做法。此项服务是为富人而设的，收费可以
较高，但因所涉成本重，并无直接利润可言。然而由此却可带来其他业务，以
及争取客户的好感和信任。这也是银行信托部门展示其专业实力的台阶：客户
在生时对所得的服务感到满意，自然乐于将死后的事务委托有关银行代为处理。

在此业务领域中，银行的主要竞争对手是人寿保险经纪及少数高度专门化
的财产顾问。事实上，一些大型的保险经纪人比银行还要抢先一步，但其所提
供的安排都是有保险取向的，而银行则以提供较广泛的财务策划服务为己任，
策划范围包括税务及投资在内。或许只有银行才有能力将不同财经范畴的专业
资源集于一身，为客户提供可以说是高档的服务。

对于普通的人，又可以得到什么财务策划服务呢？某银行率先为中产阶级
推出一项名为资金医生服务的计划。申请人须填写一份关于其财务的问卷，银
行在分析后会发给他详尽的财务报告，并附改善建议。一般人的财务问题可归
纳为下列几类：储蓄及投资；为可能发生的事项做准备，例如投保险；为家庭
生活做准备，例如设立教育或家庭信托基金；养老金安排及为退休做准备；遗
嘱安排。

这些问题是人所共有的，或迟或早都会碰上而需要协助解决。上述服务计
划一推出，即见反应如潮，但该银行发觉申请人中，许多是家财相当丰厚的，
他们真正需要的其实是较为昂贵的遗产策划服务。提供财务策划服务最大的困
难是成本重，老问题仍是人们普遍不愿支付顾问费用。

有些人是特别适宜接受银行所提供的财务策划服务的。例如，足球博彩中

赢得巨款者、得到大笔遗产者、出售某项经营而套现大笔资金者、获法庭判给巨额赔偿金者，以及各种原因突然致富者。对于这些人，银行所提供的顾问服务大抵是简单直接的，但要为各种人提供持续而廉价的顾问服务便较为困难。无疑，许多人会在办公室或餐馆交谈中聆听财务意见，这对他们来说可能已经足够。令人遗憾的是，还没有一个途径，让普通人以他们能够负担的价格，获取全面而可信赖的个人财务顾问意见。

上市公司咨询

对公共上市公司，银行通常需就下列事项提供咨询意见：公司的资本结构，包括融资途径、发行股份集资及获取长期贷款的优点和缺点等；派息政策；投资评价及成本效益分析；收购与合并的机构；流动资金的管理；发展海外业务及进出口贸易融资。

至于接近上市阶段的公司，银行可提供下列咨询的意见：拓展策略；盈利方式；董事局的组织；集资方法，以及向公众人士批股或招股。

工商顾问服务

由于小型公司所属行业分散，经营活动范围甚广，其需要银行提供的咨询意见，不一而足。银行必须做出初步调查后，始知问题所在。大致而言，工商顾问服务所涉范围包括下列多方面：

（1）宗旨目标：整体业务策略、长期及短期规则、制定目标、传运目标、衡量表现。

（2）财务预算：财务预算与公司目标关系的重要性、制定预算时所做的假设、将变动因素量化、视察进展、分析偏差。

（3）成本计算：选择成本计算方法、开立档案记录、应用标准成本计算法、边际成本计算法及摊配成本计算法、计算和估量合约成本、分摊间接成本。

（4）订价政策：制定产品价格的方法、市场资料、需求弹性及价格敏感性。

（5）信贷控制：贸易条件、客户资信、收账效率、呆坏账记录、客账代理或发票贴现之适用性。

（6）现金周转：现金周转预测的重要性、与财务预算的关系，业绩监察及呈报偏差。

（7）存货控制：决定存货水平、联系生产部门与推销队伍、存货记录方法、经常性存货估值的方法、存货保险及半制成品的估值。

（8）管理控制：便于日常业务控制的管理资讯及管理会计制度。

（9）簿记及财务会计：制度的选择、电子工具、核算程序及账务的编制。

（10）资源的运用：资产与负债的管理、资产的更佳使用、资源运用回报率及衡量、生产效率的方法。

（11）融资：可行的融资途径、增加资本、借贷资本的利用、中期贷款、物业出售后再租回、客账代理、租赁或票据贴现。

（12）进/出口业务：融资方法、市场信息、代理商及分销商的选择、出口信用保证及国际客账代理。

银行为什么要肩担这些额外的职责呢？这是不能够以即时利润来解释的，因为提供此种服务的成本昂贵，而且有时更不收取费用。银行所得的利益实际上可概述如下：

（1）业务良好的客户才是银行的重要客户。银行为他们提供业务咨询意见，是希望可以得到长远的利益。从消极角度看，银行对此等客户的贷款风险可以减轻；从积极角度看，银行的业务可以随着越来越多经营的成功而增长。

（2）银行与客户的关系将会加强，因为客户可由银行处获取在他处不容易得到的服务，而且有时是免费的。

（3）透过对客户业务的深入分析，银行有机会为客户提供广阔范围的服务，例如，中期贷款、租赁、客账代理、保险、养老金及家庭信托等。

顾问服务可以是争取客户的一种工具。银行可以塑造出能在工商业管理方面提供高度专业化服务的形象，增强客户对整个银行的信心——客户会视为认识工商业经营问题的银行。

就整体而言，现今银行为客户所提供的融资和与工商业经营有关的服务，是非常全面的。有时银行会为有意合并的公司做媒，有时会向客户公司建议市场营销技巧、厂房布局设计、劳工调度等，这些都是以往银行所不会涉及的。

银行给予客户的其中一种顾问意见，更确切地说是资讯，就是提供全球各地几乎所有发达国家的经济数据和工商业资料。银行的经济资讯服务水准是很高的，但懂得利用此资源的客户并不多。

旅游服务——银行服务陪伴客户而行

旅游是离不开金钱的，旅游人士需要金钱购置机票船票，需要金钱在旅途中使用，包括支付酒店、餐馆及个人购物的消费。此外，也有需要投购行李及健康保险。旅游人士要认识各种有关的须知事项,并做万一的打算。

针对旅游人士的上述需要,银行可以为其兑换外币及售予旅行支票,也可告知其目的地国家的外汇管制规定,为其向海外的银行安排提款授信便利,发给信用卡,提供一般性资料及顾问意见,以至在旅游人士有紧急财务需要时给予援助等。对于为商业事务出差公干者,银行更可提供经济资料、市场信息以及有力的协助。

外币服务。各大银行都设有外币兑换服务,有些在全部分行均有此项服务,有些则限于指定的部分分行。大多数国家对于本国货币入境都是不加限制的,至于出境则通常订有限额。少数国家的货币不外流,旅客须入境后始能兑换得到。银行售外币予客户,会收取小额佣金,一般是 0.5% 左右;但向客户购回外币,若是在售出后半年内者,通常会按市场的汇率计算而不再收取佣金。

海外提款授信,通常这种提款便利是由客户所在银行做安排,银行会收取佣金及垫付费用。此外,海外的银行亦会收费。如果是短暂的外出,提款授信安排是不妥当的,也是没有必要的,因为旅行支票和信用卡都广泛得到接纳。

旅游业务服务。多年来人们时常议论银行是否应该直接介入旅游业务。银行设立旅游服务部门已有历史,在某些方面,银行可以说是最早了解到旅游人士的需要的;美国也有不少银行设有旅游服务部门或旅游代理服务公司,其他国家,如德国、荷兰、法国等地的银行,亦有提供多种形式的旅游服务。

虽然旅游人士有实际的财务服务需求,这是人所共知的,但银行应否因此而介入旅游业务,则属见仁见智。提供旅游支票、外币找换、信用卡、财务安排顾问意见等服务,可视为商业银行整体财务服务的一部分。但代订车票、飞机票、酒店房间等,则基本上是另一门服务,而且既非银行业务,严格地说亦绝非财务服务。

不论怎么说,实际情况是世界各地许多银行都有直接或间接提供旅游服务,并觉得这样做颇为方便,而且有利可图。从银行立场而言,经营旅游服务有若干好处。其一,最主要的是利润收入,一般都认为是相当可观的,特别是国际性银行与有地位的旅游服务集团结合起来,盈利潜力会非常之大。其二,银行一如其他企业,需要寻找机会拓展业务影响力,而旅游服务业则提供很好的途径以达到这个目标。旅游业是一门很大的行业,是世界贸易统计分析里的一大独立项目。其三,旅游代理服务公司与其客户有密切的接触,可为联营的银行提供或争取新业务的机会。其四,这种密切接触也提供机会给银行销售范围广阔的其他银行服务。

银行经营旅游服务,也有一些不利之处。旅游业本身有其经营上的困难,特别是容易受外来因素，例如恶劣天气、失业、信贷及外汇管制以及政局转变等的影响。再者，有时旅游服务公司所做的旅游安排欠善，甚或出了事故，会产生负面的宣传，使联营的银行声誉受损。此外，旅游服务的经营，是倾向于劳力密集的，因而成本比较重。最后，银行如果要取得旅游业务的最大效益，便应在所有分行提供有关的服务，这点虽然并非不可能，但却颇不容易做到。

银行提供旅游服务是一个颇为引人关注的发展，未来在这方面可能会有重大突破。旅游业务之所以受到银行垂青，主要是银行可以透过各分行销售多种产品。随着传统的银行服务变得规格化及集中化，实有需要发展一些由各分行提供的有盈利潜力的服务。

商人银行业务——银行服务范围最广的业务

究竟什么是商人银行业务呢？此词源于 18 世纪末 19 世纪初的商贸活动。当时的跨国贸易，主要是以涉事商业公司为付款人的汇票融资进行的。在此过程中，商人只是自行融资本身的贸易活动。其后国际贸易不断发展，一些知名度较低的商行在向外国购物时，须借用具资历的商行的信誉，由后者代为承兑汇票。承兑行提供此服务，会收取一定的佣金。这样，它们渐渐发展起以承兑汇票融资贸易的业务，此项活动在某种程度上成为真正的商业银行的标记。在 20 世纪 30 年代以前，承兑信贷基本上是国际贸易的一种融资方式。

商人银行的第二个特色是为外国政府从事集资活动。由于商人在有关的国家长期经营贸易，取得了政府及其他机构的信任，所以获得委托在伦敦市场发行债券。

正如承兑信贷，发行债券集资亦是先由国际业务开始的，后来渐转而发展为本地市场所用。而拥有这方面丰富经验的商人银行，正好为它们提供服务。商人银行业务的第二个主要成分：透过发行股票及债券集资，便是由此发展出来的。

商人银行的活动如下：①它们全都从事承兑信贷业务；②大多数都担当证券发行公司的工作；③全部都为客户办理股票交易；④大多数有为私人客户、养老金基金、学院及慈善机构管理投资；⑤有些经营信托业务；⑥有些活跃于黄金市场；⑦有些参与外汇买卖；⑧有些提供保险服务；⑨有时会参股于一些公司；⑩提供财务顾问服务；⑪有些银行仍然经营商贸活动；⑫有些银行设附属公司经营木材及橡胶的生产及销售；⑬有些银行活跃于咖啡市场；⑭有些经营运输、酒店等业务。

除上所述外，商人银行有管理投资信托公司、单位信托基金、人寿保险公司、养老金顾问服务及几乎各种合法的金融活动。

商人银行有两大特点：一是业务头脑精灵，它们很早便从事商贸活动及经营政府借贷而获取厚利；二是适应能力强，经营范围广，而且能够随时应付环境转变。最明显的例子是创造欧洲美元（呈欧洲货币），使世界各主要货币能在国外有交易应用的市场。

附属机构的服务——银行变通的服务

如今，各银行都成立附属公司，或利用已有的附属公司，竞吸大额存款及从事欧洲货币市场业务。由于政府所定流动资金比率的限制，以及利率协议的约束，上述业务不可能由母公司直接进行。于是，此等附属机构大展拳脚，吸纳大户的存款，将所得资金在市场上运作，渐渐进展至经营中期贷放业务。当然，银行附属公司亦会被用做经营更广阔范围的商人银行业务，其形式不一而足。例如，承担中期贷放、企业顾问服务及证券发行等职能，还办理集团的单位信托及养老金管理业务。

目前，大多数银行集团均设有附属公司，经营传统的商人银行业务，并从事资本性发行、企业顾问、投资管理、政策证券包批及股票买卖等活动。

股份登记及电脑服务——银行服务不会因小而不为

近年商业银行有一项不大为人注意的服务——股份登记。根据公司法，所有注册公司均须设有一股东登记名册，内载股东姓名、地址、持股数量（如股票有号码，须分别列明）、已缴付或经同意视做已缴付的股款等。股东登记名册亦须明示各有关人士成为股东的日期，以及终止为股东的日期。公司法又规定股东登记名册须为订装本，或用其他的形式保存。此条文的用意是使公司股份登记可存于电脑内。

一般地说，股份登记是由董事局任命的个人或机构，负责掌理公司的股东登记名册，并确保公司履行有关的法律责任。在实务上，他们负责登记股东的姓名、地址及持股数量、发出股票、登记股份转让、办理派息事宜、寄发会议通告及业务报告予股东等。只有大银行才具所需的资源设施，以处理庞大股东登记名册及有关事宜。

客账代理业务服务——银行主动为客户催款的服务

客账代理业务（Factoring）又是一例。现在的客账代理业务是管理商业债权，有时更是购买商业债权的。客账代理是一种什么业务呢？具体而言，它的功能有三：

（1）行政管理服务——客账代理公司为客户公司管理其贸易上的应收债项，包括管理销售账、寄出发票、追讨过期账款、代办商品销售方面的行政管理工作。

（2）提供信贷保障——客账代理公司承担客户公司在贸易上的应收账项，免除客户公司坏账损失的风险。这是客账代理服务的一个重要的服务。此服务实际上是由客账代理公司向客户公司购入其贸易债权。客户的账簿上只会见到客账代理公司的欠款，替代了许多不同卖家公司的欠款。

（3）提供贷款服务——客账代理公司购入客户公司的贸易应收债项，有时会立即付给债款一定比例的款额，余额则待债款到期时方付清。这样，客户的资金运转会得到改善，因为账上的债务已转为可用的现金。

客账代理业务还附有如下一些重要的服务内容：

（1）发票贴现：这是向客户购买其一宗或多宗应收债项，借以改善客户的资金运转情况。

（2）有追索权的客账代理：虽然全面性的客账代理服务通常都会百分百承担客户的贸易债权，但代理商在例外的情况下，会希望对客户保留追索权，以免因负债人无法履行责任而受到损失。此类有追索权的安排用于某些特殊的交易情况，例如，超议定限额的交易或客户与代理商认为资信风险过高的买家进行的交易。

（3）不予知会的客账代理：客户的负债人并不知悉有客账代理的安排，客户虽然已将账项售予代理商，但仍然自行收账。

客账代理业务的三种基本功能，即债权管理、信贷保障及客账代理融资。

债权管理 在客账代理合约安排下，客户公司的销售账，会由代理商负责管理。客户公司可节省登记簿、发票、授信控制及收取债款等行政费用。客账代理公司由于大规模操作，故可以较经济地处理此等事项，也可有效益的使用电脑，而且在授信控制方面，将会有较佳的经验及训练。客账代理公司的收

费，一般是按客户公司的全年营业额计算收 5‰～25‰ 不等，视客户业务大小、所涉风险及其他有关因素而定。

信贷保障

大型的客账代理公司不但具有足够资源，可以有效率地从事大规模的销售管理工作，它们亦有良好的资信情报，能够准确评估信贷风险，并为客户提供有关的意见。事实上，债权保障是客账代理业务的一大特色，因为客账代理公司须购买客户的全部贸易债权。客户给予个别买家的信贷限额，须经客账代理公司批准，而客账代理公司亦会负责监察买家账户的日常收支情况。对于追收过期债项，需要非常审慎处理，特别是负债者为客户的重要买家，更是不可轻忽。客账代理公司在采取断然行动前，会先咨询客户的意见，然而，最终决定是否进行法律诉讼的是客账代理公司，客账代理公司的能力通常都较其客户为高。它们的职员对于信贷风险评估大都训练有素，并且广泛掌握个别客户及企业的财务实力与资信评级等资料。客账代理公司为客户承担信贷风险，这种服务是具有价值的。

客账代理融资

客账代理服务的第三个主要功能，是垫付购买客户的款项给客户，使客户的应收债项即时变为现金。不过，并非所有公司都是客账代理公司的理想客户。大致而言，下列公司便不合资格：①全年营业额少于 25 万英镑的小型公司，少于 10 万英镑的更是绝不适合。对于这些公司来说，自行管理销售账会较为经济。②买家客户多为机构业务的公司。③从事高度专门性业务而客账代理公司难以评估其信贷风险的公司。④坏账记录特高的公司（唯若坏账是因授信控制欠善而致，则客账代理服务有助解决问题）。⑤建筑公司及其他雇用分包商而按期结账的公司。⑥向大众人士售小产品的公司。

此外，许多客账代理公司都不愿意与管理欠善的公司交易，因为代其管理销售账会备感烦难，甚至引起不愉快。

不同一般的中小企业服务——银行的特别关照

银行可在两个方面为中小企业提供更佳服务：

第一，如果银行能向该等公司表明，要获得核批信贷，一个常规条件是定期提交现金流动账，或证明公司已有适当的预测及预算制度。倘若中小型企业认识到，这些十分有用的经营管理技巧对于获取银行信贷大有裨助，它们的经营效率可能会因此而显著改善。银行经理亦可引导客户经常留意某些显示业务状况的简单数字指标，例如盈利/销售比率、应收账项/销售比率、存货/营业额比率、运用资本收益率，等等。这样，银行经理便实际上为客户公司的会计主管人员提供了有力的支援，使其改善公司的业绩表现，最终可使小型工商业整体更具经营能力。

第二，如果银行经理认为透支信贷并不适合中小企业经营者的用途，则应向其介绍其他融资途径、有关的成本及优点。一般分行经理事实上都会向客户提供此类咨询意见，特别是介绍本行的附属公司或联营公司的各种信贷服务。不时有人批评银行对于客户的财政困难往往察觉太晚，未能及时于客户公司倒闭前采取挽救行动，致使客户、其雇员及其债权人陷于困境。但经验说明，银行经理第一时间率先做出干预，并不一定是好的，因为这会招致客户反感，甚至令其转向其他银行求助。结果到客户公司扭转财政局面时，银行却失去了该客户。对于这种情况，可有许多补救之道，但最重要的是我们要训练职员不为业绩数字所指使，要他们能切实掌握分析客户现金流动情况，以及评估其业务前景的方法。要做这种评估，就必须与客户保持紧密联系和信息交流。

银行经理的主要职责是管理分行的业务，他们不可能全都成为中小企业的顾问。因此，银行可培训一小队特选职员，以负责提供此种服务。

个人金融服务——银行争取广大客户的必需

关于个人金融服务，我们首先须认识客户的需要：在低税率地区管理个人的财务，以便尽量少付所得税、继承税及资本增值税；需要专业水平的服务；绝对机密的服务是必需的。

典型的个人金融服务如下：

公司秘书服务 为各种公司，包括为国际性公司设立附属公司，提供秘书服务，甚至提供当地董事，以便有关的公司能将部分业务迁往税制优惠的地方。虽然要将生产制造程序转往税务负担较低地区进行并不一定可行，但有不少例子是将顾问服务和知识产权，如版权及专利权迁往离岸中心，这样所得版税或专利税收入便可在免税情况下累积起来。

制作转运发票 最简单的形式是借用离岸中心作为商品交易的中间转运

站，在转运发票上加入中间人的赚价，该部分利润便可累积在离岸中心。有时这种交易程序是为了规避外汇管制条例而进行的。

资金管理服务 跨国公司所面对的一项困难，是管理其在不同营业国家的资金周转，确定净存资金数额，以便集团的现金资源能做最有效的使用。有些国际银行设有全球性的结算系统，使企业客户能够在每月某结算日以当地货币支拨集团内各公司之间的账项。整个集团及属下各公司的流动资金情况，在电脑列表中一览无余，因此有关的集团及公司对于所持控的现金，可以做最佳的运用。同样地，企业客户只要在每个有业务经营的国家开立一账户，便可利用此系统进行收账，银行会为其计算整体账户的存欠净额。这样，尽管集团客户的业务交易涉及多种不同的货币，仍可每日得知整体流动资金的情况。

家居银行服务——将银行送到客户的家中

1978年，邮政局宣布推出视讯资料服务，客户将家内的电视机与电话线连接起来，便可以在电视屏幕得到许多商品和服务的资料。1980年，邮政局进一步推出视讯服务，电视机与电脑连接，透过键盘可查看广泛的资料，包括航空公司和铁路公司的时刻表以及各家金融机构的最新报价资料。此外，客户亦可阅览到各种消费商品的资料，并即时键入信用卡号码付账购买。然而，客户也可以透过此服务而在银行账户间进行拨账、预订机票、取用各种金融服务和购买零售物品。有了上述服务，银行客户只要装有专用设备，便可以电视屏幕取阅最新的账户结单、账户结存、业务交易详情，以至进行转账。

家居银行服务的一个显著优点是无须通过去银行办理业务，客户可以足不出户，更重要的是银行对分行网的依赖减少了。可以节省相当多成本。

这种自助式银行服务的主要障碍是成本和保安问题。银行方面虽然认识到家居银行服务的发展范围很大，但并不视之为优先项目。保安方面的问题也是需要认真研究的。视讯资料系统内会储存许多高度敏感和机密的资料，包括个人客户以至参与该系统的金融机构的财务细节。利用特别设计的接合器，用户便可以进入系统取阅资料。当然，系统设有防范措施，例如个人密码、代号和通行暗码等。

附录2 服务标准

前　言

　　服务是银行企业文化的一个重要组成部分。服务工作与银行的发展战略、市场定位、人力资源、网点策略、科技水平等方面密切相关，只有从银行全局的整体思路出发，理解、组织、推动服务工作，制定和执行切实可行的服务标准，才能真正提高服务水平，形成自己的服务特色。

　　各分支机构应在总行的统一领导下，步调一致地贯彻全行服务标准。银行统一的服务标准，使全行在服务的管理上更加制度化、规范化、程序化。银行将通过统一的服务标准的制定，全面提高服务质量，提高银行的知名度、信任度、美誉度。

服务理念

（一）树立服务必须定位的服务观

　　要建立"以客户为中心的服务体系"，提出"安全、周到、快捷"的服务标准，建立"上级为下级服务、各级为一线服务、全行为客户服务"的工作方向，构成了全行的服务定位。

（二）树立同业竞争实际上就是服务竞争的服务观

一家银行不能控制市场的占有率、市场利率变化和广告花费成本及其他竞争因素，但银行能够把握住服务客户的每一个环节，能够从头到尾决定服务的水准。因此，银行同业竞争实际上就是服务竞争。

（三）树立客户是员工的衣食父母的服务观

银行服务管理的重点是培养员工具有发自内心的服务精神。员工的薪酬来自于客户，银行的所得来自于客户。是客户给予了员工生存的条件，当员工真正把所有客户当做衣食父母时，服务就成为员工的自觉行动。

（四）树立银行提供的是有偿服务的观念

我们给予客户服务，他们无须感谢我们，相反，我们应该感谢他们给予我们服务的机会。因为，我们提供的服务是有偿服务，银行员工必须尽其所能，让客户感到银行服务物有所值。

（五）树立服务好每一位客户的服务观

不论客户是什么身份，只要他走入银行，我们就要给客户留下良好的印象，我们千万不能随意应付任何一位客户。

（六）树立以客户为中心的服务观

以客户为中心就是处处想客户所想，急客户所急，要让客户在银行少动手、少动口、少走路。要从每一个客户，每一笔业务做起，尽可能不给客户增添任何麻烦，应该首先方便客户，其次才是方便银行自己。

（七）树立服务一线的观念

客户服务部门为一线部门，客户支援部门为二线部门，只有二线部门为一线服务，全行才能实现真正意义上的为客户服务。

（八）树立每位员工的服务都代表银行的服务观

在银行服务中，"我代表银行"应成为全体员工的共识。为了银行的声誉，员工在与客户交往中不准说的话不说，不准做的事不做，不准许诺的事不许诺。每位银行职员都应从银行的声誉出发，从走进银行的第一天起，把自己看

成银行的一分子，与银行荣辱与共。

（九）树立银行服务必须锲而不舍的观念

银行员工以自己的服务努力换取客户的承认。在同业竞争日益激烈的今日，银行服务需要这种精神和毅力。员工为服务付出代价时，才能真正令客户感动。使客户体会到银行的诚意。

（十）树立服务的荣辱观

要让每位员工都知道让员工清楚界定客户服务的优劣标准是什么，怎样的服务会有利于员工，怎样的服务会损害员工的利益。

员工服务举止规范标准

1. 所有员工都应面带微笑服务，礼貌用语伴随着整个服务过程。

2. 举止要稳重、大方，诚恳、有礼貌、和蔼，双手不得叉腰，插入衣裤，不得敲桌子或玩弄物品。

3. 在服务中，不得串岗，聊天、嬉笑、喧哗、吃零食、抽烟、读书报、扔下客户接听电话或无精打采、东倒西歪，前仰后靠。

4. 与客户交谈不能伸懒腰、玩东西，打哈欠、挖耳朵、剔牙、修指甲、吹口哨、哼歌曲等，打喷嚏时应捂住嘴，不唾沫四溅。

5. 员工在坐下时，一定要坐姿端正，腰部挺起，胸挺起，坐时应坐椅子的 2/3 不要坐在边沿上，双腿并拢，不能在椅子上前俯后仰，摇腿跷脚或跨在椅子上。

6. 行走要轻而稳，上体正直、抬头平视，切忌晃肩膀摇头，上体左右摇摆。

7. 员工手势要规范适度，在向客户指示方向时，要将手臂自然前伸（上身稍向前倾，以示尊重），手指并拢，掌心向上，指向目标。切忌用笔杆或手指指点，谈话时手势不宜过多，幅度不宜过大。

8. 为客户服务时，不得流露出厌烦、冷淡、僵硬的表情，不得扭捏作态，吐舌、做鬼脸，不得经常看手表。

服务礼仪标准

（一）制定具体的仪容仪表规范和检查标准

1. 上岗必须按规定着装，男员工必须按规定戴领带，着西装，着皮鞋，夏天可着衬衣，女员工也应按规定着装，不能着休闲服、休闲鞋。

2. 服装必须熨烫平整，纽扣齐全，干净整洁，工作证端正地佩戴在左胸前，皮鞋保持清洁光亮。

3. 男员工经常修面，不留胡须，女员工化淡妆，不可浓妆艳抹，不可戴手镯、手链、耳饰。

4. 男员工经常梳理头发，发脚侧不过耳，后不过领，女员工发型美观大方，保持黑色，手部保持清洁，经常修剪指甲，女员工不可涂指甲油。

5. 经常洗澡，身上无异味，并保持皮肤健康。

（二）制定标准化的待客礼仪

1. 员工要主动礼貌地向客户问候，称谓客户或点头示意。称呼客户应避免直呼全名，使用称谓，如"先生、小姐、女士"等，对客户称"老"也需因人而异，特别是一般对于女士不称"老"。对于专业人员应称"某某博士""某某医生"，当知道客人职务时，以职务相称，以示尊敬。员工应熟记客户姓名，当一个普通客户多次来银行办理业务后，应该记下他的姓名和职务，见面时以"×先生、×经理"相称，使客户感到亲切。对初次见面的客人，应先向客人了解姓氏，以便在谈话中以"×先生，×小姐"称呼。

2. 经常使用"早上好、午安、您好、请、多谢、再见"等礼貌用语。

3. 必须做到在看到客户的第一眼就向他打招呼。每当客户离开或走出银行时，银行员工应热情相送，道上一句"您走好"或"谢谢"，给客户一种亲切感。

4. 每日，所有一线员工都应提前至少10分钟上班，对外营业前，应着好服装，准备好一切应有物品和材料，等待开门。当客户来到时，切忌漫不经心，左顾右盼，或匆匆收拾，更衣洗杯，怠慢客户。

5. 营业结束时，一定要让最后一个客户满意地离去。

6. 员工必须热爱客户，客户才会热爱银行。员工必须对客户有发自内心的热情，客户才会将业务交给银行。银行最忌员工服务时皮笑肉不笑，说话时语气冷淡，答问时敷衍了事。当员工为一位客户提供服务时，如有其他客人走近，应先与这位接近的客人示意招呼，请其稍候，必要时请其他员工协助接待，使客户感受到银行员工的重视。

7. 员工应留心客户吩咐，主动介绍业务或回答问题，方便时，应双手主动递送名片，在接受客人名片时应双手去接，并礼貌过目，适当称呼。并尽可能留下客户的电话，以便保持联系。

8. 员工在为客户解答问题或介绍业务时，应坐姿端正，应先请客人坐下，若客人坚持站着谈论，员工应站立服务。当客户问话听不清时，应说："对不起，请您再说一遍，好吗?"

9. 不应以貌取人，真正做到童叟无欺，男女平等，服务要一视同仁，切勿厚此薄彼，应按先后次序提供服务，对大户可请到大户室或会客室去，以免引起其他客户不满。在与客人交谈中，要负责地向客户解答问题。如果对客人提出的问题不清楚，不可含糊应付或简单说"不知道"，应先致歉再查询，应婉转地请其他员工协助解答。员工对客人提出的问题，不论是简单的问题，还是容易引起争论的问题，都应热情善意地回答，以免损伤客人的自尊心。当客户提出需求时，应最大限度地满足客户的合理要求。

10. 在与客户交谈中，要准确、简洁、清楚、表达明白，说话要按轻重缓急，讲求顺序，语调平稳轻柔，速度适中。在向客人介绍业务时，员工应尽可能使用客人容易理解、简单清楚的语言，避免使用专业名词，令客户不易理解。

11. 在柜台服务时，柜员均应按要求抬手示意，若客户已到柜台前，应以手势表示请客户将钱、证等放入柜台的小槽中。当客户对员工表示感谢时，应说："别客气，不必谢。"

12. 员工在处理业务时，手法应纯熟，让客户赏心悦目。处理准确，毫无拖延，绝不能扔下客户去接听电话或处理内部事务。当听到客户的交易要求或见到客户的书面业务指示后，员工在必要时可小声重复交易内容，如金额过大，应注意为客户保密，请客户进接待室或用特殊方式办理。

13. 在与客户谈话中要注意"五忌"：一忌谈话过长，喋喋不休，引起其他客户不满。二忌开过分的玩笑，应注意分寸，保持庄重。不可谈论他人是非，或谈论带有粗俗和低级趣味成分的话题。不要涉及对方不愿谈及的内容和隐私。三忌泄露客户的账户情况和资金情况，遇客户账户资金不足或存取大额资金时，不宜大声叫喊。四忌泄露银行的内部处理和审批程序，给银行工作带

来不便。五忌背后议论客户。特别是不可议论客户的短处、长相、穿着和口音等，或讥笑客户不慎的事情。

14. 与客户交谈，表情自然，目光一定要注视客户，耐心地听完客户的陈述。当男性员工坐下时，一般要解开西装的纽扣，正规场合，站起时，应系上纽扣，以表示对客人的尊重。

15. 当与客户在门口或电梯口相遇时，应主动示意让客户先走。

16. 如遇客户心情不佳，言语过激，也不要面露不悦的神色，当客户在与他人谈话时，如有急事，应说"对不起"征得客户同意后再与客户谈话。离开面对的客户时，应先讲"请稍候"，回来继续为客户服务时，应说"对不起，让您久等了"。不能一言不发就开始服务。

17. 员工在工作中，不能埋头于工作，而应时刻注意客户的需求，先外后内，是银行提倡的原则。不能将客户交来的文件随意丢置。

18. 为了防止员工互相推诿，教育员工在服务上尽可能不说"不"字，当客户需要帮助时，在一般情况下，都要想方设法为客户排忧解难，而不能一推了事，本人办理不了的找上级，员工回答客户时绝不推三阻四，相互扯皮，或者敷衍了事，耽误客户。

电话接听服务标准

1. 电话铃响三声内必须接听电话，并首先报出"中国××银行"，即使员工临时离位，其他员工仍应将电话接听过去，并要主动询问是否可以留下口信，以便回复，尽可能给予帮助。

2. 听电话时，应首先向对方问候："您好"。

3. 在电话中要求客户做某事时，应说"请"，当麻烦客户做某事时，应说"谢谢"。在不能满足客户的需求时，应说"对不起"。

4. 重视对客户的电话服务，应利用电话把握各种机会推广各种银行服务。员工要经常打电话或拜访客户，特别是重要节日，不能忘记问候客户。

5. 加强对员工，特别是电话接线员的培训，以确保能够准确地用中英文回答客户的提问和转接电话。

6. 当接到客户的电话时，如果接电话的员工本人解决不了，要尽可能不让客户找第二个人或部门解决，应找上级或联系有关部门给予答复，宁愿员工多打几个电话，也不让客户打第二个电话。

服务程序标准

1. 制定并执行各个部门、各个岗位以及各个服务环节的服务程序标准。银行现时制定和执行的工作手册，只需在加入以服务为内容的程序标准，即可作为服务程序标准使用。

2. 服务程序标准要规定服务的规格，规格不仅仅指设备设施，还体现在服务的档次上。

3. 在处理程序中，协作非常重要，制定和执行协作的有关制度，按系列化的要求设计流水线式的服务，流水线式的服务必须十分畅通，保证全行的系统服务。协作仅靠一两个部门是不够的，要靠全行员工的努力。

服务规格标准

1. 制定并执行大户、好户的服务规格标准。

2. 制定并执行公司户的服务规格标准。

3. 制定并执行对无理取闹客户的处理标准。

4. 制定并执行对客户优惠的服务标准。

5. 制定并执行全行服务检查、评级和奖罚标准。

服务效率标准化

1. 制定并执行服务的规范化标准，包括服务的 CI 设计，如传票、凭证、函电及各种活动的标准设计。

2. 制定并执行开户、储蓄、开卡、汇款、收款等的服务时限标准。

3. 制定并执行各专业（包括外汇业务、授信业务、资金业务、财会业务等）的服务时限标准。

4. 制定并执行对下级或一线部门请示或需求答复的服务时限标准。

5. 制定和执行不同季节的营业时间表，根据各地特点，确定灵活的服务方式，合理调配人员，适当延长工作时间，以吸引客户。

6. 大力推行一柜通，提高服务效率。同时，在个人和公司银行业务中，进行风险度细分，对一批低风险业务采用特别程序，以加速业务运转，方便客户。

员工服务配备标准

1. 制定并执行通讯器材的配备标准。
2. 制定并执行办公用品的配备标准。
3. 制定并执行服装的补贴标准。
4. 制定并执行招待费用和营销费用的使用标准。

服务技能标准

1. 制定并执行点钞的测试、考级和奖罚标准。
2. 制定并执行计算器的测试、考级和奖罚标准。
3. 制定并执行电脑操作的测试、考级和奖罚标准。
4. 制定并执行服务外语和专业外语的测试、考级和奖罚标准。
5. 制定并执行各专业岗位（外汇业务、柜台业务、信贷业务、会计业务等）的测试、上岗和奖罚标准。

服务岗位责任标准

1. 制定并执行服务岗位人员的职责标准。
2. 制定并执行服务岗位人员的权限标准。
3. 制定并执行服务岗位人员的工作标准。
4. 各种服务岗位标准应结合各岗位的风险点和控制点以及质量要求来制定。应核定各岗位的工作量，服务程序和标准，明确负责此项工作所需的技能和知识。明确各岗位相关的规章制度以及发生协作的人员或部门。

处理客户投诉的标准

1. 处理投诉的部门是办公室。应在各营业场所设有意见箱，并通过各种方式（如意见征询表、座谈会、服务顾问）收集公众的投诉。各行应开设24小时投诉热线，并向外公布。

2. 制定和执行客户投诉处理程序标准，应鼓励客户投诉，并教育员工把碰上不满意客户看做是一项挑战，并能自觉地、真诚地从客户立场出发，给客户一个满意的解决。任何客户对银行的投诉都应记录在案，保证在三日内答复。

3. 对任何投诉，不论口头的还是书面的，都应进行深入调查，被投诉人和主管部门都要写出详细报告，当投诉与事实相符时，被投诉员工应受到严肃处理，并应向客户发出道歉函或当面致歉。同时，有关部门也应提出改进服务措施，保证类似的投诉不再发生。即使投诉不能成立，银行也应向客户做出合理的书面或口头解释。

4. 在客户满肚怨气，盛怒之际，银行要求被投诉的员工回避，请客户到会客室交谈，以免影响其他客户。接待投诉客户的员工应耐心倾听，不抢先解释，对客户提出的意见，在能力范围内尽量解决，并向客户表示感谢。

5. 可将一些曾向银行投诉过的客户聘为本行服务督导员，定期向他们征求意见，并通过他们在社会上树立开放、良好的服务形象。

6. 应将客户投诉意见进行认真分析整理，研究值得注意的所有环节，花精力设计客户意见表和感谢客户投诉信，制定相应的措施和制度，使服务工作不断得到改进。

7. 当客户投诉发生时，首先要做的是息事宁人，当客户对银行做法不满时，在规定允许的范围内，可以按客户需求立即补救。

8. 当遇到一位客户大发雷霆，抱怨不迭时，"永远不与客户争辩"以及"客户并不总是对的，但他永远是第一位的"应成为员工的共识。我们的员工是否可稳住情绪，笑脸相对，以实际行动感化客户是检验我们服务水平的重要标志。

9. 在内部管理上也实行投诉制，任何一线部门和人员可以对二线部门和人员投诉，以保障二线对一线的支援，保障全行齐心协力为客户服务。

服务培训项目设立

1. 服务培训的形式分脱产培训、行外培训、银行在岗培训三大类。培训的对象重点分为两个层面，一是在服务一线工作的员工培训，另一个是服务管理人员培训。

2. 运用科技手段，拍摄规范化服务的示范片，包括营业规范服务动作示范片和办公规范服务动作示范片，如电话服务、内部秩序等。为了警示员工，还要拍摄不规范服务的教育片，从反面教育员工。

3. 培训从员工的一招一式服务动作做起，从基本服务做起，要做到整齐划一，必须从严要求，基本服务培训包括对员工进行礼仪培训、着装培训，电话接听培训等。

4. 所有员工都应接受"观察、聆听、询问、感知"四步曲的职业训练，即学会通过观察，对客户的性格、心理、职业和文化背景有一个认识，同时，培训员工学会认真听客户谈话，学会在询问中关心客户，体谅客户，所提问题不能让客户尴尬或不自然。学会对客户的灵敏感受力，学会看懂客户的身体语言，很快抓住客户的心思，说到点子上，讲到客户心里。

5. 营销服务培训是服务培训的一个重点，要教育员工主动地以岗位营销的形式向客户提供服务。服务不是生搬硬套，要讲求技巧，就需要培训员工，学习如何在客户询问一项业务时恰当地推荐业务。

6. 当开发了一项新业务的时候，首要的培训是如何提供服务和营销，有些员工凭借个人的聪明来推销业务，其结果只能是将一些对金融了解甚少的人暂时带来银行，而不能将有业务发展潜力，具有专业知识的客户请到银行来，这就是专业营销服务和非专业营销服务的重要区别。

7. 服务的心理培训是服务培训的又一重点，提供如何面对工作压力和服务压力的培训，提供如何面对客户的埋怨，如何面对委屈，如何看待客户的心理培训，等等，使服务真正上档次。

8. 重视业务基本功培训，从打字、电脑操作、计算器使用到业务知识都应有培训。

服务管理标准

1. 制定并执行各种服务的收费标准。
2. 制定并执行服务成本预算标准。
3. 制定并执行各种授权标准。
4. 制定并执行服务奖惩标准。
5. 制定并执行交往活动接受宴请和礼品的标准。

服务检验标准

1. 服务管理部门负责检查评估服务情况，有统一的检查表，列入了检查细目的分值，制定和执行评比标准，进行定期和不定期检查、公开检查和暗查。
2. 通过问卷调查、客户座谈会，掌握客户的满意程度及与同业服务的差距，进而提高服务水平，达到和保持服务标准。
3. 通过对同业观摩，了解同业服务的状况，找到本行的差距。
4. 通过服务督导员的信息反馈，使服务检验内外结合。

服务环境标准

1. 营业厅有轻音乐，营业厅设计使用合理、有效，富于变化，比率适当，色彩协调，细部处理精致，具有本银行的特性与个性。有条件的应将柜台搬出，拉近与客户的距离。
2. 在柜台、服务接待台或办公桌上，除了工作需要的物品和器具以外，无小摆设和杂物，电脑终端机上无摆放物品，应保持干净整洁，摆放整齐。接待台前，有员工座椅，也应有客人座椅，所有柜台窗口都有柜员名牌，接待台上配备有客户经理或服务人员的名牌。
3. 在柜台上方，按照规定，用中英文标明服务柜台名称，在客户出入的地方，应设立指示牌和服务标牌，以方便客户。银行的宣传海报和通告均用架装好，传票和宣传册应整齐摆放在传票架上，方便客户。

4. 营业厅摆放验钞机、笔，方便客户使用，营业厅摆放沙发或座椅，方便客户休息等候，营业厅还应摆放饮水机和报纸，应设有利率牌和意见箱。有条件的可以摆放用于宣传的电视机和录像机。

5. 环境整洁，大门前整洁无杂物，汽车停放整齐，各类标牌整洁无污迹，地面保持清洁，门窗墙面无污迹，楼梯通道无污迹，无杂物堆积，卫生间清洁无异味，无积水、无杂物，废纸桶、垃圾桶无异味、无外溢，无蚊虫，电梯厢内外清洁光亮，露天平台整洁无杂物，柜台和银行标识无灰尘，无乱张贴。

6. 下雨时，银行营业区地板容易湿滑，应摆放告示，以防客户摔倒，在有水的地方，应铺放地毯，以保证客户的安全。

7. 消防设备保持完好，报警系统运作正常，电子监控设备有效，防火楼梯保持通畅。

8. 精心培育花木，保持景观特色，花草树木生长正常，修剪及时，无枯枝死杈。

9. 供水、供暖、空调、通风、照明等设备设施齐全，电梯旁有银行各部室位置示意图，电梯内有楼层分布显示，楼外装饰用的彩灯保持完好。

服务设备设施的质量标准

1. 服务设备设施是指与服务有关的器具，如电脑、计算器等以及各种设备。保养良好，配套设施完善，且使用方便。

2. 服务设备设施能满足服务工作的需要，性能良好。服务设备设施维修服务完备，维修人员落实，重要服务器具有备用器具，以防损坏。

3. 服务设备设施是安全的，都有保险装置，不会造成人员伤害和火灾及其他事故。

4. 服务设备设施的安装与服务环境相互协调一致，成为一体。

5. 制定和执行服务设备设施操作标准、保养标准，有利于提高服务设备设施的使用率。

6. 制定和执行客户档案管理标准，非常谨慎地保管客人的文件、资料，以防泄密和丢失。

服务营销标准

(一) 对客户的市场分析

1. 了解客户对银行服务的评价（包括客户的组成结构、客户选择银行的理由、客户对银行服务的时间要求、品种要求及其他要求）。

2. 设计出满足客户需求的服务方案。

3. 确定基本目标客户。

(二) 对同业的市场分析

1. 了解同业的服务动向（包括服务措施、业务品种、机构设置、利率标准、收费标准、对客户的优惠条件等）。

2. 了解同业与我行竞争的态势（包括市场份额、业务量、员工人数、机构数量等）。

(三) 对金融业和政策的分析

进行利率的走势预测，了解国家即将出台的利好和非利好的政策和措施对银行业的影响。

了解国际国内经济和金融的重大变化对银行可能产生的影响。了解当年经济和金融发展的总体趋势及变化。

(四) 本地区业务的策略选择

对本地市场进行细分，选择目标客户，选择适合本区的业务品种、服务结构和手段。

1. 进行本行的市场定位，制定对不同客户的服务营销策略，以加强与同业的竞争。

2. 制定并执行适合本行阶段性的服务营销计划。

3. 选择本行的业务产品，开发出多种实用的金融产品，在市场中站稳脚跟。

(五) 树立整体服务形象

1. 制定并执行全行统一的 CI 形象标准。

2. 制定并执行全行广告宣传的标准，有选择、有目的地使用新闻媒介和广告宣传，扩大宣传效果，宣传要突出特色、抓住时机，并且抓准参与社会活动的时机，宣传银行业务，提高社会地位。

（六）实施有效的服务营销人员组合

1. 制定并执行全行的营销人员服务资格和标准，以建立一支高素质的营销人员队伍。

2. 制定并执行全行的大堂经理服务标准。

3. 制定并执行全行的客户经理服务标准。逐步推行客户经理制，通过有效的业务人员组合，使客户经理肩负起各种业务指标：存款、放款、外汇、信用卡等。

（七）制定并执行全行的营销服务标准和指引

1. 制定并执行全行情感营销的服务标准，如将一些重要客户的公司纪念日专门记录在案，以便届时向他们道贺，使银行与客户的关系更加融洽。

2. 制定并执行全行的服务方略指引：

（1）赞助和参与社会活动。

（2）充分利用社会机构组织，开展营销活动。

（3）充分利用现有客户关系，扩大客户面。

（4）重视新闻传媒，抓住拓展业务的机会。

3. 制定并执行全行的服务营销办法指引。

（1）强化营销观念。要求所属员工都有销售意识，学会销售，经理应将40％的精力用于销售管理。客户需求各异，营销人员要研究客户的心理和文化背景，既要顺应客户的需求，又要主动地引导客户接受新的观念，这样才能占领市场。

（2）强化岗位销售。通过宣传硬件（海报、传单、宣传布置等）和员工主动在岗销售的方式，发起岗位销售的营销攻势，全行人人动手，不同的岗位宣传不同的业务。营销的关键是营销技巧，各部门举办营销技巧培训班，如何推销、如何把握客户的心理、如何进行营销对话都是培训的内容。

（3）强化差别营销。推出一些新业务品种，以差别营销的方式，推出不同式样、在服务式样和手段上更具全方位的产品，另辟蹊径，重开战场。

（4）打优势牌。宣传我行的优势是营销人员的职责，将稳健的经营作风、到位的服务，良好的机制作为优势大力宣传，赢得主动。

（5）以新取胜。借推广新业务之机，开辟新客户市场，扩大客户群，进一步扩大银行的业务范围和视野。

（6）知己知彼。必须掌握竞争对手的情报，在营销中，收集同业的信息，包括业务品种、竞争手段、费率、利率、汇率、优惠水平、管理方式等，并将一些有价值的情报写成动态信息报研究部门。

（7）了解客户。对每一客户记录详细的个人资料，包括家庭状况、工作及业务范围、每次接触详情、下次约会及所需跟踪事项等，定期（约两周）整理，这些资料对掌握客户经济能力非常有帮助。